Charles Bukowski

HELD AUSSER BETRIEB

Stories und Essays 1946–1992

*Aus dem Amerikanischen
von Malte Krutzsch*

FISCHER KLASSIK

Mit einem Nachwort von David Stephen Calonne

Erschienen bei FISCHER Taschenbuch
Frankfurt am Main, Juli 2014

Die Originalausgabe erschien 2010 unter dem Titel
»Absence of the Hero: Uncollected Stories and Essays,
Volume 2: 1946–1992«
bei City Lights Books, San Francisco.
© 2010 by The Estate of Charles Bukowski
Nachwort © 2010 by David Stephen Calonne

Für die deutschsprachige Ausgabe:
© S. Fischer Verlag GmbH, Frankfurt am Main 2014

Satz: Dörlemann Satz, Lemförde
Druck und Bindung: CPI book GmbH, Leck
Printed in Germany
ISBN 978-3-596-95003-4

Inhalt

Hinter der Vernunft 9
Liebe, Liebe, Liebe 14
Cacoethes scribendi 18
Die Geschichte des Vergewaltigers 24
Auch 80 Flieger reißen dich nicht raus 37
Manifest: Ruf nach eigenen Kritikern 45
Frieden verkauft sich schlecht, Baby 47
Blick auf die Kollegen 53
Wenn ich nur schlafen könnte 56
Der alte Profi 58
Buchbesprechungen Allen Ginsberg/Louis Zukofsky .. 64
Bukowski über Bukowski 72
Aufzeichnungen eines Dirty Old Man 75
Held außer Betrieb 80
Jesus mit Grillsoße 85
Ah, Befreiung, Freiheit, Lilien auf dem Mond! 93
Die Katze im Schrank 97
Aufzeichnungen eines Dirty Old Man 108
Lärm und Leidenschaft 114
Ich schreibe nur Gedichte, um Frauen ins Bett
zu kriegen 122

Das Horrorhaus	136
Essay ohne Titel über d. a. levy	139
Henry Miller lebt in Pacific Palisades, ich lebe an der Skid Row und schreibe immer noch über Sex	141
Ein Vorwort zu diesen Gedichten	152
The Outsider	155
Verns Frau	168
Aufzeichnungen eines Dirty Old Man	173
Aufzeichnungen eines Dirty Old Man	179
Er schlägt seine Frauen	185
Aufzeichnungen eines Dirty Old Man	189
Aufzeichnungen eines Dirty Old Man	195
Aufzeichnungen eines Dirty Old Man	199
Die große Dope-Lesung	205
East Hollywood, das neue Paris	225
Der Zocker	251
Der Frauenheld von East Hollywood	262
Der Schläger	290
Der Eindringling	301
Dichter spielen und Dichter sein	319
Anhang	323
Nachwort	325
Dank	345
Quellen	347

HELD AUSSER BETRIEB

Hinter der Vernunft

Chelaski (Center Fielder, .285 AB-246 H-70) fühlte sich ein wenig ... ein wenig ... anders auf dem Spielfeld. Es gibt Tage, an denen das so ist. Es läuft nicht rund. Selbst die Sonne sah jetzt ein wenig krank aus, das Grün der Umzäunung zu grün, der Himmel viel zu hoch, und das Leder seines Fanghandschuhs zu ... ledrig.

Er ging ein paar Schritte vor und schlug mit der Faust in den Handschuh, um alles zurechtzurütteln. Hatte er Kopfweh, oder was? Er spürte *Potential*, als wäre er kurz davor zu schreien, in die Luft zu springen oder sonst was zu tun, was daneben war.

Chelaski hatte ein bisschen Angst und sah hinüber zu Donovan (Left Fielder, .296 AB-230 H-68), aber Donovan schien ganz bei sich zu sein. Er musterte Donovan eingehend, als könnte ihm das Kraft geben. Donovans Gesicht war sehr braun, und zum ersten Mal fiel ihm sein Bierbauch auf. So ein Wanst, und so unbefangen. Auch Donovans Beine wirkten massig, wie Baumstämme, und noch verunsicherter als vorher sah Chelaski wieder geradeaus.

Was war los?

Der Batter schlug, und es war ein Outfield-Ball ... für Donovan. Donovan trat ein paar Schritte vor, schwang lässig die Arme und fing den Ball. Chelaski hatte den Ball auf seiner langen, weiten Flugbahn durch Sonne und Himmel beobachtet. Ein durchaus angenehmer Anblick, aber irgendwie witzlos, von allem losgelöst. Der Nächste schlug einen Single ins Infield, um den er sich nicht zu kümmern brauchte. Einer aus.

Einer vor. Wie stand das Inning? Er drehte sich zur Anzeige um und sah das Publikum. Sein Blick konzentrierte sich nicht darauf. Sie waren bloß Bewegungen, Kleider und Geräuschkulisse.

Was wollten sie sehen?

Er fragte es sich nochmals: Was wollten sie sehen?

Plötzlich hatte er eine Scheißangst, und er wusste nicht, warum. Sein Atem ging schwer, Speichel lief ihm aus dem Mund; ihm war schwindlig, flau.

Donovan ... stand da. Er blickte noch einmal zum Publikum und sah sie alle, alles an ihnen, alle zusammen und jeden für sich. Brillen, Krawatten; Frauen in Röcken, Männer in Hosen; Lippenstift ... und Glut an etwas, das in Mündern steckte ... Zigaretten. Und alle gluckten seltsam einvernehmlich zusammen.

Und dann kam's ... ein Ball ins Outfield ... für ihn. Ein leichter. Er war nervös. Er musterte den Ball grimmig, und der schien förmlich in der Luft stehenzubleiben. Der Ball schwebte, die Zuschauer brüllten, die Sonne schien, und der Himmel war blau. Und Donovan sah zu, und Donovans Augen beobachteten Chelaski. War Donovan gegen ihn? Was wollte Donovan *wirklich*?

Der Ball landete in seinem Handschuh. Er passte genau, und Chelaski spürte die Wucht und die angenehme Stoßkraft des Fangs. Er warf den Ball zum zweiten Base und hielt den Runner am ersten. Chelaski staunte über den guten Wurf; es sah aus, als hätte ihm der Ball gehorcht. Seine Angst legte sich ein wenig; *keiner merkte was.*

Der nächste Mann war aus, kurz vorm ersten Base, und Chelaski machte sich auf den langen Weg zum Dugout. Das Laufen tat gut. Er kam an mehreren gegnerischen Spielern vorbei, aber sie sahen ihn nicht an. Das störte ihn ein wenig, und dieses Gefühl bildete ein Knötchen in ihm, als er Donovans Stiernacken in den Dugout folgte. Dort angelangt, kam sich Chelaski irgendwie nackt oder ertappt vor oder so etwas, und in dem Bemühen, so zu tun, als wäre alles in Ordnung mit ihm, ging er zu Hull hinüber und grinste ihn an.

»Willst du einen Kuss? Dann denkst du nicht mehr dran«, sagte er zu Hull.

Hull hatte einen Schnitt von 182 Schlägen und war zugunsten von Jamison, dem Studenten, auf die Bank verfrachtet worden. Hull sah Chelaski an. Er guckte ihn an, als hätte er ihn noch nie gesehen. Er antwortete nicht mal; er stand auf und ging zum Wasserspender. Chelaski verdrückte sich schnell ans Geländer, mit dem Rücken zur Bank.

Corpenson erreichte durch einen Hit das erste Base. Donovan erreichte das zweite und lief mit hochschnellenden Knien die First Base Line hinunter, so dass man seine knallbunten Socken sah.

Chelaski ging zur Platte. Der Umpire war da, der Catcher, der Pitcher, die Fielder, das Publikum. Alles wartete, alles wartete. Draußen überfiel vielleicht gerade jemand eine Bank, oder eine vollbesetzte Straßenbahn kam um die Ecke, aber hier war es anders: geregelt, vorgesehen ... nicht wie da draußen – die Straßenbahn, der Bankraub. Hier war alles ... anders, festgelegt, vorherbestimmt.

Er holte aus und verfehlte den ersten Pitch, und es gab Geschrei. Der Catcher rief etwas und warf den Ball zurück. Ein Vogel sauste durch die Luft, auf und ab, wollte schnell irgendwohin. Chelaski spuckte aus und sah auf den Rotzfleck am Boden. Der Boden war staubtrocken. Ball Nummer eins.

Der nächste kam von außen, wie es ihm lag. Schnell und wie von selbst schwang er den Schläger, und das Publikum schrie. Es war ein langer Ball, hoch über den Kopf des Centerfielders hinweg. Chelaski sah zu, wie er von der Wand beim Fahnenmast abprallte. Die Zuschauer brüllten lauter denn je; so laut hatte er sie in der ganzen Spielzeit noch nicht brüllen gehört. Dann schrie ihn Jamison an, der als nächster Batter bereitstand.

»Lauf! Lauf! Lauf!«, schrie er.

Chelaski drehte sich um und musterte Jamison. Weit aufgerissene Augen, aus denen Blitze schossen, heiß und gehetzt. Sein Gesicht war verzerrt, die Lippen vorgestülpt, und besonders die geschwollenen Adern an seinem roten Hals fielen Chelaski auf.

»Lauf! Lauf! Lauf!«, schrie Jamison.

Von der Tribüne kam ein Sitzkissen geflogen. Dann noch eins. Die Zuschauer waren so laut, dass er Jamison nicht mehr hören konnte. Der Vogel von vorhin kam im Wippflug zurück, nur noch ein bisschen schneller. Der Centerfielder hatte den Ball gefangen und zurückgeworfen. Der Lärm war fast unerträglich. Chelaski wurde von einem Sitzkissen getroffen und sah ins Publikum. Viele Leute sprangen auf und fuchtelten mit den Armen. Kissen, Mützen, Flaschen, alles kam geflogen. Ganz kurz erblickte er ein Mädchen in einem grünen Rock. Ihr Gesicht, ihre Bluse, ihre Jacke bekam er nicht mit. Er sah einen grünen Rock und eine Falte in einem grünen Rock, die wie ein Schatten tanzte. Dann traf ihn das nächste Sitzkissen. Hart, stechend, warm. Einen Moment lang war er wütend.

Der Wurf kam zum zweiten Baseman, der ihn zum Ausmachen an den ersten weitergab. Der Lärm war ein Vulkanausbruch, lähmend, zum Verrücktwerden. Jamison packte Chelaski am Arm und zog ihn von der Batter's Box weg. In Jamisons Gesicht fielen ihm rote und weiße Flecke auf, und es sah dick aus, als wären etliche Hautschichten dazugekommen.

Chelaski ging in dem anhaltenden Getöse zum Dugout. Die Mannschaft postierte sich, Hull nahm seine Stelle im Outfield ein.

Es war kalt im Dugout, kalt und dunkel. Er sah den Wassereimer mit dem drübergehängten Handtuch. Auf dem Weg dahin sah er, wie jemand auf der Bank nervös die Hände bewegte, jemand anders die Beine übereinanderschlug.

Dann stand Chelaski vor dem Manager, Hastings. Er sah Hastings nicht an, sah nur auf das Hemd unter dem V des Kragens.

Dann hob er den Kopf. Er sah, dass Hastings etwas sagen wollte, die Worte aber nicht herausbrachte.

Chelaski drehte sich rasch um und lief zur Umkleide hinunter. Dort angekommen, sah er sich einen Moment lang die grünen Spinde an.

Draußen tobte das Publikum immer noch, und ein paar Reporter befanden sich schon auf dem Weg zu Chelaski, um ihn zu fragen, was los war.

Liebe, Liebe, Liebe

Ich höre meinen Vater baden. Er planscht und spritzt ungeheuer, spuckt Wasser, schlägt mit den Ellbogen gegen die Wannenwand.

»Ist dir aufgefallen, dass ich den ganzen Tag die Zähne drin hatte, Mutti?«

»Nein, wusste ich nicht.«

»Sie fühlen sich an wie meine eigenen, als hätte ich sie schon immer gehabt.«

»Bald kannst du sicher auch wieder Nüsse und alles essen.«

»Nüsse. Ha!«

Mein Vater geht die Einfahrt entlang, bleibt stehen, bückt sich und sagt zu meiner Mutter, die noch im Haus ist:

»Die Möhre hier lebt immer noch.«

»Ich weiß. Oh, was ist das denn ... dein Ärmel ...«

»Bitte?«

»Du hast da einen Riss. Unterm Arm. Guck mal unter die Achsel ...«

Ich finde eine Nachricht auf meinem Bett. In der dicken Krakelschrift meines Vaters auf die Rückseite eines Kuverts geschrieben:

½ Flasche Whiskey	2,00
1 Flasche Whiskey	3,65
½ Flasche Gin	1,90
2 Ginger Ale	0,30
Wäsche & Putzen	3,25

Unterwäsche	8,25
1 Hemd	4,00
Kost und Logis	10,00
	33,35

Mein Vater läuft durch den Flur. Er trägt Lederschlappen, die am Boden aufklatschen. Er geht ins Bad. »Mensch, wieso ist denn der ganze Boden nass? Hast du das ganze Wasser verschüttet?«

»Welches Wasser?«

Er macht die Tür auf und kommt in mein Zimmer. »Hast du das ganze Wasser im Bad verschüttet?«

»Ja«, sage ich. »Ich hab's mit beiden Händen geschöpft und durch die Gegend geschmissen.«

Er fängt an zu schreien ...

Mein Bruder George erzählt von seinen Kriegserlebnissen: »Es gab Fallschirmjägeralarm, und ich dachte, mein Gott, die Japsen kommen. Aber dann sagte ich mir, ich hab meine C-Ration, meine 45er, meine Dum-Dums, ich hab eine Flasche Stateside – ich bin startklar. Ich geh zum Flugplatz, schnapp mir eine C-47 und schau, dass ich hier rauskomme ...«

Mein Bruder George bleibt die ganze Nacht weg und ruft mich am Morgen an: »Chuck, Chuck, mich hat es schwer erwischt. Ich habe ein dicke Narbe über dem rechten Auge. Ich habe ein Veilchen. Bin ganz voll Blut. Meine Jacke ist hinüber. Ich hab mit einem Mann gesoffen, der lauter Narben im Mund hat, weil er sich immer Nadeln reinsteckt. Er sagt, Schmerzen sind bloß eine Frage der Selbstbeherrschung. Filmriss, ich weiß nicht, was gewesen ist. Ich bin in Hollywood. Was für ein Tag ist heute?«

Wir sitzen am Esstisch, ohne George. Meine Mutter hat ihren weiten Morgenmantel an und schiebt sich eine Kartoffel in den Mund.

»Chucky, deine Wangen sind so hohl. Ich möchte, dass du Pausbacken bekommst, Hamsterbacken. Es ist schlimm, wie du aussiehst. Dabei hast du so ein schönes Profil.«

»Das stimmt«, sagt mein Vater.

»Zugenommen hast du ja schon«, sagt meine Mutter. »Wenn du nur aufhören würdest zu trinken ... Warum guckst du immer auf den Teller? Warum siehst du die Leute nicht an? Sieh mich an ... Möchtest du noch Kartoffeln?«

»Nein.«

»Noch Fleisch?«

»Nein.«

»Noch Sellerie?«

»Nein.«

»Möchtest du noch Kaffee?«

»Nein.«

»Erbsen?«

»Nein.«

»Ein Stück Brot vielleicht?«

»Nein. NEIN, verdammt nochmal! Wenn ich was will, dann *sag* ich's schon!«

»Was ist denn mit *dir* los?«, brüllt mein Vater. Er wirft seine Serviette über den Tisch, stößt seinen Stuhl zurück und läuft mit klatschenden Schlappen ins Wohnzimmer.

»Chucky«, sagt meine Mutter, »du ahnst ja nicht, wie weh du uns tust. Du hast keine Ahnung, wie wir uns um dich bemühen. Dein Vater liebt dich. Du kommst hierher. Du verleitest George zum Alkoholtrinken. Du bist fünfundzwanzig. Noch ist Zeit. Dein Vater möchte dir das Autofahren beibringen. Du sagst nein. Einen Leseausweis für die Bibliothek, eine Kinokarte willst du auch nicht. Nur immer trinken, trinken, trinken und auf den Teller gucken. Hast du noch Geld?«

»Nein.«

»Was willst du machen?«

»Chucky, ich bin deine Mutter, antworte mir.«

Cacoethes scribendi

Ich hörte die Schreibmaschine und klingelte. Er kam zur Tür.
»Ich hab Ihre Schreibmaschine gehört«, sagte ich.
Er war ein Hüne – großknochig, lang, breit, wehrhaft irgendwie. Sein Gesicht fand ich nicht sonderlich eindrucksvoll. Ein ungestutzter kleiner Schnurrbart mit ungleichmäßig vorstehenden Haaren, großer ovaler Kopf mit flacher, niedriger Stirn; rechts von dem zu kleinen Mund ging eine Narbe aus, und an den Augen war nichts Ungewöhnliches.
Seine Sachen waren meist im landläufigen Stiel geschrieben, wobei er im Gegensatz zu den anderen im Land manchmal zu Abstraktionen griff, was seinen Storys eine klare, frische Note verlieh, auch wenn er mir manchmal zu sehr den kühnen Experimentator hervorkehrte. Aber was soll's, er bemühte sich wirklich.
Ich folgte den breiten Schultern und dem großen Kopf in das kleine Haus. Die vorderen Räume waren dunkel, und auf dem Weg nach hinten kamen wir an einer Rothaarigen vorbei, die auf einer Couch lag. Ich nahm an, es war seine Frau, doch er stapfte weiter, ohne uns miteinander bekanntzumachen. Ich lächelte die Dame an und sagte guten Tag. Sie erwiderte das Lächeln und den Gruß. Ihre Augen funkelten sichtlich amüsiert aus dem Halbdunkel, und sie war mir auf Anhieb sympathisch.
Wir kamen durch eine Schwingtür in die Küche. Er wies mit der Pranke auf einen winzigen gelben Tisch. »Nehmen Sie Platz. Ich mache uns Kaffee.«
Das Licht war unangenehm hell, und ich kam mir in mei-

nem gebügelten Anzug, dem sauberen Hemd, den engen, blanken Schuhen ganz entblößt vor. Sein Hemdkragen stand offen, und er trug eine speckige graue Hose. Auf dem Tisch stand eine Schreibmaschine; die Schrift auf dem eingelegten Blatt war klein und tiefschwarz. Ein Stapel Blätter lag daneben, und ein Berg von Brezeln in einer hohen weißen Schale stand bereit. Unwillkürlich dachte ich, ich sei zum Schinkenessen eingeladen, aber davon konnte zum Glück keine Rede sein. Die hintere Wand der Küche war mit Regalen bestückt, ein Wandschrank ohne Türen. Voll mit Literaturzeitschriften, die den Trends und Highlights der Branche nachgingen. Sie waren fein säuberlich nach Größe und zweifellos auch nach Erscheinungsdatum sortiert. Diese Regalwand in der Küche verriet mir alles über den Suzerän des kleinen Hauses.

Er setzte den Kaffee auf und pflanzte sich mir gegenüber hin, hinter die Schreibmaschine. Er warf einen quasirituellen Blick auf seinen Text, wobei er runde Augen wie ein Hund bekam; ein ganz aufs Lesen konzentriertes kleines Glitzern. Dann kam sein runder Kopf hoch.

»Nehmen Sie sich eine Brezel«, sagte er.

Ich streckte die Hand nach der hohen weißen Schale aus, spürte, dass er mich dabei genau beobachtete, und ließ mir Zeit. Ich führte die Brezel zum Mund und biss die Hälfte ab.

»Ich dachte, Sie wären jünger«, sagte er.

»Ich bin fünfundzwanzig«, antwortete ich, »aber ich hatte es schwer.«

»Trotzdem sehen Sie so aus, wie ich Sie mir vorgestellt habe. Ich weiß immer, wie ihr Burschen aussieht.«

Düster und kultiviert, angespannt bis in die Haarspitzen meinte er damit. Ich stand auf, zog meine Jacke aus, warf sie über einen Stuhl und lockerte meinen Schlips. Das Hemd hätte ich auch ausgezogen, aber ich hatte kein Unterhemd an.

Ich setzte mich und aß noch eine Brezel. Der Kaffee fing an zu kochen.

»Wo finde ich das Bad?«, fragte ich. Er sagte es mir, und ich stand auf. Es war ein erstaunlich großes Bad für die kleine Hütte ... ein russischer Architekt wahrscheinlich, oder ein akephaler Ire ... aber das sollte mich nicht kümmern. Ich hörte ein Geräusch und drehte mich um: Die Tür hatte sich einen Spalt weit geöffnet, und eine große Hand hielt ein Handtuch herein. Ich nahm es mir.

»Danke«, sagte ich. Es kam keine Antwort. Die große Hand verschwand, und die Tür schloss sich.

Als ich wieder herauskam, war der Kaffee fertig, und er schlug vor, in sein Zimmer zu gehen. Wir nahmen unsere Tassen und passten auf, dass wir nichts verschütteten. In dem Raum gab es keinen Tisch, nur einen Schreibtisch, und an den setzten wir uns. Er hielt die Untertasse in Taillenhöhe, hob die Tasse, neigte den eirunden Kopf mit dem struppigen gelben Schnurrbart und trank einen Schluck. Dann setzte er die Tasse auf dem Schreibtisch ab und ging raus.

Die Wände waren mit Zeitungsausschnitten und Fotos gepflastert. Auf dem Fußboden stand eine Holzkiste mit leeren braunen Briefumschlägen, frankiert, gestempelt, die Messingclips herausgedreht. Auf dem Schreibtisch lag ein Manuskript. Eine Bleistiftzeichnung, nichts Besonderes, schmückte den Umschlag, und der Titel war *K_M_, Gesammelte Erzählungen*. Ich blätterte durch die maschinegeschriebenen Seiten, stieß das Heft dann aber weg. Ich fühlte mich in dem Raum beobachtet, wie zur Vorbereitung eines Attentats.

Er kam mit seiner hundert Brezeln fassenden weißen Schale wieder und stellte sie vor mich hin. Ich griff zu und trank einen Schluck Kaffee. Er trat in die Zimmermitte.

»Wer das ist, wissen Sie, oder?« Er wies auf einen Illustriertenausschnitt, ein Foto an der Wand. Ich stand auf, um es mir anzuschauen.

Es war eine Frau mit sehr klaren, intelligenten Augen hinter dicken Brillengläsern. Sie sah wie eine Dozentin für höhere Algebra aus.

»Wer denn?«

»Es steht drunter.«

Martha Foley, las ich.

Ich kehrte zum Schreibtisch zurück, setzte mich und aß noch eine Brezel.

»Dieses Jahr hab ich's nicht geschafft«, sagte er. »Nächstes Jahr klappt's. Sie hat Glück gehabt, dass sie dieses Jahr ein Buch rausbringen konnte ... Umzug ... da sind ihr etliche Sachen verlorengegangen. Zweimal musste ich ihr die Zeitschrift nachschicken – die mit Ihrer Story. Ich habe Briefe von ihr. Wollen Sie mal sehen?«

»Das muss nicht sein ... Kommen Sie, wir gehen was trinken.«

»Ich trinke nicht«, sagte er.

»Auch kein Bier?«

Ich hörte ihn in den Regalen wühlen, und als ich mich auf dem Drehstuhl umdrehte, sah ich die graue Hose über seinen Hinterbacken spannen, während er gebückt im unteren Fach nach etwas suchte. Einer Flasche Wein vielleicht?

Ich stand auf und trat ans Fenster. Blickte auf einen graslosen Garten mit zahlreichen leeren Parzellen ringsum. Zumindest hatte er hier seine Ruhe. Ich sah einen Reifen, einen Abfallverbrenner, eine Kiste mit Dosen. Mehr war im Mondlicht nicht zu erkennen, doch es genügte mir.

Er holte einen Schuhkarton aus dem Regal. Kam zu mir und nahm den Deckel ab. Dabei lächelte er mich zum ersten Mal an, sprang über seinen ernsten Schatten, und ich war ihm dankbar dafür. Wenn er lächelte, war sein Gesicht viel ehrlicher; der kleine Mund wurde breiter, und die Narbe zupfte ein kleines bisschen an seinem Kinn.

»Briefe«, sagte er.

Ich sah in den Schuhkarton. Er nahm erst einen, dann noch einen Brief heraus. »*Accent, Circle*, alles da. Die knapp abgelehnten Sachen meine ich. Die gehen darauf ein.«

Ich sagte irgendwas dazu, und er schloss den Karton und stellte ihn zurück ins Regal. Danach sah er wieder ernst aus. Ich saß am Schreibtisch vor der hohen weißen Schale. Einen Moment lang stand er in seiner ganzen Größe stumm vor mir, ein Zebu.

»Ich bin zu dem Schluss gekommen«, sagte er, »dass ich Sie als Mitherausgeber nicht gebrauchen kann. Sie glauben vielleicht nicht an so was – nein, wohl kaum –, aber manchmal spricht Gott zu mir, und gestern Abend hatte ich eine Erscheinung, und die Stimme sagte mir, dass es mit Ihnen nicht geht.«

Kurz darauf verabschiedete ich mich, und er bestand darauf, mich die zwei Meilen bis zur Straßenbahnlinie zu fahren, mit der Begründung, dass so spät wahrscheinlich kein Bus mehr fuhr oder höchstens noch jede Stunde einer.

Ich stand mit der Rothaarigen, die vermutlich seine Frau war, auf der Veranda, als er den Wagen aus der Garage holte.

»Er ist wirklich nett«, sagte ich.

Sie stand da mit verschränkten Armen und ihrem schönen, sichtlich amüsierten Lächeln.

»Wir sind seit fast fünfundzwanzig Jahren verheiratet.«

»Und?«

»Und es war okay, bis er mit der Schreiberei anfing.«

Der Wagen kam rückwärts die Einfahrt hoch ... Baujahr 28 schätzungsweise; dickes Blech und riesige Scheinwerfer wie die Augen eines Monsters, eines Monsters aus Stahl, das nicht sterben wollte.

Er stieß die Wagentür auf und sah mich an. Die Rothaarige öffnete die Haustür.

»Auf Wiedersehn«, sagte ich.

»Auf Wiedersehn«, antwortete sie.

Er brachte mich zur Endstation der Straßenbahn, und wir unterhielten uns über Sherwood Anderson. Als wir ankamen, gaben wir uns die Hand, sagten auf Wiedersehen, und er half mir, die Tür aufzukriegen. Das Monster ruckte, blieb beinah stehen und brauste in die Dunkelheit ...

Jetzt bin ich in einer anderen Stadt, aber er hat mir geschrieben. Es war ein kurzer Brief, getippt auf ein kleines gelbes Blatt Papier. Wenn ich ihn richtig verstehe, hat er das Abstrahieren aufgegeben. Auf dem Gebiet bleibt ihm nichts mehr zu tun, schreibt er. Er hat Agenten in New York und London. Und die Zeitschrift, schreibt er, hat er eingestellt, um sich ganz seiner Kunst zu widmen.

Die Geschichte des Vergewaltigers

Ich hätte nie gedacht, dass ich mal einer werde.

Und ich komme mir auch immer noch nicht wie einer vor. Oder vielleicht doch. Ich weiß nicht, wie die sich vorkommen. Ich weiß nur, wie ich mir vorkomme.

Ab und zu hab ich mal was über einen in der Zeitung gelesen, und das war's.

Wenn, dann dachte ich kurz, warum um Gottes willen macht einer so was? Es passiert andauernd.

Bloß mich hab ich damit nie in Zusammenhang gebracht.

Aber so kann's gehen: Man läuft herum und ist ein Mensch, und plötzlich wird man bezichtigt, ein Vergewaltiger zu sein, ein Gewalttäter, ein Schänder, und überall schlagen die Leute die Zeitung auf und bekommen das zu lesen.

Und irgendwer denkt (aber diesmal auf mich bezogen), warum um Gottes willen macht einer so was?

Es passiert andauernd.

Unter einem Vergewaltiger stellt man sich wahrscheinlich einen Typ vor, der heimlich in Fenster guckt und einen Stoß dreckiger Bilder in der Hosentasche hat. Dann kommt die Gelegenheit, auf die er immer gewartet hat, und er macht Ernst mit der Vergewaltigung.

So hatte ich mir das vorgestellt.

Ich kann ja nur von mir ausgehen.

Aber wie ich so in die Klemme geraten bin, ist damit noch nicht erklärt.

Ich weiß nicht genau, wo ich anfangen soll. Wenn man einfach auflistet, was passiert ist und was man gemacht hat, kommt es nicht richtig rüber. Damit meine ich das Frage-und-Antwort-Spiel, das vor Gericht abläuft. Das kommt nicht hin. Die stellen einen in die Ecke. Die ziehen die Summe aus ein paar Antworten, die du gegeben hast, und unterm Strich fällst du durch. Das läuft zu mechanisch.

Vor Gericht sollte man Gelegenheit bekommen, sich zurückzulehnen und alles in Ruhe zu schildern, wenn man dazu in der Lage ist.

Jeder weiß, wie steif es da zugeht im Saal, unterm Auge des Richters. Man sitzt da ein, zwei Minuten – vielleicht auch nur 30 Sekunden –, und schon spürt man, wo die Schnürsenkel sich überm Spann kreuzen und wie der Kragen um den Hals liegt.

Man kann nicht richtig atmen und ist übernervös.

Und warum?

Weil man weiß, dass Gerechtigkeit hier keine Rolle spielt. Man sieht vielleicht ein paar Typen mit Schriftstücken in der Hand herumlaufen. Auch sie sind nervös. Selbst der Richter ist nervös, obwohl er sich dagegen wehrt und das jeden Tag mitmacht.

Einige lächeln ein bisschen und machen Witze, besonders bei kleineren Fällen. Die tun mir am meisten leid, auch wenn ich selbst ein kleiner Fall bin.

Ja, ich geb's zu, ich war schon oft vor Gericht.

Meistens allerdings nur wegen Trunkenheit und Stadtstreicherei.

Der springende Punkt dabei ist, man kann sich nicht verteidigen.

Sie waren betrunken? – Okay, schuldig.

Sie waren Stadtstreicher? – Okay, doppelt schuldig.

Man wird nicht gefragt, *warum* man sich betrunken hat und

warum man Stadtstreicher war. Wer trinkt oder Stadtstreicher ist, hat einen verdammt guten Grund dafür. Damit macht man sich nicht »schuldig«.

Genauso wenig wie damit, dass man braune Haare oder acht Finger und zwei Daumen hat.

Es heißt also, ich bin ein Vergewaltiger.

Ein Gewalttäter.

Ein Schänder.

Genau gesagt wird mir Vergewaltigung in zwei Fällen, Kindesmissbrauch, Hausfriedensbruch und alles, was es sonst noch gibt, vorgeworfen.

Aber wie sagt man so schön – eins nach dem anderen.

Angefangen hat der ganze Schlamassel so: Ich war im Keller, um die alte Pappe herauszuholen, die Mrs Weber (das ist die Frau, die ich vergewaltigt haben soll) mir abgetreten hatte.

Ich wusste, wo ich die Pappe für etwas Kleingeld verkaufen konnte, vielleicht für ein bisschen Wein – dafür war Kleingeld bei mir meistens bestimmt.

Die Pappe hatte ich mal gesehen, als die Kellertür offen stand und ich hinterm Haus langkam.

Irgendwann später fragte ich dann Mrs Weber (die angeblich von mir Geschändete), ob ich die Pappe haben könnte, die da sinnlos im Keller rumlag.

»Gern, Jerryboy«, sagte sie, »jederzeit, was soll ich da dagegen haben? Sie nützt mir ja doch nichts.«

Ohne jedes Zögern kam das von ihr, einfach so.

Dabei hatte es mich ganz schön Mut gekostet, sie zu fragen. Es ist ja so, dass ich vom Saufen ziemlich nervös bin, und ich wohne auch einigermaßen ärmlich da in dem Schuppen hinterm Haus. Ich bin immer allein und denke viel nach. Das Denken drückt mir irgendwie aufs Gemüt, und ich kann nicht mehr locker sein. Ich komme mir so dreckig vor, meine Sachen sind alt und zerschlissen.

Vor ein paar Jahren ging mir das noch nicht so. Ich bin erst 32, fühl mich aber wie ein ausgestoßenes Tier.

Gott, so furchtbar lange ist es für mich noch gar nicht her, dass ich in einem sauberen blauen Pullover mit Mathe-, Geometrie-, Wirtschafts- und Sozialkundebüchern und so weiter unterm Arm zur Highschool gegangen bin.

Daran dachte ich irgendwie, als ich Mrs Weber um die Pappe bat, und es half ein bisschen. Sie war eine kräftige Frau, sauber und kräftig, aber nicht gerade dick. Jeden Tag trug sie ein anderes Kleid in hellen, frischen Farben, und sie ließ mich an Seifenwasser und Flauschiges und Kühles denken.

Ich dachte an meine Ehe zurück, die vier Jahre mit Kay, die verschiedenen Wohnungen, die miesen Fabrikjobs.

Diese Fabrikarbeit zog mich runter, und ich fing an, nach Feierabend zu trinken – erst nur ab und zu, nach einer Weile dann fast durchgehend.

Ich verlor eine Stelle nach der anderen und schließlich auch Kay, und an all das dachte ich, als ich Mrs Weber nach der Pappe fragte.

Ich bin nicht immer ein Säufer und Stadtstreicher gewesen.

Als Mrs Weber davonging, sah ich von hinten auf ihre Beine, ihre sonnenglänzenden Nylons. Die Arme und die Haare so schön, dass man hätte singen können.

Verstehen Sie mich nicht falsch. Ich weiß, was mir vorgeworfen wird. Aber ich bin ehrlich und, wie ich meine, auch keiner Vergewaltigung schuldig, und ich weiß, dass es hier kreuz und quer geht, aber ich möchte, dass Sie das Ganze so sehen, wie ich es erlebt habe. Ich möchte nichts auslassen.

Vergewaltiger werde ich genannt.

Als Mrs Weber im Haus war, sah ich auf meine schmutzigen, ungepflegten Hände.

Die Nachbarschaft war mich und meine Pappbude gewöhnt, ich tat den Leuten leid und amüsierte sie auch ein bisschen.

Aber ich war harmlos.

Ich bin harmlos.

Ich bin kein Vergewaltiger, das schwör ich auf die Bibel oder auf was Sie wollen.

Ich hätte nicht *gewagt*, Mrs Weber anzufassen – sie stand so hoch über mir, war von so ganz anderem Wesen, dass weder ich noch sie noch sonst jemand auf die Idee gekommen wäre.

Es war unmöglich ...

Eines Tages latschte ich dann draußen herum und sah, dass die Kellertür offen stand. Ich war ein bisschen verkatert und hatte nichts zu trinken und dachte, na, tu doch was, vielleicht vertreibt das deine Sorgen. Es war so ein verhangener Tag, wo es nach Regen aussieht, aber kein Regen fällt und man fast verrückt wird, weil es nicht endlich zu schütten anfängt, und man denkt, *jetzt komm schon, Regen, komm schon*, aber er kommt nicht. Er hängt fest.

Ich ging da runter und machte Licht. Den Kellergestank knipste ich gleich mit an. Bei dem Geruch dachte man an nasse Jutesäcke und Spinnen und vielleicht auch einen Arm, der irgendwo in dem Moder steckte, ein Arm mit etwas Stoff drumherum, und wenn man ihn rauszog, flitzte ein Haufen Wasserwanzen daran hoch und runter, ein konzentriertes mehrspuriges Gesause, nur dass hier und da eine Wanze aus der Konstellation ausbrach.

Konstellation! Das hätten Sie mir nicht zugetraut, dass ich so ein Wort kenne. Ich bin eben kein normaler Penner. Bloß der Wein macht mich fertig.

Na, jedenfalls war die Pappe ganz nass, und es sah nicht so aus, als ob ich dafür was bekäme, aber ich dachte, ich schaff sie trotzdem raus, dann gibt Mrs Weber mir vielleicht was fürs Entsorgen.

Allerdings habe ich Angst vor Spinnen. Ich hatte schon immer Angst vor Spinnen. Da bin ich komisch. Ich habe seit jeher Angst vor ihnen und hab sie immer gehasst. Wenn ich eine Spinne sehe, die eine Fliege im Netz hat und darum herumwuselt, das Tier im Nu einspinnt wie etwas ganz Durchgedrehtes, Böses und Finsteres, also diese Bewegung – ich kann's nicht erklären. Herrgott, ich schweife ab. Vergewaltigung wird mir vorgeworfen. Ich soll ein zehnjähriges Mädchen vergewaltigt haben, ich soll ihre Mutter vergewaltigt haben, und ich rede hier von Spinnen.

Mit der Pappe in dem Keller fing alles an. Das müssen Sie mir schon glauben. Ich wusste nicht, dass die Kleine von Mrs Weber auch da im Keller war. Das merkte ich erst, als sie etwas sagte. Da sprang ich vor Schreck in die Luft wie ein Sandfloh.

»Was machst du denn hier unten im Keller?«, fragte ich sofort. Ich konnte ein rotes Kleid und die weißen Beine ihres Pluderhöschens ausmachen. Wie gesagt, sie war neun oder zehn. Ein Abbild ihrer Mutter: sauber und drall, eine richtige kleine Dame, ein Apfeltörtchen. Aber ich hatte vor ihr fast genauso viel Angst wie vor ihrer Mutter, allerdings noch mehr Angst, mich nicht wie ein Erwachsener zu benehmen, und da ich mich mit kleinen Mädchen nicht auskannte, spielte ich ihr den Erwachsenen eben vor, so gut ich konnte.

Sie gab mir keine Antwort. Sie saß nur da in ihrem roten Kleid und der weißen Unterwäsche und sah mich an. Wie Kinder so sind. Mich machte das nervös. Die Erwachsenenschau zog nicht.

»Ich hab dich gefragt, was du hier unten machst!«, wiederholte ich.

»Gar nix.«

»Nichts? Hast du denn keine Angst vor Spinnen?«

»Nee. Ich bin ja größer als die.«

Darauf wäre ich nicht gekommen. So lassen Leute mich oft dumm aussehen: Ich sage etwas, das mir sinnvoll erscheint, sie erwidern etwas, das meinem Spruch den Sinn entzieht, und mir fällt keine Antwort ein.

Da es mir bei der Kleinen auch so ging, machte ich mich daran, die Pappe an der Treppe zu stapeln, damit ich sie dann rausschaffen konnte. Allerdings wollte ich da nicht zu viel auf einmal stapeln, sonst wären die Kleine und ich ganz allein in dem Keller eingesperrt gewesen. Das wollte ich schon wegen der Spinnen nicht.

»Sie sehen gut aus, aber Sie sind furchtbar dreckig. Haben Sie nichts, wo Sie sich waschen können?«

Ich sage Ihnen, da kam ich mir schon komisch vor. So etwas hatte schon lange keiner mehr zu mir gesagt. Es gab mir echt einen Stich, das zu hören.

Natürlich war ich schon immer der Meinung, dass ich auf meine Art gut aussehe, und das hatte auch die Kleine erkannt.

»Ich habe keine Waschgelegenheit. Ich wohne ja nur in einem Pappverschlag.«

»Dann waschen Sie sich doch bei uns.«

»Das geht nicht, Mädchen. Man wäscht sich immer zu Hause, und ich hab zu Hause kein Wasser.«

»Ich kann Sie doch bei uns reinlassen. Wir haben Wasser oben. Und Seife. Grüne Seife, rosa Seife, weiße Seife, Handtücher, Waschlappen, alles.«

»Vielen Dank, Mädchen, aber ich muss dein Angebot leider ablehnen. Und außerdem wäre das deiner Mutter nicht recht.«

»Meine Mutter ist in die Stadt gefahren.«

»Heißt das, du bist ganz allein, Mädchen?«, fragte ich sie.

Auch wenn ich sie Mädchen nannte – sie sah wie eine kleine Frau aus. Eine kleine Frau im kurzen Kleid mit sauberen weißen Beinen und sauberer weißer Unterwäsche. Sie war ein Abbild ihrer Mutter.

»Wann ist deine Mutter denn weg?«

»Gerade erst.«

»Und wie lange bleibt sie normalerweise in der Stadt?«

»Immer den ganzen Tag.«

»Und du bist wirklich ganz allein?«

»Natürlich.«

»Das ist ja gut und schön, aber ich darf nicht einfach so bei deiner Mutter ins Haus.«

»Sie erfährt ja nichts davon. Und Sie sind so schmutzig, dass Sie mir leidtun, Mister.«

»Und du verpetzt mich auch nicht, egal was passiert?«

»Egal was passiert.«

»Versprochen? Ehrenwort?«

»Versprech ich. Ehrenwort.«

»Du bist nett«, sagte ich ihr. »Ein richtig nettes kleines Mädchen ...«

Wir gingen also nach oben, und ich ging ins Bad und zog mein Hemd aus und ließ warmes Wasser ins Waschbecken laufen. Es war ganz eigenartig, mal wieder Kacheln zu sehen. Ich fühlte mich gleich viel besser und stärker.

Es gab keinen Grund, warum ich so etwas nicht wieder haben sollte. Keinen Grund, warum ich nicht alles haben sollte, was ich mir wünschte. Vielleicht war heute mein Glückstag.

Ich fing an, »Happy Days Are Here« zu singen. Wasserdampf stieg aus dem Waschbecken, und ich hielt mein Gesicht hinein, als wäre der Dampf eine große Hand, die den Schmutz aus mir rauszieht, mir das verpfuschte Leben auswäscht. Es war noch nicht zu spät. Ich war erst 32.

Einige fanden sogar, dass ich gut aussah.

»Wollen Sie nicht in die Wanne gehen?«, fragte mich das Mädchen.

»In die Wanne?«

»Ja, *klar!* Alle Leute baden! Los, legen Sie sich in die Wanne!«

»Na gut«, sagte ich. »Warum nicht?«

Ich stöpselte die Wanne zu, ließ Wasser einlaufen und zog schon mal meine Schuhe und Kleider aus. Ich stand da und sah auf das warme, saubere Wasser. Es war mein Glückstag.

»Oh«, schrie das kleine Mädchen. »Da ist ein *Wurm*, Sie haben einen *Wurm*!«

So verdreckt ich auch war, Würmer hatte ich noch nie gehabt, und auch jetzt merkte ich nichts von Würmern.

»Ach was«, sagte ich.

»Aber ja! Ich seh ihn doch!«

Es schien ihr ernst damit zu sein. Ich bekam ein bisschen Angst. »Wo ist er denn?«

»*Vor* Ihnen! Da, *vor* Ihnen!«

»Ach so«, sagte ich. »Das ist kein Wurm.«

»Was denn dann?«

»Damit geh ich Pipi machen.«

Mehr brauchte ich dazu nicht zu sagen. Sie fragte nicht weiter, sondern stand nur da und sah mich an.

Ich stieg in die Wanne und setzte mich ins Wasser. Das tat gut. Es war mein Glückstag. Konnte man nicht anders sagen. Ein komisches, aber gutes Gefühl. Ich fing gerade an, mich zu entspannen, da schrie die Kleine wieder los.

Sie war ein Schreihals.

Das möchte ich klarstellen. Die Nachbarn haben später behauptet, sie hätten das Mädchen fast die ganze Zeit schreien gehört, die ich offiziell da im Haus war.

Damals wussten sie natürlich nicht, dass ich dort war.

Aber sie haben das Geschrei nachträglich damit zusammengebracht und daraus geschlossen, dass ich sie die ganze Zeit missbraucht hätte.

Ich erzähle Ihnen hier, wie es wirklich war, also geben Sie nichts auf die.

Ich hätte das Mädchen so wenig angerührt wie ihre Mutter, das können Sie mir glauben. Sie war genau wie ihre Mutter, nur eben in klein, mit einem kurzen Kleidchen und blitzweißer Unterwäsche.

Das Mädchen fing also wieder an zu schreien, und offensichtlich hatte ich ihr nichts getan. Wie denn auch, wenn ich in der Badewanne lag? Von Mann zu Mann, Bruder, ich wollte sauber werden. Kinder interessieren mich nicht. Wenn man auch hört, dass sie in Mexiko ziemlich früh anfangen. Das liegt an der Hitze.

»Was ist los, Kind?«, fragte ich sie. »Du darfst nicht schreien, sonst hören dich die Nachbarn und kommen dahinter, dass ich hier bei euch bin, und das willst du doch nicht, oder?«

Das Mädchen schrie wieder. »Sie lassen den Wurm ertrinken!«, rief sie. »Sie lassen den Wurm ertrinken!«

»Geh doch bitte in ein anderes Zimmer und hör auf zu schreien und lass mich in Ruhe baden«, sagte ich zu der Kleinen. »Es war ja schließlich deine Idee.«

(An der Art, wie ich mit dem Mädchen geredet habe, wird hier deutlich, dass ich überhaupt nichts von ihr wollte.)

»Aber so ertrinkt doch der Wurm.«

»Der ertrinkt nicht«, versicherte ich ihr. »Er fühlt sich wohl im Wasser.«

»Tut er nicht! Kein Wurm mag Wasser, schon gar nicht so heißes. Sie bringen ihn um!«

»Glaub mir, Kleines«, sagte ich, »den Wurm würde ich für nichts auf der Welt umbringen.«

Anscheinend glaubte mir das Mädchen nicht. Sie fing an zu heulen. Sie veranstaltete einen Heidenlärm. (Und der ist wohl in die spätere Aussage der Nachbarn eingegangen.)

Allmählich machte ich mir auch Gedanken um die Nachbarn. Ich wusste bei aller Unschuld, dass es schlecht aussehen würde, wenn man mich hier fand, deshalb wollte ich sie unbedingt beruhigen.

»Hör mal«, sagte ich, »der ertrinkt nicht. Ich halte ihn aus dem Wasser. Siehst du?«

Sie kam gucken und beruhigte sich wieder. Ich kam mir beim Waschen mit einer Hand zwar etwas blöd vor, aber das war es mir wert.

»Gut«, sagte sie, »jetzt halte ich ihn aus dem Wasser, damit Sie beide Hände zum Waschen frei haben.«

»Kommt nicht in Frage!«, sagte ich.

Die Kleine trat einen Schritt zurück, stemmte die Hände in die Hüften und fing wieder an zu schreien.

Ich bekam Angst. Das hielt ich nicht aus. Ich musste immer an die Nachbarn denken.

»Okay«, sagte ich.

Also hielt sie ihn hoch, und ich wusch mich beidhändig weiter. Ein bisschen peinlich war es schon, aber es war mein erstes Bad seit Jahren, und die Kleine war still, da nahm ich das in Kauf. Doch noch mein Glückstag.

Gerade fing ich an, mich wieder zu beruhigen, da stieß die Kleine erneut einen Schrei aus: »He, der bewegt sich!«

»Würmer bewegen sich eben«, sagte ich.

Ich wusch mich weiter.

»Ich wasch den Wurm«, sagte das kleine Mädchen, schnappte sich ein Stück Seife und fing auch schon an.

Ich wünschte mir, ich hätte nie auf die Kleine gehört. Eigentlich fing alles damit an, dass sie gesagt hatte, ich sähe gut aus. Ich dachte an ihre Mutter, wie sie in der Stadt durch schummrige Kaufhausgänge lief, Sachen anfasste, Sachen kaufte, sich umschaute. Ich war nur so etwas wie ein Tier, ein ausgestoßenes Tier. Ich hatte keine Rechte. Frauen wie Mrs Weber waren nicht für mich bestimmt. Trotzdem musste ich an sie denken.

»He, der *wächst*!«, schrie das Mädchen. »Der wird ja richtig *groß*!«

Ich brauste mir die Seife ab, zog den Stöpsel und stieg aus der Wanne. Ich fing an, mich abzutrocknen, und die Kleine trocknete den Wurm ab, als, Gott steh mir bei, Mrs Weber das Badezimmer betrat. Ich hatte sie überhaupt nicht kommen gehört.

Sie hatte mich natürlich noch nie so gesehen. Und ich hatte keine Zeit, etwas zu erklären.

Sie stand bloß da und schrie los wie die Kleine, nur besser – soll heißen schlimmer: lauter und mit einem Triller, der mir durch Mark und Bein ging.

Ich lief hin und hielt ihr den Mund zu, damit sie mich erklären ließ. Ich spürte den Stoff ihres neuen Kleids auf meiner Haut. Ein komisches Gefühl. Ich kam mir wie ein fremdes Tier vor oder so was.

Aber unter dem Stoff war Mrs Weber, und ich hatte Angst. Sie biss mich in die Hand, mit der ich ihr den Mund zuhielt, und fing wieder an zu schreien.

Ich musste sie schlagen. Ich schlug sie nieder.

Mrs Weber tat mir wirklich leid, wie sie da mit ihrem Kleid auf dem nassen, beschlagenen Boden lag. Ich sah, wo ihre Strümpfe endeten und die Haut anfing.

Ich wollte ihr hochhelfen, aber da schrie die Kleine wieder los. Ich lief zu ihr hin, packte sie und versuchte sie zu beruhigen.

Prompt fing Mrs Weber an. Da konnte ich nur noch hin und her laufen, von einer zur anderen, sie packen, schlagen, packen, schlagen, ohne eigentlich zu wissen, was ich tat.

Und jetzt sitze ich hier in U-Haft, und Essig war's mit meiner Pappe.

Noch nicht mal einen Schluck Wein hat mir das Ganze eingebracht.

Ich soll wegen zweifacher Vergewaltigung, Kindesmissbrauch, Hausfriedensbruch und sonst noch was verknackt werden.

Die Ärzte sagen, sie sind beide vergewaltigt worden. Mag sein. Ich wusste kaum, was ich tat, als ich sie ruhigzustellen und vom Schreien abzuhalten versuchte.

Ich sage, nicht schuldig. Ich konnte nichts dafür. Ich habe weder meine Pappe noch auch nur etwas zu trinken bekommen. Ich habe Ihnen dargelegt, dass es nicht meine Schuld war. Glauben Sie mir? Oder glauben Sie mir nicht?

Ich muss immer wieder an mich in meinem sauberen blauen Pullover an der Highschool denken. Da hatte ich einen Freund namens Jimmy. In der ersten Stunde haben wir uns in der Aula öfter das Schulorchester angehört. Später sind wir dann rumgelaufen und haben die vom Orchester gespielten Lieder gesungen. Sachen wie »Ave Maria« und »When the Deep Purple Falls Over Sleepy Garden Walls« und »God Bless America«.

Glauben Sie mir nicht? Glaubt mir denn keiner?

Auch 80 Flieger
reißen dich nicht raus

In jungen Jahren habe ich meinem Freund Baldy beim Saufen immer *Richard Aldingtons gesammelte Gedichte* vorgelesen. Im grellen Licht meines billigen Zimmers vom Wein beschwingt seine Werke vorzutragen, schien mir die größte Ehre, die man Aldington erweisen konnte. Baldy teilte meine Begeisterung nicht, und das habe ich nie ganz verstanden: Aldington schrieb Klartext: klar, gefühlvoll und direkt. Ich glaube, er hat mich mehr beeinflusst als die höher bewerteten Lyriker, aber mein Freund Baldy fand nie ein Wort des Lobes oder der Kritik für R. A. Er saß nur da und trank mit Bacchus.

Er lobte nicht Aldington, sondern (auch wenn er es nicht einsah) mich. »Herrgott«, sagte er am nächsten Tag, »Hank war gestern Abend sternhagelvoll. Er hat wieder den Gedichtband hervorgeholt. Und er kann die Sachen wirklich lesen! Hab noch *keinen* gesehen, der Gedichte so lesen kann wie Hank!«

Genau das sagte Baldy auch eines Tages zu Helen, der Frau, die die Zimmer saubermachte.

»Schluck zu trinken vielleicht, Helen?«, fragte ich nach diesem zwanglosen Auftakt.

Sie gab keine Antwort. Die Leute da konnten echt stur sein. Sie machten nie an den richtigen Stellen den Mund auf.

Ich goss ihr eine gute Portion ein, und sie nahm das Glas von der Kommode und kippte es runter.

»Ich muss wirklich die Zimmer saubermachen«, sagte sie.

Darauf trank ich einen Schluck. »Aldington kannte Lawrence«, sagte ich. »D. H. Lawrence. Das war ein Typ. Der Hundesohn konnte wirklich *erzählen*!«

»Ja«, meinte Baldy, »Lawrence.«

»Aus den Kohlebergwerken«, sagte ich. »Hat die Tochter von Manfred von Richthofen geheiratet. Dem Kerl, der 80 Flugzeuge abgeschossen hat. Kann auch sein, dass er ihr Bruder war. Und Lawrence kam auch nicht direkt aus den Kohlebergwerken. Sein Vater war Bergmann.«

»Hast du noch ein Schlückchen für mich?«, fragte die Putzfrau.

Ich schenkte ihr ein wenig nach.

»Was ist das für ein Zeug? Es schmeckt so anders.«

»Port.«

»Portwein?«

»Ja«, sagte ich. »Früher hab ich Muskateller getrunken, aber davon trocknet man aus. Zu viel Schwefel drin.«

Sie kippte ihr Glas. »Ihr seid mal zwei nette Jungs. Mit euch trink ich gern was. Ihr seid anders.«

Das ging mir so glatt runter, dass ich mir und Baldy und ihr noch ein Glas vollschenkte, so zur Feier des Tages.

»Lawrence und Aldington haben viel zusammengesteckt«, kam ich aufs Thema zurück.

In dem Moment hämmerte es gewaltig an die Tür. Wie eine Beethoven-Klimax. »Hank! Hank!«

»Komm rein, Lou.«

Es war der ehemalige Knastler und Bergarbeiter dieses Namens. Er hatte eine Flasche dabei. Portwein. Magenfreundlich.

»Setz dich, Lou. Wir haben uns gerade über einen unterhalten, dessen Verwandter 80 Flieger abgeschossen hat.«

»Ich sehe, du hast Gesellschaft, Hank.«

»Siehst du richtig, Lou.«

»Kann ich euch was von meinem Zeug anbieten?«

»Schenk ein, Lou!«

»Ich müsste ja wirklich putzen, aber wenn ihr Jungs *so* nett seid ...«

»Was macht dein Mann, Schätzchen?«

»Ach, der war mit der Handelsmarine auf Fahrt, und als er wiederkam, konnte man ihn nur noch wegschmeißen. Er hatte sich mit zig Weibern eingelassen und war mit nichts mehr zufrieden.«

»Aber du hast ja noch mich, Helen«, sagte Lou und legte ihr die Hand aufs Knie. »Wie wär's, wenn du und ich –« Er neigte sich zu ihr und flüsterte ihr den Rest des Satzes ins Ohr. Hätte ihn genauso gut aber auch laut sagen können.

»Sie *Schweinigel*, nehmen Sie sich doch ein Beispiel an den anderen Jungs. Die zwei sind *nett*! Warum können Sie nicht auch so sein?«

»Ich *bin* nett, Baby. Du *kennst* mich nur noch nicht. Mich und meine *Vorzüge*!«

»Um Gottes willen, Lou«, rief ich. »Lass deinen Hosenstall zu!« (Damals war ich noch sensibel.) »Wir unterhalten uns hier über Literatur!«

Alle kriegten sich wieder ein, und ich stand auf und füllte die Gläser nach.

»Einmal wollte Lawrence eine Kolonie gründen, und zwar eine, die nur aus seinen Freunden bestand. Irgendwo eine neue Welt ins Leben rufen. Ich fand die Idee ziemlich stark. Hätte ich gekonnt, wäre ich gleich mit ihm losgezogen und hätte das als große Ehre betrachtet. Aber alle haben ihm einen Korb gegeben. Einen nach dem anderen hat er gefragt: ›Kommst du mit mir auf die Insel oder nicht?‹ Und alle sind abgesprungen. Bis auf Aldington. Nein, vielleicht war es auch Huxley. Jedenfalls war Lawrence empört und hat sich betrunken und bekotzt, und das Ganze fiel ins Wasser.«

»Wo war denn diese Insel?«, fragte der Ex-Knacki. »Vielleicht gab's da nichts zu essen. Oder sie durften keine Frauen mitnehmen. Man weiß es ja nicht. Vielleicht war mit diesem Lawrence irgendwas nicht astrein.«

»Doch, doch«, sagte ich. »Das war schon sauber. Sie wollten eine Kolonie gründen, eine neue Welt erschaffen.«

»Und das Futter? Und die Weiber?«

»Alles geregelt«, sagte ich. »Alles im Voraus geklärt.«

»Und trotzdem wollten sie nicht?«

»Nein.«

Der Ex-Knacki wandte sich an die Putzfrau, die Hand auf ihrem Knie. »Würdest du mit mir auf eine Insel gehen? Ich könnte dir etwas zeigen, was du nie vergisst.«

»Lou«, sagte ich, »reiß dich bitte am Riemen.«

»Genau, Hank, halt mir dieses Ferkel vom Leib! Ich trink doch hier nur ein Glas unter Freunden.«

»Aber freundlich sein will ich ja gerade!« wandte der Ex-Knacki ein.

»Mach halblang, Lou.«

»Okay, Hank, okay.«

»Hank«, tauchte Baldy aus der Versenkung auf, »wer ist für dich der größte Schriftsteller aller Zeiten?«

»Shakespeare«, sagte der Ex-Knacki.

»Entweder Robert Louis Stevenson oder Mark Twain«, sagte die Putzfrau.

»Was meinst du, Hank?«

»Ich weiß nicht, Baldy.«

»Ganz ohne Zweifel Shakespeare«, beharrte der Ex-Knacki und trank aus. »An Old Shakey kommt keiner ran, *keiner*.«

»Einige behaupten, Shakespeare sei bei einer Kneipenschlägerei umgekommen«, erklärte ich.

»Na, sicher doch! Shakey war ein *Mann*!«

»Schätzchen«, fragte mich die Putzfrau, »krieg ich noch einen Schluck Portwein?«

»Singen wir was!«, regte Baldy an. »Den Zigeunersong. Ihr wisst schon: *Sing, Zigeuner, lach, Zigeuner, lieb, solang du kannst.* Das gefällt mir.«

»Nein«, sagte ich. »Wegen dem Zigeunerlied bin ich schon mehrfach verwarnt worden.«

»Nehmen Sie die Pfoten weg, Sie Ferkel!«

»Lou!«, rief ich. »Noch einmal, und ich schmeiß dich raus!«

»Dazu bist du nicht Manns genug!«

»Ich hab dich gewarnt, Lou.«

»Ich war Bergarbeiter. Einmal sind ein Typ und ich mit Pickelstielen aufeinander los. Mit dem ersten Schlag hat er mir den linken Arm gebrochen, und trotzdem hab ich die Sau mit einer Hand gekillt. Los, schlag du zuerst! Du hast den ersten Schlag! Na los, Hankieboy! Ich mag dich, Hank! Du bist noch ein echter Mann! Komm schon! Lass uns *kämpfen*, Hank.«

»Komm runter, Lou. Ich will dich ja gar nicht rauswerfen.«

»Vielleicht solltest du lieber ein paar Gedichte vorlesen«, regte die Putzfrau an.

»Dieser Lawrence, worüber hat der denn geschrieben?«, fragte Baldy.

»Der hat eine Menge herumprobiert. Wie viele von uns wollte er seinen inneren Mann möglichst rein erhalten. Die meiste Zeit hatte er Sex im Kopf.«

»Ja, wer denn nicht?« Der Ex-Knacki erhob sich. »Das geht uns doch allen so, stimmt's, Baby?« Schwankend stand er da und sah auf die Putzfrau runter. »Stimmt's, Baby? Hm? Stimmt's?«

»Hören Sie, Lou, die Jungs unterhalten sich über *Literatur*. Haben Sie kein Anstandsgefühl?«, fragte die Putzfrau.

»Mir macht dieser Lawrence nichts vor! Ich weiß, warum er mit den ganzen Leuten auf die Insel wollte und warum sie gekniffen haben! Weil sie nämlich ein *irre Angst* hatten vor diesem Lawrence! Sie haben es ihm *angesehen*, es stand ihm ins *Gesicht* geschrieben! ... Von wegen einen Schwung Weiber hernehmen und *Land* besiedeln! *KOLONISIEREN!* Dass er 80 Flieger abgeschossen hat, reißt ihn da nicht raus!«

»Nein, nein, Lou«, sagte ich, »das war nicht Lawrence. Das war Baron Manfred von Richthofen.«

»Der war dann wahrscheinlich noch schlimmer als Lawrence. Bei jedem Abschuss hat er wahrscheinlich sein –«

»Du meinst«, unterbrach ich ihn, »die Fliegerabschüsse haben eine sexuelle Bedeutung?«

»*Du* weißt, was ich meine!«, knurrte er.

»Also Leute, es war ein netter Abend«, sagte ich, »und ich entbiete euch allen ein herzliches Lebewohl.«

»Heißt das, wir sollen abhauen?«, fragte der Ex-Knacki.

»Dem Sinn nach geht es in die Richtung«, erwiderte ich.

»Na, scheiß doch der Hund drauf! Trink ich eben in der Kneipe weiter! Kommst du mit, Babydoll?« Lüstern schielte er die Putzfrau an.

»Nein danke, Louis.«

»Okay, du alte Hippe!«

Die Tür knallte zu.

»Vielleicht war es Homer«, sagte ich.

»Was denn?«, frug Baldy.

»Der größte aller Dichter.«

»Bis morgen Abend, Hank?«

»Klar, Baldy.«

»Was ist mit Konfuzius?«

»Nicht schlecht. Der hat voll mitgemischt, das stimmt ...«

»Ein Schlückchen noch, mein Lieber«, sagte die Putzfrau.

»Gern, Helen.«
»Weißt du, dass du ganz reizende Hände hast, wie ein Geigenspieler?«
»Da ist nichts dahinter. Wirklich nicht.«
»Du hast studiert, ja?«
»Ja, aber die Uni macht nicht intelligent. Sie bildet nur.«
»Du schreibst Geschichten und Gedichte und so?«
»Das schon.«
»Schon mal was veröffentlicht?«
»Noch nicht, Helen. Ich bin noch in der Entwicklung.«
»Entwicklung?«
»Ja. Ein Schriftsteller muss eine Entwicklungsphase durchlaufen.«
»Du meinst, erst mal Flugzeuge abschießen oder so was?«
»Nicht direkt. Aber das nützt bestimmt eine Menge.«
»Schreibst du über mich irgendwann auch mal was?«
»Kann sein. Schon möglich.«
»Ich bin nämlich aus Pittsburgh gebürtig. Mein Vater war Arzt, aber er hat zu viel getrunken, deshalb durfte er nicht mehr praktizieren –«

Als ich mich am nächsten Morgen im Bett umdrehte, schränkte eine beträchtliche Masse Mensch meine Bewegungsfreiheit ein: die Putzfrau.

»Guten Morgen, Schnuckibär!«
»Ach ... Morgen, Helen.«
»Du hattest vielleicht einen in der Krone, Hanky. Wie ich anfing, von meinem Leben zu erzählen, hast du nur noch einen nach dem anderen runtergekippt.«
»Und was war dann?«
»Sag bloß, du weißt es nicht mehr, Schnuckibär?«

Ich sprang aus dem Bett und zog meine Sachen an.

»Wo willst du hin, Schnuckibär?«

»In die Kneipe. Irgendwo in eine Kneipe.«
»Kommst du dann wieder, Schnuckibär?«
»Frühestens in drei, vier Tagen.«
Ich strebte mit einer gewissen Geschwindigkeit zur Tür, öffnete sie, und dann –
»Weißt du was, Schnuckibär?«
»Was denn?«
»Wer der größte Schriftsteller ist?«
»Ich hab zwar Homer gesagt, aber ohne groß darüber nachzudenken.«
»*Du* bist es, Schnuckibär, und du brauchst dich auch nicht mehr zu *entwickeln!* Den Homer kenn ich zwar nicht, aber DIR kann er nicht das Wasser reichen, das steht fest, Schnuckibär!«
Ich schloss die Tür und ging Richtung Kneipe, um Trost bei meinem Freund, dem Ex-Knacki zu suchen. Er konnte alles haben: Homer und Helen, Helen und Homer samt jeglicher damit verbundener Entwicklung. Und D. H. Lawrence obendrein.

Manifest:
Ruf nach eigenen Kritikern

Kritik als Krankheitsbeschreibung der Poetik geht ja noch, aber wenn sie von bestimmten Universitätscliquen dazu benutzt wird, die Gesetze der Lyrik zu schreiben und scharfe Richtlinien einzuführen, und wenn diese Gruppen in ihrer Herrlichkeit immer mehr nach ihrem Bild geformte Puppenspieler zeugen, dann wird die Dichtung von ihnen, ihren Halbbrüdern und ihrem Umfeld aufs Tödlichste und Überheblichste eingeengt. Sie schaffen, schreiben, proklamieren ihre eigene Historie und berauschen sich am weiten Horizont ihrer Wahl.

Was den akademischen Kritikern durch die Abschottung in ihrem kleinen Elfenbeinturm entgeht, wird durch den Gewinn an Selbstgewissheit und Prestige aufgewogen. Uns anderen, den Ungewaschenen, denen, die in Spielsalons und an Straßenecken herumhängen, bleibt nur frustriertes und misstönendes Gejammer. Um uns eine etwas umfassendere Geltung zu verschaffen, brauchen wir vielleicht ein Manifest ... eine Geste ... einen Anfang. Ein Dichter allein hat es schwer gegen den Akademikerklüngel. Vielleicht müssen auch wir unsere Historie selbst erfinden und unsere Götter selbst erwählen, wenn unser Anteil an der Literatur Amerikas dereinst Beachtung finden soll.

Unsere Schriftsteller sollten sich die klösterlichen Absichten und den Exorzismus der Universitätscliquen vor Augen halten – und seien wir fair: Viele von uns sind nicht nur ziemlich ungewaschen, sondern ebenso wenig belesen, wie sie gelesen werden. Glücklicherweise fehlt uns der Hang zu monströser Cliquenbildung, und wir kommen aus den verschiedensten Ecken. Doch unsere Vorzüge sollten sowohl geformt werden als auch formlos sein, unsere Kritiker sollten Bezüge und Zusammenhänge herstellen und zusehen, dass unsere zahlreichen Autoren bekannt werden und ihren Platz im Kulturganzen finden. Das wäre keine Bestätigung im Sinn einer Festlegung, sondern eine Transsubstantiation, die einer Vielfalt von Stimmen mehr *Präsenz* verleiht. Der frische Wind einer neuen Kultur, der Magnetismus, der Geist und die Hoffnung, die Präzision unserer Kräfte – das alles ist noch in keiner Weise genutzt und umgesetzt worden. Und bis das geschieht, bleiben fünf oder sechs fettärschige alte Hutzelmänner auf ihren Lehrstühlen die Hohepriester unserer poetischen Welt.

Frieden verkauft sich schlecht, Baby

Lieber John Bryan:

... Also in Gedichtform kann ich dir in Sachen Krieg nichts liefern, weil ich gerade erst in einem anderen Blatt losgeworden bin, wie ich mich vor den Schützengräben gedrückt habe (WK2), womit das abgehakt und abgeschüttelt ist wie eine Meute nasser Pudel, und danach hängt mein Schwanz jetzt schlaff runter. Wenn man immer auf dieselbe Tour über dasselbe schreibt, kommt immer dasselbe dabei raus – nämlich nichts.

Ich kann dich aber zu dem Thema ein bisschen belabern. (Geht nichts über das sachte Schwingen der Eier in stiller Kontemplation.) Wo fängt man an? Ich kann mir vorstellen, dass es höllisch weh tut, alle 100, alle 50, alle 20 Jahre wegen etwas anderem in Stücke gerissen zu werden. Irgendwo habe ich gelesen, dass sich der Mensch dereinst durch von ihm selbst gebaute Roboter ersetzen wird, die klüger sind als er. Das kommt so ungefähr hin: Die müssen sich nur noch vor Donner, Blitz und Regen hüten und bei Bedarf ihre Verschleißteile austauschen ... kein Ärger mehr mit Zahnweh, Hämorrhoiden oder Sex. Die müssen dann bloß sehen, wie sie die Zeit rumkriegen, denn viel zu tun gibt es nicht, weil sie nichts zu essen brauchen und kaum so blöd sein werden, Miete zu zahlen, und sollten sie in der Ausnüchterungszelle landen, machen sie da auch was Schönes draus. Ich frage mich allerdings, ob diese Früchtchen, diese beneidenswerten Kerlchen, die weder Schmerz noch Mitleid noch Zärtlichkeit kennen und denen es nichts ausmacht, wenn ihre Liebste sie wegen eines anderen verlässt, ob die dann auch intelligent genug sind, keinen *Krieg* anzufangen. Schön wär's, wenn diese Blechschatten unserer Vergangenheit auch die letzte große Krankheit hinwegfegen könnten. Aber ich weiß nicht warum – ich sehe ineinander verkeilte Blechmassen vor mir ... zermalmte Elektroaugen ... schönste Silberhirne ausgelaufen zwischen Kupferblumen ... Herrgott, wo hakt's? Wo hakt's?

Jetzt versuch ich dir mal zu erklären, wie ich zu diesen Bildern komme und warum der *Krieg* so schwer wegzukriegen ist. Ich zeige dir also die rostige Seite der Medaille, den säulengeschmückten Eingang zum Nein, und das geht schlecht, ging schon immer schlecht, *denn es ist sauschwer, sich über den Frieden zu ereifern*, ihn als Religion oder als geil zu verkaufen, ihn sich auf die Fahnen zu schreiben oder sonst was. Leg dir die Wörter selbst zurecht; ich bin müde. Der Frieden, Padre, ist so mitreißend wie das Läuten der Kirchenglocken. Dem Frieden huldigen keine Nationalhymnen, für den Frieden ziehen sich die Mädchen nicht vor dir aus, im Frieden bekommst du keine Länder, Flüsse, Berge, Sonnenuntergänge und Nutten zu sehen, die du sonst nie gesehen hättest, und im Frieden besäufst du dich nicht in einer fremden Stadt, wo du kein Wort verstehst, und kneifst der Frau des Bürgermeisters in den Hintern, weil du nichts zu verlieren hast. Aus *Krieg* entsteht sogar *Kunst*. Ohne Krieg wäre Hemingway nichts als ein Wein trinkender, rotäugiger Picador oder ein fetter, furzender Matador gewesen. Erst der Krieg gab ihm die Möglichkeit, den schielenden Fledermäusen des Abendlands das große Märchen vom Mumm zu unterbreiten. Frieden ist wie Latein. *Frieden verkauft sich schlecht, Baby*. Warum bloß, zum Teufel, warum???? Rück dir den Sack zurecht, und ich erklär's dir. Die Leute wissen nicht, was *Frieden* ist, weil sie – die meisten Leute jedenfalls – auch in sogenannten Friedenszeiten nie ihren *Frieden* haben. Überleg doch mal. Nimm zum Beispiel ein Kind. Sobald der Kleine einigermaßen laufen kann und solange sein Hirn noch weich und formbar ist, wird er in die Schule gesteckt, und man trichtert's ihm ein – man sagt ihm, *sein Land ist das Vaterland*. Lebt er in Mexiko, ist Mexiko das Vaterland. Klar, die Bohnen sind ein harter Brocken, aber der Rest wird schon. Lebt er in Brasilien, Herrgott, was meinst du, was sie ihm da wohl sagen: Bermuda? Sie brauchen ihre Jobs. Deutschland gleich Deutschland. Russland gleich Russland. Weltideologie hin oder her, Russland ist der Kopf, alles Übrige sind die Beine. Genauso wie für uns die Länder, deren Industrie wir über das Kapital steuern ... Wir schenken ihnen ihre *Freiheit*, indem wir sie für uns *arbeiten* lassen. Aber genug davon. Kommen wir erst mal wieder auf den kleinen Racker zurück. Unseren Musterknaben, der eines Tages ganz sicher in einer Kneipe den Spiegel besabbern und sich fragen wird, was aus ihm geworden ist. Als Nächstes kriegt ihn die Kirche an seinem kleinen weichen Arsch und erzählt ihm von *dem Mann da oben*. Das ist eine schreckliche Geschichte, mein Freund. Die meisten von uns müssen sich darauf einlassen ... man lehrt uns hoffen, fürchten, spekulieren, jeder für sich – doch offiziell verbindet uns *der Glaube*. Und schon wird dieses Kind, dieser arme Tropf, dieses Würstchen, Baby, benebelt, wie er ist, in die Welt hinauskatapultiert, wo er kaum eine Chance hat ... vom *Frieden* kriegt er einfach überhaupt nichts zu sehen: Er hat bei Strafe brav zu sein, und sein Geist wird auf die Bahn gebracht, an die er sich halten soll. (Wenn man einem Barrakuda zwischen die Augen schießt, fährt der noch lange nicht zur Hölle, weil er nicht weiß, wo oder was die Hölle ist. Uns selbst dagegen haben wir schön abgerichtet. Schönstens. Scheiß drauf.)

Am frühen Morgen, fünf vor vier, liege ich hier mit meinem linierten grünen Empire Wire Glo Notizheft (49 Cent) und meinem Bleistift auf dem Bett, stecke mir abgerauchte Kippen aus der Tasse an, die auf dem alten Sessel steht, und versuch dir klarzumachen, dass es schwierig ist, den mitfühlenden Verzicht aufs Blutvergießen heiligzusprechen und zu bewundern; ich versuch dir klarzumachen, warum *Frieden* sich schlecht verkauft – vor allem nämlich deshalb, weil so wenige, so unglaublich wenige liebe Christenmäuse und Christenkarnickel, die im Mondschein umherhuschen, *wissen, was Frieden ist*.

Kommen wir, wenn du noch wach bist, auf unseren Wechselbalg zurück. Man bringt dem Jungen Mathe bei. Man bringt ihm bei, dass Washington den Delaware überquert hat. Gut zu wissen, klar. Jungen und Mädchen haben getrennte Klos. Man haut ihm Brahms, Schubert und die große Donnerfaust Beethoven um die Ohren, ehe er weiß, wie ihm geschieht, und diese schweren Angriffe auf seinen wehrlosen Kopf merkt er sich und hört aus Empörung dann später Jazz. Jazz-Rebell zu sein ist leichter, als sich ein anderes Land oder einen anderen Gott zu suchen. Es ist ungefährlicher und billiger, man riskiert dabei kaum etwas. Das ist bekannt und beabsichtigt; man lässt ihnen den Jazz. Bekäme unser Wechselbalg *als Erstes* Jazz vorgesetzt, würde er später Beethoven hören, und sie hätten die Bescherung, eine echte Gefahr. Die wissen, was sie tun, Baby. *Frieden* hat es nie gegeben. Jetzt schickt man ihn auf ein Footballfeld mit der Anweisung, jemanden umzumähen. Man trichtert ihm schubladengerecht noch etwas mehr Scheiße ein und scheucht ihn zur *Arbeit*, wo er auch keinen Frieden hat. Zwischendurch darf er ein paar Stunden schlafen, essen, Sachen kaufen und vor allem ficken, Kinder zeugen, damit der Laden weiterläuft, und dann heißt's wieder *arbeiten*.

Der Verstand bekommt nie eine Chance. Fragt man den

Mann auf der Straße: »Sind Sie für den *Frieden* oder für den *Krieg*?«, antwortet er: »Für den Frieden natürlich. Krieg ist dumm.«

Er sagt, er will Frieden, weiß aber gar nicht, was Frieden ist. Er hat ihn nie erlebt.

Er ist für den *Krieg* gezüchtet, da wird er hineingeschubst, mit ihm zusammengesperrt wie mit einer goldbeinigen Hure, die ihm in die Arschtasche greift, sobald er ihr den Rücken zudreht. Er *brennt* förmlich auf Krieg, er *schreit* nach Krieg!, aber in den *Frieden* verliebt er sich bestimmt nicht, weil der ihm nie untergekommen ist, seit er zum ersten Mal auf den wackligen zwei Beinchen stand. Ein gottserbärmliches Goldfischglas-Elend, das Ganze, es macht mich manchmal so sauer, dass ich volle Whiskeygläser an die Wand knalle, statt sie zu trinken; wie oft verfluche ich diese stockblinde Menschheit, die Borniertheit, mit der sie alles verländelt ... aber zu Unrecht. Was soll so ein armer Schisser denn machen?? Und wer bin ich, dass ich mir ein Urteil über ihn anmaße? Ach, der ramponierte, von Dämonen ausgezehrte Hohlkopf liegt im Streit mit seiner Alten, die einen Wabbelbauch hat und seit dem zweiten Kind mit flachen Absätzen rumläuft. Er wird 2, 3 oder 6mal gefeuert und kriegt's mit der Angst. Er fährt mit Luft im Kopf und baut ein paar Unfälle. Er wird besteuert, bis ihm die Eier weh tun. Wie viel Geld er auch verdient, nie hat er welches. Nie kann er mal durchatmen. Ständig muss er damit rechnen, auf die Hörner genommen und in die Gosse abgedrängt zu werden, zu den Winos, wenn er nicht ein paar gute Sprüche auf Lager hat. Ist das *Frieden*? Soll er sich dafür erwärmen? Eines Abends kommt er dann angeschlagen von Zwielicht und Lügen vorzeitig nach Hause und findet seine *Frau* (samt Wabbelbauch und allem) mit dem Gasmann im Bett ... *Frieden?* – den hat er nie erlebt.

Er war von Anfang an wie ein Stier darauf getrimmt, irgendwen oder irgendwas irgendwo anzugreifen.

Was tun? Tja, ich weiß nur, dass ich momentan nicht im Knast bin (und das tut gut, besonders mir); da ich aber weder in Schädelkunde bewandert bin noch im Poolbillard wie einer meiner lieben Freunde aus dem Süden, der Gedichte schreibt wie ein wilder Stier im Angesicht des Feuers, kann ich nur empfehlen, die gängigen Erziehungskonzepte aufzudröseln und sie so zu erweitern, dass sie weniger Dinge ausschließen und ein breiteres Spektrum an Möglichkeiten bieten ... an Göttern, Leitfiguren, Ländern ... an Musik, Liebe, Sport, Humor, Schnaps, Ideen, Lektionen ... damit wir, während das Meer unsere Fußgelenke umspült ... umspielt ... nach und nach auf andere Gedanken kommen ... weg vom schnellen Geld, bequemen Sex, Besitzenwollen, ;;;; dafür ist es zu spät, glaub ich ... beinah zu spät ... aber vielleicht kommen wir aus lauter Schiss vor der Wasserstoffbombe ja doch noch allesamt dahinter, dass Begriffe wie *Ehre* und *Vaterland* hohl sind – dunkle Gesänge im leeren Gotteshaus – und dass wir die *Blechmänner* reingelassen haben, die unserem Denken entsprungenen *Blechmänner*, die *Blechmänner* einer möglichen Zukunft, wenn wir weiter auf Krieg machen, wie man es uns beigebracht hat.

Es wird Zeit, dass wir lernen, so zu reden und zu handeln, wie das große Etwas in unserm Innern es von uns verlangt. Zeit für größere und schönere Wunder und Zeit, darüber zu reden, nachdem wir so lange auf dem falschen Dampfer waren ... das ist nur ein Anfang, kein *Stimmenfang*. *Der Frieden wartet darauf, verwirklicht zu werden*,

      bis dann,
          Friede sei mit dir –
               Charles Bukowski

Blick auf die Kollegen

Voilà:

Die Schreiber, die es bringen, sind David Pearson Etter, Irving Layton, Al Purdy, Larry Eigner, Genet.

Der Ginsberg-Corso-Burroughs-Zirkel ist vom großen Wal der Schwärmerei verschlungen worden und hat sich nie so ganz davon erholt. Leider wissen wir aber nun mal, dass zwischen Künstler und *Performer* ein Unterschied besteht wie zwischen Gott und einem Krawattenvertreter. Und doch fällt es den meisten von uns schwer, dem Köder einer *lebenslangen* Erektion zu widerstehen. Wir haben die Chance, den Narren im Scheinwerferlicht bequem was vorzutanzen, und sollen zu unserer Arbeit als Tellerwäscher zurückkehren? Bedauerlicherweise kann man beim Tellerwaschen mehr lernen, als wenn man Ecke 92nd Street und Lexington Avenue mit James Dickey, Jack Gilbert, Nemerov und T. Weiss diskutiert.

Von *Poetry Chicago*, der einstigen Macht im Lande mit dem jungen Ezra als Europaredakteur, sind nur die Gräten geblieben; in jeder Bibliothek glänzt die Ruhmreiche vor sich hin und gibt nichts her außer den immer gleichen, umworbenen Namen. Es ist wie der Konzertbesuch am Freitagabend: Zur Eröffnung gibt's die Ouvertüre der *La Gazza Ladra*, weiter geht's mit *L'Après-midi d'un Faune*, dann fliegt einem Beethovens Fünfte um die Ohren, und mit etwas *Wassermusik* vom guten alten Händel wird man zufrieden nach Hause geschickt.

Damit genug von *Poetry Chicago*. Eine besondere Gräte im Hals der Dichtung ist auch das Werk von Robert Creeley. Dozenten für englische Literatur – die mit dem »Dr.« vorm Namen – haben mir versichert, dass unsere sämtlichen Talente sich zu dem wunderbaren Robert Creeley bekennen. Ich, ich hab's mit Creeley immer wieder versucht. Und jedes Mal war es wie damals am Strand, als ich Steinbecks »The Wayward Bus« lesen wollte und eingeschlafen bin. Tipp für alle, die nachts kein Auge zutun können.

Aber zurück zu R.C. Meistens gebe ich den guten Professoren die Bücher mit einer bissigen Bemerkung zurück wie: »Reichlich dünn scheint mir das. Da ist nichts.« Oder: »Mensch, was wollen Sie mir denn da andrehen?« Dann gibt's immer das gütig-verständnisvolle Lächeln zwischen den Barthaaren und den Klaps auf die Schulter: »Ach, kommen Sie, *so* schlecht ist er doch nicht!« Soll heißen, dass *sie* ihn verstehen, dass sie etwas darin erkennen, was einem groben Klotz wie mir entgeht. (Die Feinheiten, nicht wahr, die unverfälschte Reinheit der Formulierung usw.) Letztlich sind die Titel- und Bartträger in Creeleys Schatten aber gutmütig: Bis auf die eigenen Überzeugungen verzeihen sie alles.

Außerdem bin ich vielleicht nur ein verbitterter alter Kerl, denn irgendwie kommt es mir vor, als hätten sie *Angst* vor Creeley. Woher das Gefühl kommt, weiß ich nicht; es könnte damit zusammenhängen, dass ich dem Tellerwaschen näher bin als einem Lehrstuhl an der Universität.

Creeley ist nur einer der Schrecken und Auswüchse des lyrikpolitischen Machtzentrums: der »Schule«. Aber im Atomzeitalter haben wir nicht nur gelernt, wie der Pilz aussieht. Wir haben auch gelernt, nicht jeden Mist zu schlucken. Es hat sich ausgeschult. Die Zeit der Dichterschulen ist vorbei. Gott oder wem immer da oben sei es gedankt. Man wird ganz gefühlig, wenn man an die gute alte Zeit der »Imagisten« zurückdenkt, die ihr Manifest mit blutigen Fingern aufgesetzt haben. Die meisten Schulen jedoch werden von Kritikern erfunden, oder von Fotografen des *Life Magazine*. Oder von alten Spießern, die an den Unis im Mittleren Westen Englisch lehren und von den Knien und Schenkeln 19jähriger Mädchen um den Verstand gebracht werden, die ihre Röcke nicht runterziehen, weil sie eine gute Note bekommen möchten und das Geschwätz über Allen Tate, Dr. Williams, Wallace Stevens, Y. Winters und John Crowe Ransom sie natürlich langweilt.

Wie es um die amerikanische Lyrik steht? Die Lyrik der USA? Ich habe Ihnen zwei Kanadier und einen Franzosen als gute Handwerker genannt ... Aber vielleicht ist ja gerade irgendwo auf der Farm ein Junge mit einem Kalb zugange, der uns später mal zeigt, wie es mit einer heißen Schreibmaschine geht. Im Moment ist hier in den Staaten ungefähr so viel Mumm zu erkennen wie beim Ehemaligentreffen der Damenliga zur Austreibung der Geister aus den Kellern der Hundefänger. Was immer das heißt. Ach, jetzt erst mal ein Bier und eine Prise Glaubersalz. Chicago, wo ist dein Sandburg? Das Fletschgebiss und die große Hand von Mencken? Sandburg, wo ist dein Banjo? Herrgott, wir brauchen etwas Musik!

Wenn ich nur schlafen könnte

Wir sind im Bett. Ich lese die Rennberichte, sie liest *Russische Ikonen des 12. bis 15. Jahrhunderts*. Sie blättert um.
– Siehst du den Heiligen da?
  Nein.
– Siehst du ihn?
  Ja.
– Wenn ich nur schlafen könnte.
  Was?
– Dann wäre alles gut.
  Wieso?
– Dann sehe ich schöne Bilder. Siehst du keine schönen Bilder, wenn du träumst?
  Nein.
– Die Himmelfahrt ... aber wer steigt denn da zum Himmel auf?
  Herrgott, keine Ahnung.
– Und was bedeutet die Türmission der Jungfrau Maria?
  Keine Ahnung.
– Ach ... ist sie nicht hübsch? Gefällt sie dir nicht?
  Nein.
– Du magst sie nicht, weil sie dir in die Seele schauen kann.
  Es reicht. Manchmal denke ich, Religion ist nichts als groß angelegter Sadismus.
– Siehst du das?
  Ja, der Typ hat ein Loch in der Brust, und aus dem Loch guckt ein anderer.
– Das ist die Jungfrau Maria mit dem Jesuskind als Medail-

lon. Tretjakow-Galerie Moskau. Um 1200. Ein Werk der Jaroslaw-Schule, die nicht in Moskau saß.

Ah ja.

– Dauernd sehe ich Bilder von Leuten, die Babys stehlen. Was hat das zu bedeuten?

Keine Ahnung.

– Das ist der Hl. Georg mit dem Drachen.

Mhm.

– Guck dir mal die Beinchen an; aus der Nowgorod-Schule ist das. Ende 14. Jahrhundert, irgendwie hübsch. So ein süßer Drache.

Gute Nacht, Schatz.

– Ach, GUCK MAL, da ist Gott!

Gute Nacht.

– Tafel 6. Nein, das ist Elias. Entschuldige, war doch nicht Gott.

Gute Nacht.

– Hier hat einer ein rotes Teddybär-Kostüm an. Und guck mal, die Perücken!

Das Buch kostet 95 Cent, MQ 455, Einführung von Victor Lasareff. Sehen Sie zu, dass Ihre Frau es nicht in die Finger kriegt.

Der alte Profi

ein Kuss für einen guten, begabten Kerl
der alt und älter wird,
wahrgenommen nur von wenigen
Lebenden, weshalb sich
das geschlossene Auge im Himmel
an unsere Worte hält –

Wenn Sie Glück haben und sich beeilen, bekommen Sie ihn vielleicht einmal zu Gesicht, diesen untersetzten Mythos, diesen ¼-Unsterblichen.
Wenn Sie Glück haben, sehen Sie ihn in den Straßen von Athen, kurz nach Einbruch der Dunkelheit. In einem alten Trenchcoat mit offenem Gürtel, der wie ein einsamer, schlaffer Elefantenschwanz herunterhängt, wird er mit Eulenaugen die Straßen nach dem durchstreifen, was er zum Leben braucht –
den Spuk, den Gott, den Weg, das Glück.

Harry Norse. Hal. Amerikanischer Penner, der seit Jahren vom Unglück verfolgt durch Europa streicht, immer weiter durch das Dunkel toter Städte. Bombentote Städte, wiederaufbautote Städte, totgewohnte Städte. Tote Städte, tote Menschen, tote Tage, tote Katzen, erloschene Vulkane, erlittener Kummer, erlebter Wahnsinn, erlebter Stumpfsinn, erlebte Metzelei – die schönen Frauen verblüht, die Rosen zerschossen, Feierabend. Hal, wie er dichtet und sich über Wasser hält. Gerade so.

Er schläft 20 Zentimeter über dem Boden, und die Flöhe in seinem Bett singen *Halleluja*, während er auf seinen Scheck von *Evergreen* wartet oder darauf, dass Mars die unsichtbare Hand von den Schenkeln gleitet. Sein Schlaf ist unruhig, da er (der Miete wegen) unter einem vorübergehend inaktiven Vulkan schläft, der einem führenden griechischen Geologen zufolge schon morgen früh wieder ausbrechen kann. (Man kennt diese Griechen aus Dampfbädern, und was sie zu sagen haben, ist nicht ganz unrichtig.)

Du lieber Gott, natürlich legt sich ein Mann für ein Gedicht mehr ins Zeug als für jede Frau dieser Welt.

Harold Norse. Er kann es leise. Stilvoll. Verkehrt herum. Mit Biss. Mit Feuer. Entflammt. Zahn auf Zahn, hart. Mit Arschgeruch. Mit Schwanz und Schande. Leicht. Wie ein Kaninchentraum. Die ganze Bombe im Kopf pfeift Dixie.

Norse. Amerikanischer Penner:

> auf der Brücke
> unter Engeln
> hört man Laster rasen

> ... am Ufer brechen zwei
> das Gesetz mit ihren Hüften

Die meisten Leute – die allermeisten – verstehen nichts vom Schreiben, auch zum Beispiel Shakespeare nicht, der so schreckliches Zeug zusammengeschrieben hat, dass der ganze Laden lückenlos darauf reingefallen ist. Zu den schlechten Schriftstellern, auf die fast alle reingefallen sind, gehören auch E. A. Poe, Ibsen, G. B. Shaw, William Faulkner, Tolstoi und Gogol. Heute fallen sie auf Mailer und Pasternak rein. Dass man nichts vom Schreiben versteht und nicht nur damit durchkommt, sondern unsterblich berühmt wird, entspricht der langen Liste von Blendern, die in allen Bereichen des Lebens und Geschäftemachens an die Spitze gelangen. Man findet sie immer und überall, von Washington bis zum Hinterzimmer von Sharkey's.

Hal kann schreiben. Hm. Einmal habe ich ihn »Profi« genannt, und er hat das etwas falsch aufgefasst und zurückgefaucht: »Jersey Joe.« Das war ein alter Boxer von ehedem – Nachname Walcott. Und wenn ich an den alten Jersey Joe denke, geht mir immer das Herz auf. Wie er die entscheidenden Treffer landen konnte.

Manchmal gehört sehr viel dazu, den entscheidenden Treffer zu landen. Das ist ein künstlerischer Akt. Alle guten Leute haben diese Kunst in sich. Das merkt man auch, wenn sie Klempner oder Zuhälter sind. Es hat mit Eleganz, Leichtigkeit, Mumm und dem guten Auge zu tun. Ich habe mehr Könner in Knästen, Ausnüchterungszellen, in Fabriken und auf Rennbahnen kennengelernt als in Literaturkursen, Kunstseminaren oder unter den Schriftstellerkollegen, die bei mir anklopfen.

Wenn jemand künstlerisch tätig ist, macht ihn das noch nicht unbedingt zu was Besonderem und wäscht ihn nicht rein. Man muss sie genauso wenig aufs Podest stellen wie Priester, Zwerge, Beinamputierte oder Nutten.

Wenn ich Norse einen »Profi« nenne, meine ich nur, er ist

der rechte Mann am rechten Ort
der's mehr als richtig macht

und das sieht man so selten, dass einem die Tränen kommen.

Wir alle feiern den Haudrauf mit den Blumenkohlohren. Norse. Amerikanischer Penner:

> Dante wohnte hier
>   & wurde rausgeschmissen
> jetzt wird er verehrt
>   wie ein Heiliger

Harold Norse: Dichter:

> tritt ihm in die Eier
> bis er im Dreieck springt
> zwischen den Tanzpaaren
> bis er bewusstlos
> aus dem Traum
> herausfällt

Gott, waren Sie auch nur annähernd so oft im Krankenhaus wie ich? Wie Norse? Lachen Sie mit uns, dem Bettpfannendrücker, dem Trojaner.

Schwestern/klauen meine Kulis/& Rosen/falsche Schwestern/mit der falschen Medizin/sie lachen/schlagen Türen/ während hinfällige alte/Damen mit Schläuchen im Hals/ nach Luft ringen

Vielleicht ist es verkehrt, Ihnen diese Gedichtfetzen vorzulegen, denn wenn Ihnen die Fetzen gefallen, könnten Sie die Gedichte auch ganz lesen; ich will Ihnen nur zeigen, wie klar und einfach, wie Hotshot-Jersey-Joe-mäßig er rüberkommt, Schlag für Schlag, so wie Braddock, nachdem sie ihm die Sozialhilfe gestrichen hatten, seinerzeit dem fetten, arroganten Max Baer in einer Nacht vor vielen Nächten beikam. Sie wissen schon. Mein Gott:

> mach ruhig
> > vergrab den Kopf
> in der verlausten Decke
> > lass die Flöhe
> > > um deinen Sack tanzen
> Erleuchtung wird von
> > keinem Führer
> > > befohlen
> > > > Alter

und recht hat er, wir nehmen es, wie es kommt, ob wir unterm Vulkan oder auf der Parkbank schlafen, beschissen schön ist das Gedichteschreiben, und dabei treibt uns nicht die Frage nach dem Sinn, dem Glück, der Moral oder dem $$$; darum geht es wirklich nicht.

Keiner von uns weiß, was uns treibt. Es ist, als ob man morgens mit einem Furunkel im Kreuz aufwacht, das nicht weggeht. Eine Spende à la Kenneth Patchen zum Dank für unsere hohe Kunst zu erbitten, wäre jämmerlich – es gibt zu viele andere gute Leute, die es im Rücken haben und hohe Kunst machen. Und manche haben ein schlimmeres Kreuz, und manche machen bessere Kunst.

Aber die Erleuchtung kommt garantiert nicht auf Befehl, Alter. Und so werden die Abende manchmal lang, die Rasiermesser scharf, und es passieren Unfälle beim Waffenreinigen.

Gutes Schreiben ohne Blick nach links und rechts ist nichts als der gottverdammte Versuch, eine Stahlwand zu durchbrechen, und wer kriegt das schon hin? Aber wenn ich an die Angsthasen, die Nieten, die Falschspieler, die feigen Seelen unserer Zeit und ihre Anbiedereien denke, tut es gut, den alten Dickkopf am Werk zu sehen – den Profi, Jersey Joe, wie er immer noch durch Europas Nebenstraßen tippelt, die Ski-Hochburgen auslässt, die olympischen Spiele, die dummen, hängebusigen reichen Weiber auslässt und immer noch das Wort in die Maschine hämmert.

Heute Abend höre ich etwas von Wagner im Radio, nicht schlecht, und meine 20 Monate alte Tochter schläft im Nebenzimmer – die Frau hat sie hier gelassen, weil sie zu einem Trotzkistentreffen wollte. Und meine schrägen Zeichnungen hängen überall an der Wand, und ich bin noch nicht mal betrunken. Daher kann ich getrost sagen,

> Norse, alter Profi
> 5 oder 6 weniger von deiner Sorte
> dann hätte ich vielleicht nicht so lange
> durchgehalten.

Mannomann, das reicht.

– Charles Bukowski
Los Angeles 1966

Buchbesprechungen
Allen Ginsberg/Louis Zukofsky

Empty Mirror. *Frühe Gedichte von Allen Ginsberg. Totem Corinth Books, 17 W. 8th St./New York, New York 10011, $ 1.25*

Es ist nicht leicht, Allen Ginsberg zu sein. Und auch nicht leicht, ihn zu besprechen. Denn trotz seines romantischen Bekenntnisses zur Homosexualität sind wir gespannt und erwarten höchste Qualität.

Der liebste Zeitvertreib der Kleinzeitschriften-Freaks (und Großzeitschriften-Freaks) besteht darin, Allen Ginsberg, Mailer, Albee, Capote usw. usf. vom Sockel zu stoßen – ich weiß. Ich mache das auch selbst. *Man stelle sich nur mal vor, diese frühen Gedichte stammten von einem gewissen Harry Wedge.* Ich hätte sofort ein neues Idol. Da sie aber von Ginsberg stammen und ein Vorwort von W. C. Williams haben, sind meine Schreibmaschinenzähne von vornherein gefletscht. Also?

Williams redet in dem kurzen Vorwort drumherum, und ich komme nicht ganz mit. Er geht schnell seine Formel vom Verfertigen guter Gedichte durch, und Ginsberg ist sein Mann, »dieser junge Jude, der so jung auch schon wieder nicht mehr ist«. Dante wird erwähnt, Chaucer. Der Dichter, sagt Williams, muss in der Sprache des Publikums zu seinem Publikum reden, es aber verdeckt tun, damit sich niemand daran stört. »Nur so kann, wenn überhaupt, die im Gedicht verborgene Süße überleben und eines Tages die Welt aus dem Schlaf wecken.« Seit 1952 dieses Vorwort verfasst wurde, haben wir allerdings erkannt, dass es auf »verborgene Süße«

nicht ankommt. Sollte Williams damit Präsentation (Stil), Humor oder neue Wege aus der geistigen Selbstbefriedigung gemeint haben, stimme ich ihm zu. Es kann sein, dass er das wirklich gemeint hat.

Die Gedichte selbst sind einfach, klar und sehr gut – frei von den an Whitman orientierten seherischen Tiraden des späteren Ginsberg.

> Ich stecke, wie es scheint, in einer
> Sackgasse und bin erledigt.
> Meine spirituellen Erkenntnisse
> sind wahr, und doch entkomme ich nicht
> dem Gefühl des Eingesperrtseins,
> dem Egodreck,
> der Nichtigkeit von allem, was ich
> gesehen, gesagt und getan habe.
> Es könnte aufwärts gehen,
> wenn ich weitermache, aber jetzt
> bin ich ohne Hoffnung und müde.

Einige Wendungen hier sind zwar geborgt und abgedroschen – »Gefühl des Eingesperrtseins«, »Egodreck« –, doch die letzten 3 Zeilen sind so ehrlich, dass sie vielleicht das ganze Gedicht retten.

»… Was für eine schreckliche Zukunft. Ich bin dreiundzwanzig«, sagt er weiter unten. Und er hatte recht. Er konnte nicht ahnen, was er aus sich machen würde, was Amerika aus ihm machen würde oder was er Amerika mit sich machen lassen würde. Aber hier spricht er von etwas anderem. Vom Wahnsinn. Von dem Gefühl, dass sein Kopf vom Körper abgetrennt ist. Er kam drauf, als er schlaflos auf einer Couch lag.

In »Psalm I« klingt ein biblischer Ton an, donnernder Appell und Auftritt à la Whitman. Die Verse schwanken noch zwischen Originalität und Pose. Zum Schluss, in der letzten Zeile, hat die Originalität das Nachsehen, und die Pose setzt sich durch: »Dies Gerücht verliert sich als bizarre Schrift in einer Bibliothek und taucht erst bei der Herabkunft der Taube wieder auf.«

Wobei ich unwillkürlich denke, dass man es als Rezensent doch ziemlich leicht hat. Als ob ich das Licht der Wahrheit für mich gepachtet hätte und jetzt etwas davon an euch ungewaschene Lümmel weitergäbe. So ein Schwachsinn, hm? Ich will tun, was ich kann, Freunde, oder auch nicht kann. Mein Schädel brummt heute Abend, ich hab kein Bier mehr, keine Zigaretten, und bin zu faul zum Kaffeekochen. Allen, ich glaub, du kriegst dein Fett weg.

Ja, »Cézannes Häfen« ist ein schlechtes Gedicht.

> Im Vordergrund sehen wir Zeit und Leben
> an uns vorbeirauschen

Da ist die Süße leider ziemlich augenfällig. Später wird es so süß, dass man Zahnweh bekommt. Und es bringt mir weder Cézanne noch »Himmel und Ewigkeit« näher. Für so etwas ist der Schriftsteller Ginsberg zu gut. Und der Maler Cézanne auch. Die beiden hätten sich lieber bei einer Flasche Wein treffen sollen.

> Wenn ich vor einem Blatt Papier
>   sitze und schreibe
>   schwirrt mir der Kopf
>   von irrem Weibergeschwätz

Das sind für mich perfekte Zeilen, mehr kann man dazu nicht sagen. Perfekt vom Inhalt und vom Stil her. Ginsberg legt es uns in den Schoß, und es ist leibhaftig wie ein Kätzchen. Oder ein Löwe. Sie verstehen schon.

»Fjodor« ist weniger ein gutes Gedicht als eine Kraft, das geht uns wohl allen so mit Dostojewskij, es liest sich reizend, liest sich gut, aber weil es doch etwas schnippisch daherkommt, wünscht man sich, es wäre besser geschrieben. Bedenken wir aber, dass Ginsberg noch jung war. Wie mag Allen ausgesehen haben, als er jung war? Haben Sie sich das schon mal gefragt? Jetzt haben wir nur diesen von Bettgeschichten umwehten bärtigen Halbmönch, der nach Albträumen von Indien, Kuba und Cafés stinkt, die wallende Masse von *Haaren*, die Allen Ginsberg heißt. Wenn wir es zuließen, wäre er ein Heiliger, aber so scheitert die Mission auf halbem Weg, und keiner wird schlau draus. Trotzdem ist es besser, ihn zu haben, als wenn wir ihn nicht hätten. Ich bewerfe ihn nur ein bisschen mit Matsch, weil mich die berühmte Katze im jüdischen Sandwichladen nicht kümmert. Allen ist so etwas wie eine eingelegte Wohltat in einem Fetttopf voller Haare und Senfkörner. Man kriegt Lust, ihn zu kaufen, und nimmt dann doch etwas anderes.

»Eine sinnlose Einrichtung«, eine Art Kafka-Traum von anno 48, ist solides Handwerk. Ich kann mich hineinversetzen. Besonders am Schluss, wo A.G. »auf der Suche nach einer Toilette« durch leere Gänge laufen muss. Wenn du kein Klo findest, Mann, sind alle Gedichte der Welt einen Dreck wert.

»Gesellschaft, Traum 1947« wird getragen von Kraft, Humor und Genie, hier zeigen sich der Stoff, der Stil, die Wucht und der Fluss, die Ginsberg nach oben gebracht haben. *Das Geheul* kündigt sich an, der ganze Trubel um *Das Geheul*, mit dem Ginsberg ein gemachter Mann war, und das Genie, das ihm den Erfolg auch in weniger genialen Zeiten gesichert hat.

Und im »Gesang« brennt das biblische Feuer des dichterischen Gebets sehr gut. Wenn Ginsberg auf der Höhe seiner Kunst ist, kann man ruhig mal stillsitzen und zuhören. Nur ein ganz schäbiges Mistvieh würde einem, der in jungen Jahren so gut schreiben konnte, seine spätere Effekthascherei vorhalten. Warum müssen wir uns gegenseitig die Augen auskratzen? Der wahre Feind sitzt anderswo.

»Archetypisches Gedicht«, das anfängt

> Joe Blow hat beschlossen
> er will nicht länger
> eine Tunte sein

zeigt auf tragisch-humorvolle Weise den Sexualapparat außer Funktion, im abgeschalteten Zustand. Sex ist ja wirklich zum Heulen komisch. Wir alle sind ihm ausgeliefert und kommen kaum dagegen an. Mit komisch meine ich: komisch wie am Spieß gebraten zu werden, wenn man sich dabei zusehen könnte.

Das Buch endet mit »Der verhüllte Fremde«, einem wirklich nicht schlüssigen Gedicht, auch wenn es einige gute Zeilen enthält, wie nur Ginsberg sie schreiben konnte:

»Sein gebrochenes Herz ist ein Sack Scheiße.«

Ginsberg gehört zu den wenigen Dichtern, die es darauf anlegen, sich durch unpoetische Handlungen kaputtzumachen, aber noch hat er es nicht geschafft. Seien wir dankbar für seine gewaltigen Reserven. Eliot hat es einfacher gesagt, Pound kunstvoller, Jeffers kräftebewusster, Auden präziser, Blake lauter, Rimbaud subtiler; William Carlos Williams hatte die bessere linke Führhand, Dylan Thomas die größeren wehen Füße, der eine dies, der andere das, aber ich glaube, Ginsberg, der frühe wie der späte, hat seinen Platz, und ohne ihn würde keiner von uns heute so gut schreiben, wie wir es tun, wenn das auch nicht gut genug ist, aber wir bleiben dran, behalten Allen im Blick, staunen über seine Fotos und haben immer noch ein bisschen Angst vor Amerika, vor ihm, vor Sonnenglut auf Wachs und Katzenjammer, und gehen schlussendlich allein ins Bett, alle.

A Test of Poetry – Louis Zukofsky, $ 2.50, Corinth Books, c/o Eighth Street Bookshop, 17 W. 8th Street, New York 11, N.Y.

Ah, Zukofsky, der Zaubername, der Name schlechthin, wenn man von Lyrik spricht! Vielleicht haben wir beim Malochen auf den Rangierbahnhöfen von Zukofsky gehört oder nach dem Highschool-Unterricht beim Gerangel mit Sammy Zsweink hinter der Sporthalle, irgendwas, womit wir irgendwann gegen Leute wie Sammy oder den Bahnhofsvorarbeiter ankommen würden, der zusah, wie wir die Güterwagen und Stromlinienzüge abschrubbten. Leck mich, Vormann, ich hab Pound, ich hab Zukofsky, ich hab *Poetry Chicago*. Ja, und dünne Reifen, platte Reifen an meiner Karre. Ich glaub, Sammy hat mich besiegt, und Pound war's schnuppe. *Poetry Chicago* lese ich nicht mehr. Der Prüfstein der Dichtung liegt vor mir.

Der Prüfstein der Dichtung, sagt Zukofsky, ist das Vergnügen, das sie Augen, Ohren und Intellekt bereitet. Darin liegt ihr künstlerischer Zweck. Und weiter sagt uns L. Z.: »Ich glaube, dass erstrebenswerte Lehre eine Intelligenz voraussetzt, die sich in jeder Lebenslage von anderen Daseinsphasen gefangennehmen lassen kann. Dichtung wendet sich, wie andere Gegenstände auch, schließlich an interessierte Menschen.«

Ich muss diese Sätze mehrmals lesen, um sicher zu sein, dass Zukofsky mich nicht an der Nase, den Ohren oder sonst etwas herumführt. Das ist nicht klar ausgedrückt; es ist schwerfällig, aber ich verstehe schon. Dichtung ist für uns bestimmt, für die Besonderen – und sie handelt (beinah) vom Leben, ist letztlich aber doch getrennt davon und unverrückbar und vergnüglich. Für die Augen, die Ohren, den Intellekt. Der Intellekt ist das Stichwort, das Aus.

Und dabei dachte ich mal, Dichtung würde mich, würde uns alle am Leben halten; Gedichte von anderen, von mir selbst; Gemälde, Geschichten, Romane – ich dachte, das alles hilft mir durchs Leben und bringt mich dazu, dass ich, wenn ich ein Rasiermesser aus dem Schrank hole, mich vorsichtig rasiere, statt es mir einmal quer über die Kehle zu ziehen. *A Test of Poetry* erschien 1948 und wurde 1964 neu aufgelegt. Wir leben in seltsamen, gewalttätigen und ungewöhnlichen Zeiten. Ich fürchte, das Leben hat uns eingeholt und Leute wie Allen Tate, Lionel Trilling, Louis Zukofsky weggeputzt. Reformkost genügt uns nicht mehr. Die Lyrik geht auf die Straße, in die Puffs, in den Himmel, den Picknickkorb, die Whiskeyflasche. Der Schwindel ist vorbei – bestimmte Leute werden nicht am Leben gelassen, wenn andere umkommen. Zumindest nicht von dieser Schreibmaschine, und auch an den Universitäten, an den Straßenecken, in den Kneipen geht's rund. Auf Handbücher wie den *Test* fällt keiner mehr rein. Ein paar gut ausgewählte Gedichte stehen zwar drin, aber die pingeligen mechanistischen Erklärungen, in die sie eingesperrt sind, brauchen wir nicht. Wobei diese Erklärungen zum Teil durchaus einleuchtend und sinnvoll sind, so wie ein Zauberkreis seinen eigenen Sinn haben kann. Aber ich kann mir nicht vorstellen, das Buch jemandem in die Hand zu drücken, auf den in vier Wochen der elektrische Stuhl wartet.

Der wahre Prüfstein für Gedichte ist, ob sie sich für jeden eignen, egal wo.

Solche Gedichte stehen zwar auch in dem Buch, aber Zukofsky redet von sonst was. Wieder ein Idol dahin. Wieder 165 gut gedruckte Seiten, die von Liebe, Blut und Gelächter hätten strotzen können, die sich mit Bier und Salami-Sandwiches hätten vertragen können, die für ein besseres Aufwachen hätten sorgen können statt der altgewohnten Horror-Chose, die durch die Vorhänge glitscht und wie eine Streitaxt auf mich niedergeht, dass ich nur die Augen schließen und mir den Bauch vor Wut halten kann und mich frage, wann fängt das Leben an??

Bukowski über Bukowski

Aufzeichnungen eines Dirty Old Man, *Essex House, Paperback, 255 S., mit einer Einführung des Autors. $ 1.95. Geschrieben von Charles Bukowski, rezensiert von* CHARLES BUKOWSKI

Neulich Abend hab ich mit einem Freund gesüffelt, der meinte, oder vielleicht sagte ich es auch selbst: »Es ist furchtbar schwer, den Geruch der eigenen Kacke nicht zu mögen.« Wir unterhielten uns darüber, wie wir nach getaner Arbeit unsere Haufen betrachten und der Anblick uns irgendwie mit Stolz erfüllt.

Nach so einer Einleitung haben die Gelehrten, die Elitejungs, die Eliteuni-Jungs meist schon genug, deswegen bekommen sie das vorweg, damit sie abgefüttert sind. Ohne die Blutsauger kann man sich dann auch vernünftig unterhalten. Von den Creeley-Universitäts-Albträumen hab ich für 44 Leben und Traumleben genug.

So. Kirby hat mir ein paar Vorausexemplare geschickt. Man nimmt also das Ding aus dem Briefkasten und sieht es sich an.

Ich bin ins Bett gegangen – Betten sind schön, für mich ist das Bett die größte Erfindung der Menschheit; die meisten von uns werden da geboren, sterben da, ficken da, wichsen da, träumen da ...

Ungläubig und pessimistisch wie immer bin ich also zwischen meine Wichslaken geschlüpft in der Erwartung, dass Kirby und Essex House die besten Sachen rausgenommen haben, auch wenn ich Kirby und Essex House nicht weiter kenne, aber man hat eben so seine Erfahrungen mit der Welt.

Mensch, ich hab geblättert, und es war alles noch drin – die Tiraden, das Literarische, das Unliterarische, der Sex, der Nichtsex, die ganze Kiste uriger Schreie und Erfahrungen.

Eine Ehre.

Geehrt zu werden ist schön. Und alles war gut gedruckt, der Umschlag astrein, *Aufzeichnungen eines Dirty Old Man*, 0115.

Ich hab im Bett meine eigenen Storys oder wie man das nennen soll gelesen, und sie haben mir gefallen. Wenn ich mir ein Gedicht noch mal ansehe, das ich geschrieben habe, kommt mir immer das Kotzen und das Gefühl, ich hätte es mir sparen können. Und wenn Leute mir Zeilen aus meinen alten Gedichten zitieren, verstehe ich immer nur Bahnhof. Das ist, als ob sie mir nach dem Saufen erzählen: »Du hast 23 Leute aus meinem Haus gejagt und wolltest meine Frau ficken.«

Wer soll so einen Scheiß glauben?

Aber die Storys, die ich da im Bett gelesen habe, fand ich ziemlich gut. Sagt man nicht, oder? Ich glaube dennoch, es war die unheimliche Ansammlung von Erlebtem zwischen den Buchdeckeln, was mich aus den Socken gehauen hat. Beim Nachlesen dieser prallen Tage und Nächte fragte ich mich, wie es überhaupt sein konnte, dass ich *jetzt* noch unter den Lebenden war?

Wie oft kann einer durch die Mangel gedreht werden und trotzdem gelassen bleiben, die Sommersonne im Kopf behalten? Wie viele üble Knäste, wie viele üble Frauen, wie viele Krebsgeschwulste jeder Art kann er aushalten, wie viele Reifenpannen, wie viel von dem oder dem oder dem oder dem oder dem? ...

Ehrlich, ich habe meine eigenen Storys mit wohligem Erstaunen gelesen, fast, ja fast vergessen, wer ich bin, und bei mir gedacht: Hmhm, hmhm, der Schweinehund kann wirklich schreiben.

Ich erinnere mich an andere Schriftsteller. Wie entmutigt ich von Tschechow, G. B. Shaw, Ibsen, Irwin Shaw, Gogol, Tolstoi, Balzac, Shakespeare, Ezra Pound usw. war. Bei ihnen allen schien mir die literarische Form über das Leben als konkret Gelebtes zu gehen. Anders und vielleicht klarer gesagt: Die Herrschaften gingen davon aus, dass das Leben böse sein konnte, dass es aber in Ordnung war, solange sie über die Runden kamen und es auf ihre besondere Art literarisch umsetzen konnten.

Das ist schön und gut. Wenn man Spielchen mag.

Und ich glaube, die Uniprofessoren kommen gerade auf den Trichter, dass die Studenten keine Lust mehr auf Spielchen haben.

Aber zurück zu den *Aufzeichnungen eines Dirty Old Man*.

Beim Wiederlesen dieser Storys und Träumereien fand ich sie erstaunlich und mitreißend. Ich dachte, so einen Kurzgeschichtenschreiber hat es seit Pirandello nicht gegeben. Mindestens seit Pirandello.

Es hört sich beknackt an, aber ich finde das Buch lesenswert. Und die jungfräulichen Bibliothekarinnen der Zukunft in ihren geblümten Höschen werden in 200 Jahren noch die Kraft der Worte erkennen, wenn mein dummer Schädel längst zum Spielplatz für ekles Gewürm, Taschenratten und andere Geschöpfe der Unterwelt geworden ist.

Ach, und eins noch.

In zehn Jahren wird die $ 1.95-Ausgabe 25 Dollar wert sein. Und wenn Sie lange genug leben und die Bombe nicht dazwischenkommt, können Sie mit dem Buch vielleicht eine Monatsmiete bezahlen.

Bis dahin lesen Sie, was das Zeug hält,

So viel Sie können, und lernen Sie draus.

Aufzeichnungen eines Dirty Old Man

OPEN CITY, 8.–14. Dezember 1967

Ganz hinten in der *Evergreen* vom Dezember findet sich ein kleines Gedicht von einem gewissen Charles Bukowski, und durch das ganze Heft läuft ein Interview mit LeRoi Jones, eine Auswahl Gedichte von LeRoi Jones, Werbung für LeRoi Jones' neuestes Buch sowie eine Rede des verstorbenen Malcolm X – »Gottes Urteil über das weiße Amerika«. *Evergreen* sah beinah aus wie *Ebony*. Ich sah mir alles an.

Später am Tag kam die Frau mit meiner dreijährigen Tochter vorbei. Wir aßen zusammen.

»Ich glaube, ich werde ein Gedicht schreiben mit dem Titel WER HAT ANGST VOR LEROI JONES?«

»*Du* hast Angst vor LeRoi Jones«, rief die Frau. Sie war eine sehr liberale weiße liberalliberale Liberale.

»*Wer hat Angst vor LeRoi Jones?*«, sagte ich noch einmal und sah mein Töchterchen an. Sie zeigte mit dem Arm über ihren Hackbraten und die Pommes frites hinweg. »DU! DU!«

Die Frau stichelte und stachelte mittlerweile und erklärte mir mit neurotisch schriller Stimme die Bedeutung des schwarzen Amerikas und des LeRoi Jones, wie nur eine erzliberale weiße Liberale das fertigbringt. Ich wollte LeRoi nichts, doch er wurde, weil ich irgendwie heiligen Boden betreten hatte, mit Zähnen und Klauen verteidigt. Es war schön – für LeRoi. Teufel, ich erinnerte mich, wie wir uns beide noch abstrampelten, um unsere Gedichte in den kleinen Zeitschriften unterzubringen; und ich strampelte mich immer noch ab. Ich war immer noch der bessere Dichter. Seine Stücke hatten ihm Erfolg gebracht. Die abgestumpften dicken weißen Weiber, die keinen Sex mehr bekamen, holten ihn sich über die schwarze Gewalt in Jones' Stücken. »O Gott, Schatz, der Mann macht mir Angst, aber ich würd zu gern ein Stück von ihm sehen, huu, komm, wir sehen uns ein Stück von ihm an!!!« Natürlich ging der Mann nach seinem schweren Tag im Büro mit ihr hin. Hauptsache, er musste nicht versuchen, einen Steifen zu kriegen.

»Ich versteh das nicht«, sagte ich. »Hitler hat erzählt, die Weißen seien die überlegene Rasse, und jetzt dreht Jones den Spieß um und erzählt mir, die Schwarzen seien die überlegene Rasse.«

»Wer sind denn für *dich* die Größten?«

»Das hängt davon ab, wer man ist; für Weiße stehen die Weißen am höchsten, für Schwarze die Schwarzen, für Gelbe die Gelben, für Mischlinge der Mix ...«

Sie zog weiter vom Leder, ein einziger gewaltiger Wortschwall. Sie muss zehn Minuten ohne Pause geredet haben. Einiges Gute war dabei. Das meiste waren fromme Opfergaben am Altar. Weißliberale weibsliberale heiße Luft. Selbst Jones hätte das nicht hören wollen.

»Wie viele Schwarze kennst du denn so?«, fragte ich.

Damit kann man Glaubenseifer immer gut bremsen. In den schlechten, unterbezahlten Jobs, mit denen ich mich zeitlebens durchgeschlagen habe, habe ich mehr Schwarze kennengelernt, mit mehr Schwarzen zusammengearbeitet, gesoffen und gestritten als jeder Liberale, dem die Bücher zu den Ohren rauskommen. Eine hellhäutige Schwarze, die auf ihrer Veranda saß und viel Bein zeigte, als ich mit meinem Pappkoffer im Nieselregen durch die Straßen von New Orleans lief, hat's auf den Punkt gebracht. Sie lachte und rief: »WEISSER ABSCHAUM!« Ich setzte meinen Koffer ab und sah an ihren Beinen hoch. »Komm!«, sagte sie. »Komm her, du arme weiße Socke, und tu dir was Gutes!« Da bewegte sich der Vorhang hinter ihr ein kleines bisschen, und ich sah ein schwarzes Männergesicht mit schönen Augen, zu gern bereit, mich wegen meiner 2 Dollar 20 umzubringen. Ich lachte gutgelaunt in der durchkommenden Sonne, nahm meine Kofferladung Gedichte und ging meines Wegs.

»Jones ist gegen 25 000 Dollar Kaution freigekommen«, warf ich ihr an den Kopf. Geld bedeutet für liberale weiße Frauen das Böse – bis man aufhört, ihnen welches zu geben.

»*Du* bist doch auch aus dem Gefängnis gekommen. *Du* hattest deine Kaution in zehn Minuten!«

»Es waren 6 bis 7 Stunden. Die Kaution lag zwischen 20 und 30 Dollar. Die hatte ich daheim in der Kommode, aber es hat lang gedauert, bis mir das jemand geglaubt hat. Jones legte $ 2500 in bar auf den Tisch, wenn du vergleichen willst, plus 2 Häuser von Freunden seiner Eltern als Sicherheit. Ich kenne keinen, der ein Haus hat. Ich bin immer noch armer weißer Abschaum.«

»Das Haus von Jones gehört ihm nicht. Es gehört der schwarzen Gemeinde.«

»Ach du Scheiße«, sagte ich. Was zankte ich mich auch beim Frittenessen wegen LeRoi Jones. Wem ein Haus gehört, sieht man daran, wer ins Klo scheißt und im Bett fickt. Dem gehört es wenigstens zum Teil. Und wenn man klingeln muss, um reinzukommen, gehört es einem nicht.

Ich wollte das Thema fallenlassen, aber sie hielt dran fest.

»Wenn du die Straße langgehst und eins auf die Nase bekommst und man dir sagt, du hast wegen deiner Hautfarbe eins auf die Nase bekommen, wie fühlst du dich dann?

Du kannst ihnen nicht verdenken, dass sie Black Power wollen. Black Power ist doch gar nichts, denn sie haben keine Macht ...«

Sie redete immer weiter. Dabei waren wir gar nicht so verschiedener Meinung. Sie nahm das nur an. Aber ich wusste, wenn die Schwarzen jemals uneingeschränkte Macht bekämen, würden sie ihr viel eher das Licht ausblasen als mir. Deshalb hörte ich einfach nur zu, küsste mein Töchterchen zum Abschied und fuhr zur Arbeit.

9 von 10 da auf der Arbeit sind schwarz, aber das vergisst man mit den Jahren. Es ist nichts Besonderes daran, bis liberalliberale weiße Frauen was Besonderes daraus machen. Wir arbeiteten drauflos. Dann sagte ich: »LEROI JONES!«

Der Mann neben mir drehte sich um, und hoch ging der Finger. »SAG LIEBER NICHTS GEGEN LEROI JONES!«

»Mein Töchterchen sagt, ich hab Angst vor ihm.«

»HAST DU AUCH! HAST DU AUCH! SAG LIEBER NICHTS GEGEN LEROI JONES!«

»Was passiert denn sonst?«

»Sonst wirst du fertiggemacht.«

»Seelisch oder körperlich?«

»Seelisch juckt uns nicht. Seine Jungs sind für das andere zuständig.«

»Heißt das, ich habe keine Redefreiheit?«

»Pass bloß auf, was du sagst! LeRoi Jones ist ein INTERNATIONAL BEKANNTER STÜCKESCHREIBER! Und was bist du? Pass bloß auf!«

»Gib mir 'ne Zigarette.«

»Mann Gottes, kauf dir selber welche. Dafür gibt's Automaten.«

Sein Freund kam rüber. »Hallo, Bruder«, sagte er.

»Hallo, Bruder«, antwortete ich.

»Lädst du mich zum Frühstück in dein Haus ein?« (Wir sind in der Nachtschicht.)

»Klar. Wir essen Hafergrütze und Bohnen. Bloß hab ich kein Haus.«

»Aber 'ne Haustür?«

»Ja.«

»Dann komm ich am helllichten Tag zu eurer Haustür und klingel bei dir. Ich komm nicht zum Hintereingang, damit die Leute denken, ich bin Laufbursche, Lieferant oder von der Müllabfuhr. Ich komm an deine Haustür!«

»Bruder Roy, meine Haustür ist deine Haustür, solange es für die Miete reicht.«

»Gut, dafür lass ich mir dann was von dem Zeug wachsen, das du am Kinn hast, und angel mir ein junges Hippiemädchen, mit der ich händchenhaltend über den Sunset spaziere, mitten auf dem Sunset Boulevard.«

»So ein nettes, junges blondes Hippiemädchen hätte ich selber gern.«

Nach ein paar Bemerkungen über Gouverneur Reagan ging er und setzte sich wieder. Wir arbeiteten drauflos, während sich bei mir zu Hause die Mutter meiner Tochter anschickte, zu einer Versammlung der kommunistischen Partei zu fahren. Der nur Weiße angehörten.

Eine ziemlich verdrehte Angelegenheit.

Was, Leroi?

Bruder?

Held außer Betrieb

Nachdem ich bei der blutjungen Nutte, deren Strümpfe sich um ihre schmutzigen Fußgelenke kräuselten wie alte Haut, abgeblitzt war, grapschte ich in der Gasse nach ihrem Arsch, und sie *furzte* – ein Furz, bei dem mir das Herz von Singapur bis zum Mount Ganges sank –, sie furzte und verschwand mit einem herrlich primitiven Seemann. Ich ging zur Straße, und die grünen Bäume zeigten mir ihre gelben Zähne. Und ihre Gummischwänze. Ich war ein toter Würgefinger in einem geschlechtslosen Himmel.

Traurigkeit. Die Traurigkeit nimmt zu, dann wird sie zu etwas anderem, z. B. einem Bierglas. Traurigkeit ist das eine, Wahnsinn das andere. Man geht also nach Hause, rubbelt sich die Scheiße aus dem Hintern, beschließt verrückt zu werden, und was passiert?

ES KLINGELT AN DER TÜR! Eine Frau mit einem staubigen schwarzen Schlapphut, der ihr halbes Gesicht verdeckt. Sie trägt ein grünes Cape, und man riecht ihre Unterwäsche ... wahrscheinlich eine übergroße Muschi, die ständig so eine Art weißen Mulch absondert, keinen Saft, meine ich, sondern Mulch, und sie sagt: Hätten Sie eine Spende für die hungernden Kinder von Bionbiona? Nein, Mama, bitte nicht ... Ach, Sie haben geschlafen? Bitte um Entschuldigung ... Bitte sehr. Aber ich habe nicht geschlafen, Mama.

Sie geht.

– die Menschen sind besser als ich.

die Steine sind besser als ich

die Hundehaufen auf Nachbars Rasen sind
besser als ich.

3 Uhr 24. Offenbar war ich irgendwo gewesen und nach Hause gekommen. Als ich eintrat, hatte ich das Gefühl, nicht allein zu sein. Ich knipste die alte Lampe an und blieb stehen. Prompt ging die Schranktür mit meinen Bildern auf, die Schranktür, an der meine mit Rotz, Sperma und Kaugummi angeklebten Malereien hingen, ging auf, und heraus kam ein Mann mit einem beinah gelben Gesicht, gelbgrauen Haaren, hässlichen Zähnen und einem Geruch nach Heu und Stallmist, altem Hühnerstall. Er kam herausgerauscht und knallte mir eine. Als er zur Haustür rauswollte, drehte ich ihm den Arm aufs Kreuz, fast bis zum Hals bog ich ihm den Scheißarm hoch. Er fing an zu heulen und stank immer noch fürchterlich. »Frankie Roosevelt ist tot«, heulte er. »Hör mal, du Arsch«, sagte ich, »wen juckt das denn?« »Mich! Mich!« »Du STINKST!«, schrie ich ihn an. »SETZ DICH IN DIE BADEWANNE!« Ich trat ihm in den Hintern und schubste ihn zur Tür raus. Er lief die Straße runter. Ich schaute in den Schrank, und da lag ein kleiner Haufen Scheiße, frische Scheiße. Ich musste mich übergeben. Dann nahm ich die Zeitung von gestern, irgendein Mist über die erste Mondlandung des Menschen, wischte die Schweinerei auf und warf alles in den Mülleimer.

Dann ging ich zum Kühlschrank, machte mir ein Salami-Sandwich, trank zwei Bier und nahm den Wein in Angriff. Ich lief zu der mit Ziegelsteinen beschwerten großen Tafel, die an einem Strick in der Zimmermitte hing, und schrieb mit Kreide:

DER HAT EINEN KLUMPFUSS

DER WILL MEINEN SCHWANZ LUTSCHEN

DER DRITTE HAT EINE ZECKE AM KOPF

DER VIERTE TRÄGT EINE PERÜCKE
DER FÜNFTE IST KOMMUNIST
DER SECHSTE IST HITLERS ENKEL
DER SIEBTE LIEST DICK TRACY
DER ACHTE BEHAUPTET, ICH SCHULDE IHM ZWEI SCHACHTELN ZIGARETTEN
DIE NEUNTE IST EINE FRAU, DIE MAL MIT EINER 3-METER-KOBRA GETANZT HAT, ABER NICHT MIT MIR FICKEN WOLLTE. NEIN, ES WAR EINE BOA CONSTRICTOR! JEDENFALLS WOLLTE SIE NICHT MIT MIR FICKEN.

Es klingelte an der Tür. 4 Uhr früh. DeJohns.
Setz dich, DeJohns.
Milchrote Augen, Titten genug für uns beide, aber natürlich keine Möse.
Wir brauchen den Helden, DeJohns. Aber da ist nichts. Alles ausgetrocknet. Woran sollen wir uns halten?
Hehehehehehehe hehehe.
Er sah auf den Strick, an dem die Tafel hing.
Hehehehehehehe hehe, schlimm, nichts als Scheiße. Kleine Jungs beim Spielen jetzt. Hehe. So tun als ob. Und *nirgends Menschen*, hehehe. Vögel, Katzen, Ameisen schon. Klar. Wir saufen weiter. Schlucken Pillen. Hehe. Ich erinnere mich an die Zeit, als du noch ein Mann warst, Bukowski, hehehe, und nicht der Sack Scheiße, der du heute bist, hehe.
Blas mir in die Schuhe, DeJohns.
He, hehe, wie du morgens um 7 *zweimal* splitternackt um den Block gerannt bist und Eier, Schwanz und Hintern durch die Luft gehüpft sind. Kein Laut, nur die nackten Füße: tapp-tapp-tapp! Wir haben uns angezogen, 3 Mann, und dich abzufangen versucht. Hehehe, und wie du an den Füßen damals im dritten Stock aus dem Hotelfenster hingst! Die Nut-

ten im Zimmer haben geheult und dich angefleht, wieder reinzukommen. Versprochen, dir den Schwanz zu lutschen, dir die Arschhaare zu lecken und was nicht alles. Hehe, das war gut.

Blas mir in die Mütze, DeJohns.

Das war schon lustig. Aber noch lustiger war, dass deine Beine bei dem Versuch, dich wieder hochzuziehen, nicht mitspielten. Du hattest die Füße um den Mittelpfosten geschlungen, der aus einem Fenster zwei macht. Da wurde es richtig lustig.

Ja?

Ja. Hehehehe. Du sagtest, oh-oh, wenn ich beim nächsten Versuch nicht hochkomme, war's das. Ich kann nicht mehr. Die Nutten kamen gelaufen, und du sagtest, RÜHRT MICH NICHT AN! Und wie du's geschafft hast, mit den Füßen dein ganzes Gewicht dann doch noch hochzuziehen, werde ich nie begreifen. Du wurdest zur Schnecke, zum Tausendfüßler, irgendwas Unmenschlichem. Hehehe, und als du wieder drin warst, wie haben die Nutten dir die Hose runtergerissen, dir das Arschloch, die Eier, den Schwanz geleckt ... hehehe! Dann das Klopfen an der Tür, und du mit deinem Ständer machst auf, WAS GIBT'S?, und der Wirt sagte: WIE KOMMEN SIE DAZU, SICH AN DEN FÜSSEN AUS DEM FENSTER ZU HÄNGEN? Hehehe. Und du sagst: ICH WOLLTE NUR EIN BISSCHEN SCHWUNG IN DIE VERANSTALTUNG BRINGEN! Hehehehe. Und der Wirt darauf: NA SCHÖN. WENN SIE DAS NOCH MAL MACHEN, RUFE ICH DIE POLIZEI! Hehehe.

DeJohns sah mich an: »Was ist mit dir passiert, Bukowski?«

Keine Ahnung, Mann. Müde.

Ich wollte ein Buch über dein Leben schreiben. Jetzt interessierst du mich nicht mehr.

Was ich gemacht habe, musste ich machen. Jetzt ist das nicht mehr nötig.

SCHEISS DRAUF, MANN! DU BIST FERTIG!

DeJohns stand auf und ging.

Meine letzte Chance auf Unsterblichkeit.

Vielleicht hatte er recht. Ich trank ein bisschen Whiskey, um mir Mut zu machen. Griff zum Telefon. *Hey, Baby, ich hab was zu trinken da. Komm vorbei. Wir süffeln. Unterhalten uns. Dann ficken wir.*

Sie legte auf.

Ich ging wieder an die Tafel:

WARUM UNTER DEN ACHSELN WASCHEN, WENN DER KAKERLAK SCHON MEHR EROBERT HAT ALS ALEXANDER?

WARUM FAHRRAD FAHREN, WENN HENRY MILLER FAHRRAD FÄHRT?

WIR HABEN SEELE GESPIELT, OHNE SEELE ZU HABEN, UND DEN HEILIGEN FREVEL DES ATMENS ENTWEIHT.

WIR HABEN DIE ERDE BRUTALER BEHANDELT ALS JEDE ARMEE.

WENN DER HELD ERSCHEINT, WERDEN WIR FESTSTELLEN, DASS ER SCHON IMMER DA WAR.

Dann setzte ich mich, steckte mir eine Zigarette an, warf zwei Rote ein und wartete.

Jesus mit Grillsoße

Der Anhalter, den sie mitnahmen, stand kurz hinter der Tankstelle. Sie verfrachteten ihn nach hinten zu Caroline.

Murray saß am Steuer. Frank drehte sich um, legte den Arm auf die Rücklehne und sah den Anhalter an.

»Bist du 'n Hippie?«

»Weiß nicht. Wieso?«, fragte der Junge.

»Na, wir sind quasi auf Hippies spezialisiert. Die sind wir gewöhnt.«

»Ihr habt also nichts gegen uns?«

»Ach, woher denn, wir *mögen* Hippies! Wie heißt du?«

»Bruce.«

»Bruce. Das ist doch ein hübscher Name. Der Junge am Steuer heißt Murray. Und das schöne Luder neben dir heißt Caroline.«

Bruce nickte und grinste. »Wie weit fahrt ihr denn?«, fragte er.

»Bis in den Himmel, Junge. Wenn schon, denn schon.«

Murray lachte.

»Worüber lacht er?«, fragte Bruce.

»Murray lacht immer an den falschen Stellen. Aber er ist unser Fahrer. Fahren kann er. Er fährt uns die ganze Küste rauf und runter, durch Arizona, Texas, Louisiana. Wird anscheinend nie müde, aber er ist in Ordnung, stimmt's?«, wandte er sich an Caroline.

»Klar, und Bruce ist auch in Ordnung.« Sie legte dem Jungen die Hand aufs Knie, drückte es. Dann beugte sie sich zu ihm hinüber und gab ihm einen Kuss auf die Wange.

»Hast du schon was gegessen, Junge?«
»Nein, ich hab ziemlich Hunger.«
»Keine Sorge. Wir machen jetzt bald halt und gönnen uns was.«

Caroline lächelte Bruce unentwegt an. »Er ist nett. Richtig nett.« Bruce spürte, wie ihre Hand über sein Bein auf seinen Penis zuglitt. Frank schien nichts dagegen zu haben, und Murray fuhr einfach weiter. Dann war sie dran und massierte ihn lächelnd.

»Wo hast du heute Nacht geschlafen, Junge?«, fragte Frank.
»Unter den Bäumen. Es war verdammt kalt. Ich war echt froh, als die Sonne rauskam.«
»Dein Glück, dass dich im Dunkeln nicht irgendein Vieh gefressen hat.«

Murray lachte wieder.

»Wie meinst du das?«, fragte der Junge.
»Na ja, unter der Haarpracht siehst du ganz saftig aus.«
»Aber wirklich«, warf Caroline ein. Sie streichelte weiter seinen Penis. Er wurde hart.
»Wie alt bist du, Bruce?«
»19.«
»Liest du Ginsberg, Kerouac?«
»Schon, aber die sind ja mehr so aus der Beat-Ära. Wir stehen auf Rock, Folk und so weiter. Johnny Cash mag ich auch. Und Bob Dylan natürlich …«

Caroline hatte seinen Reißverschluss auf und sein Ding draußen. Dann war sie mit der Zunge dran und zog eine Speichelspur drumherum. Frank tat so, als wäre nichts.

»Warst du mal in Berkeley?«
»Klar doch. Berkeley, Denver, Santa Barbara, Frisco …«
»Meinst du, es gibt eine Revolution?«
»Zwangsläufig. Da führt kein Weg dran vorbei. Ist ja …«

Sie hatte seinen Schwanz im Mund. Der Junge konnte nicht mehr reden.

Murray drehte sich jetzt doch kurz um, dann lachte er. Frank steckte sich eine Zigarette an und sah zu.

»Himmel«, sagte der Junge. »Ogottogott!«

Carolines Kopf ging auf und ab. Dann schluckte sie alles. Es war vorbei. Bruce ließ sich nach hinten fallen und zog seinen Reißverschluss hoch.

»Hat's dir gefallen, Junge?«

»Ja, das war wirklich schön.«

»So was erlebt man nicht oft beim Trampen. Und das war auch noch nicht alles. Es fängt erst an. Warte nur, bis wir zum Essen anhalten.«

Murray lachte wieder.

»Mir gefällt nicht, wie der lacht«, sagte Bruce.

»Na ja, man kann nicht alles haben. Dafür hast du schön einen geblasen bekommen.«

Sie fuhren eine Weile schweigend.

»Hast du Hunger, Murray?«

Murray machte zum ersten Mal den Mund auf. »Ja.«

»Gut, dann halten wir, sobald wir ein nettes Plätzchen finden.«

»Hoffentlich bald«, sagte Murray.

»Caroline wird wohl keinen Hunger haben. Sie hat ja gerade gespeist.«

»Einen Nachtisch kann ich schon noch vertragen.« Sie lachte.

»Wann haben wir überhaupt zuletzt gegessen?«, fragte Frank.

»Vorgestern«, sagte Caroline.

»Was?«, fragte Bruce. »Vorgestern?«

»Ja, Junge, aber wenn wir essen, dann auch richtig – *hey!*

Hier sieht's doch nach einem guten Plätzchen aus. Massig Bäume, schön geschützt. Runter von der Straße, Murray.«

Murray fuhr rechts ran, und alle stiegen aus und vertraten sich die Beine.

»Junge, du hast ja wirklich einen Mordsbart. Und die Mähne! Der Frisör verdient nicht viel an dir, was?«

»Keiner eigentlich.«

»Guter Junge! Okay, Murray, heb mal die Feuerstelle aus. Und stell den Spieß auf. Zwei Tage sind genug. Sonst werd ich noch meine Wampe los.«

Murray klappte den Kofferraum auf. Da war eine Schaufel drin. Holz und sogar Holzkohle. Alles, was sie brauchten. Er schleppte das Zeug tiefer in den Wald hinein. Die anderen setzten sich wieder ins Auto. Frank verteilte Zigaretten und reichte eine Flasche Scotch herum. Eine große. Guter Tropfen, aber der Junge musste ein paarmal mit Wasser nachspülen.

»Bruce gefällt mir wirklich«, sagte Caroline.

»Mir auch«, sagte Frank. »Scheiße, wir können ihn uns doch teilen.«

»Natürlich.«

Alle tranken schweigend. Dann sagte Frank: »So, jetzt dürfte Murray alles stehen haben.«

Sie stiegen aus und folgten Frank in den Wald, Caroline Hand in Hand mit Bruce. Als sie zu ihm kamen, war Murray so weit fertig.

»Was ist das denn?«, fragte der Junge.

»Ein Kreuz. Selbstgebaut von Murray. Gut, was?«

»Wofür es ist, meine ich.«

»Murray schwört auf Rituale. Er ist eben ein bisschen komisch, aber wir lassen ihm das.«

»Hört mal«, sagte der Junge. »Ich hab keinen Hunger. Ich glaub, ich lauf mal ein Stück die Straße lang.«

»Aber *wir* haben Hunger, Junge.«

»Ihr könnt ja auch –«

Frank boxte ihm in den Magen, und als er sich zusammenkrümmte, zog ihm Murray eins mit dem Knüppel über. Caroline scharrte Laub zusammen und setzte sich darauf, während Frank und Murray den Jungen zu dem Kreuz schleiften. Frank drückte Bruce gegen das Holzkreuz, während Murray einen langen Nagel durch die linke Hand des Jungen schlug. Dann nahmen sie sich die rechte Hand vor.

»Die Füße auch?«, fragte Frank.

»Davon hab ich die Nase voll. Zu viel Arbeit.«

Sie setzten sich neben Caroline und ließen die Flasche herumgehen.

»Schöne Sonnenuntergänge haben die hier, was?«, meinte Caroline.

»Ja, seht euch das an. Rosa und rosarot. Magst du Sonnenuntergänge, Murray?«

»Klar mag ich Sonnenuntergänge. Was denkst du denn?«

»War nur 'ne Frage. Jetzt schnapp nicht gleich ein.«

»Ihr zwei behandelt mich doch, als wär ich ein Idiot. Natürlich mag ich Sonnenuntergänge.«

»Ist ja gut. Kein Grund zu streiten. Aber den gibt's vielleicht doch. Ich hab nämlich was auf dem Herzen.«

»Du?«, sagte Murray.

»Ja, ich. Ich hab die Grillsoße satt. Ich kann den Geschmack nicht mehr ab. Außerdem hab ich gelesen, dass man davon Krebs bekommt.«

»Also mir schmeckt Grillsoße. Und ich fahr die ganze Zeit, ich mach die ganze Arbeit, deshalb bleibt's bei der Grillsoße, wenn ihr mich fragt.«

»Was meinst du, Caroline?«

»Ist mir egal. Hauptsache, es gibt was zu essen.«

Der Junge am Kreuz bewegte sich. Er stellte die Beine auseinander, dann hob er den Kopf. Und sah seine Hände.

»Du lieber Gott! Was habt ihr mit mir gemacht?«

Er fing an zu schreien. Es war ein langgezogener, spitzer Klageschrei. Er verstummte.

»Ruhig Blut, Junge«, sagte Frank.

»Genau«, sagte Murray.

»Nach einem Blowjob ist ihm jetzt wohl nicht, was, Caroline?«

Caroline lachte.

»Hört mal«, sagte der Junge, »nehmt mich bitte runter. Ich versteh das nicht. Es tut so weh – so furchtbar weh. Tut mir leid, dass ich geschrien habe. Nehmt mich bitte runter. Bitte, bitte, lieber Gott, nehmt mich runter!«

»Okay, nimm ihn runter, Murray.«

»Ogottogott, danke!«

Murray ging zum Kreuz, stieß den Kopf des Jungen zurück und schnitt ihm mit dem Fleischermesser die Halsschlagader auf. Dann griff er zum Tischlerhammer und zerrte an dem Nagel in der linken Hand. Er fluchte.

»Das ist immer das Mühsamste.«

Dann hatte Murray den Jungen losbekommen und zog ihn aus. Er warf die Klamotten auf die Seite. Direkt unterm Brustkorb setzte er das Messer an und schlitzte dem Jungen den Bauch auf.

»Komm«, sagte Frank. »Das will ich nicht mit ansehen.«

Caroline und Frank standen auf und gingen im Wald spazieren. Als sie zurückkamen, war die Sonne untergegangen, und Murray drehte den Jungen am Spieß über dem Feuer.

»Hör mal, Murray.«

»Ja?«

»Was ist jetzt mit der Grillsoße?«

»Die wollte ich gerade drauftun. Sie muss ja drauf, wenn das Fleisch brutzelt, damit sie richtig einzieht.«

»Ein Vorschlag. Wir werfen eine Münze drum. Einverstanden?«

»Na gut. Komm her, Caroline. Dreh du ihn solange.«

»Okay.«

»Mit Ansage«, sagte Frank. »Ruf, wenn sie in der Luft ist.«

Frank warf die Münze in die Höhe.

»Kopf!«, schrie Murray.

Die Münze kam am Boden auf. Sie gingen nachsehen.

Kopf war oben.

»Gottverflucht«, sagte Frank.

»Du musst ja nicht mitessen, wenn du nicht willst«, sagte Murray.

»Ich will schon«, sagte Frank ...

Am nächsten Morgen fuhren sie weiter, Frank und Murray wieder vorn, Caroline auf dem Rücksitz. Die Sonne war längst aufgegangen. Caroline hatte eine Hand dazwischen und knabberte das Fleisch von den Fingern.

»Einen unglaublichen Appetit hat die Kleine«, sagte Murray.

»Und sie hat ja sogar vorgekostet. Kaum, dass der Typ im Wagen saß.«

Frank und Murray lachten.

»Das ist nicht witzig. Ihr seid überhaupt nicht witzig!«

Caroline drehte das Fenster runter und warf die Hand raus.

»Ich bin so satt«, sagte Murray, »ich will keinen Hippie mehr sehen.«

»Das hast du vor 2, 3 Tagen auch schon gesagt«, meinte Frank.

»Ich weiß, ich weiß ...«

»Da! Fahr langsam! Ich glaub, da ist wieder einer! Ja, genau, Bart, Sandalen, passt alles.«

»Sparen wir uns den, Frank.«

Der Hippie streckte den Daumen raus.

»Halt an, Murray. Mal sehen, wo er hin will.«

Sie hielten an.

»Wo willst du denn hin, Junge?«

»New Orleans.«

»New Orleans? Dafür brauchen wir mindestens 3, 4 Tage. Steig ein, Junge. Setz dich nach hinten zu unserer Schönen.«

Der Hippie stieg ein, und Murray fuhr weiter.

»Wie heißt du, Junge?«

»Dave.«

»Dave. Ein hübscher Name. Ich bin Frank. Murray fährt. Und das schöne Luder neben dir ist Caroline.«

»Freut mich, euch kennenzulernen«, sagte Dave, dann drehte er den Kopf und grinste Caroline an.

»Wir freuen uns auch«, sagte Caroline lächelnd.

Murray rülpste, als Caroline Dave die Hand aufs Knie legte.

Ah, Befreiung, Freiheit, Lilien auf dem Mond!

In unserer Zeit pochen Gruppen auf ihre Würde und ihren Platz unter der smogverhangenen Sonne. Oft lassen ihre Forderungen erkennen, wo ihre Schwächen und Brutalitäten liegen, doch ihr Scheuklappenblick ist stur geradeaus gerichtet – auf ihr Ziel. Gruppismus kann in einer Gangsterbande auftreten, aber auch in einer Tanztruppe. In der katholischen Kirche genauso wie in der Leichtathletikmannschaft von Stanford. Gruppismus heißt »Sieg«, und zwar »unser Sieg«. Gruppismus heißt: »Ich will etwas von dir, und wenn ich es nicht bekomme, passiert was.« Es ist per Drohung eingeforderte Liebe. Wobei Liebe für jeden etwas anderes bedeuten kann. Gruppismus funktioniert nicht. Er erzeugt lediglich Anti-Gruppismus. Gruppismus isoliert eher, als dass er befreit, aber lassen wir das mal hingehen. Er ist überall verbreitet. Ich muss nur gerade an ein paar nichtorganisierte Gruppen denken. Die Kinder zum Beispiel. Fällt Ihnen eine Gruppe mit weniger Rechten als die Kinder ein? Sie werden geschlagen, beschimpft, in die Schule geschickt, weggeschubst, gebadet, feingemacht, vollgestopft, ob es ihnen passt oder nicht, ins Bett gesteckt, aufgeweckt, zum Reden oder Stillsein aufgefordert und und und. Mit der Rechtfertigung, sie könnten das alles nicht von allein, auch wenn sie es längst können.

Ich erinnere mich gut an meine Kindheit. Ich wurde wie ein Sklave gehalten. Samstag war der Rasen zu mähen und zu wässern. Sonntag Gottesdienst. An den anderen Tagen

Schule, Hausarbeiten, Pflichtaufgaben. 3 bis 4mal die Woche wurde ich von meinem tyrannischen Vater, einem hassenswerten Mann, geschlagen. Er benutzte dazu einen Streichriemen. Der einzige Kommentar meiner Mutter war: »Ehre ihn. Er ist schließlich dein Vater.«

Ich war ein Sklave. Gott, dachte ich, ich bin nur einszwanzig. Ich krieg doch keine Arbeit. Ich muss hierbleiben und mir die Prügel gefallen lassen, damit ich einen Schlafplatz habe und etwas zu essen bekomme. Jetzt hört sich das für mich ein bisschen lustig an, aber damals war es das nicht.

Man liest von Müttern, die ihr Töchterchen in brühend heißes Badewasser stecken, um ihm »Gehorsam« beizubringen. Von Vätern, die mit den Schuhen auf ihrem Kind herumtrampeln und sich dann mit einem Bier vor den Fernseher setzen. Von Müttern, die ihren Säugling verhungern lassen. Die Zeitungen sind voll von solchen Horrorstorys. Stellen Sie sich all die Kinder vor, für die niemand eintritt – es ist die größte Sklavengemeinschaft der Welt.

Und wo wir schon dabei sind, wie sieht's mit Hunden und Katzen aus? Haben Sie schon mal darüber nachgedacht, was für einen grauenhaften Fraß Sie Ihren Tierchen vorsetzen? Hunde- und Katzenfutter, sagen Sie, die fressen's doch. Sie würden es auch essen, wenn Sie nichts anderes hätten. Sie verfüttern es, weil es billig ist; so haben Sie für 12 Cent täglich einen Sklaven. Nach Freiheit rufen, aber die eigenen Kinder und Haustiere versklaven. Was soll das?

Oder, um es auf die Spitze zu treiben, wie steht's mit Schafen, Spinnen, Fliegen, Ameisen, Schlangen, Kühen, Stieren, Pferden, Mauleseln, Schmetterlingen, Ochsen, Affen, Menschenaffen, Tigern, Löwen, Füchsen, Wölfen, Schweinen, Hühnern, Puten, Fischen, Seehunden, Papageien und so weiter? Sie allesamt, mein Guter, werden von uns beherrscht, benutzt oder gekillt, gefangen gehalten oder zu Geld gemacht. Wir fordern Freiheiten und legen alles in Ketten. Was soll das?

Wen interessiert die Würde eines Schweins, sagen Sie; als Schinken, Speck und Schnitzel macht sich's besser. Tja – vielleicht in Ihren Augen.

Und wenn wir den Tiger nicht töten oder fangen, tötet er uns, sagen Sie.

Ach, das alte Lied. Wann kommt der nächste Krieg? Lauert da ein Indianer im Gebüsch, oder ist es ein Nazi aus Hoboken?

Stierkämpfe, finden Sie, sind vielleicht nicht ganz in Ordnung.

Und was ist dann mit Boxkämpfen? Wir stellen zwei Männer in den Ring und hoffen, sie prügeln sich windelweich. Wenn sie es nicht tun, beschimpfen wir sie lautstark ...

Es sind also eine Menge unbefreite Gruppen zu bedenken, wenn man von Befreiung spricht. Nehmen Sie zum Beispiel den Kakerlak –

Bitte, Bukowski, bleib auf dem Teppich.

Hast du mal den Kakerlak nach seiner Meinung gefragt?

Ich weiß nicht, wie.

Das ist der springende Punkt. Ich ernenne mich hiermit zum Gründer und Stifter der *Kakerlaken-Befreiungsgesellschaft*.

Hast ja genug von den Viechern hier um dich herum!
Eben!
Soll das heißen ...?
Genau.
Ich verschwinde.

Ist auch besser so. Wir formieren uns. Wir werden täglich mehr. Adieu, Bruder!

Er ging zur Tür, warf sie hinter sich zu, lief runter auf die Straße.

Dreckiges Faschistenschwein!

Die Katze im Schrank

Ich hatte eine Woche durchgesoffen, und dann las mir eine junge Schwarze mit großen Unschuldsaugen eins ihrer Gedichte vor, und das Gedicht war so schlecht und sie so nett, dass ich, statt etwas zu dem Gedicht zu sagen, aufs Klo ging, den Deckel vom Spülkasten nahm und ihn auf dem Fußboden zertrümmerte.

Dann ging ich wieder raus und legte mich auf den Boden. Ich lag vor einer Folksängerin, hörte ihr zu, kniff sie ins Bein und strich ihr über die Schenkel, bis jemand »Hank!« sagte, und als ich den Kopf hob, waren 2 Cops an der Tür.

Ich stand auf.

»Ist das Ihre Wohnung, Freundchen?«, fragten sie.

»Mietwohnung.«

»Sie machen zu viel Krach.«

»Gut, dann sind wir jetzt leiser.«

»Hoffentlich. Wenn ich wiederkommen muss, wandert jemand in den Bau.«

Sie gingen. Vom weiteren Verlauf der Party weiß ich nicht mehr viel, aber als ich aufwachte, lag ich allein in meinem Schlafzimmer, mir war schlecht, und ich konnte nicht aufstehen. Die Sonne stand schon hoch. Ich musste runter von dem Karussell. Ich hatte zu lange gesoffen.

Dann klingelte das Telefon.

Ach du Scheiße. Ich nahm ab.

»Hallo?«

»Hank?«

»Ja, ja. Hank.«

»Noch im Bett?«

»Ja.«

»Steh auf. Wir machen eine Bootsfahrt auf dem schönen Pazifik.«

»Ihr vielleicht. Ich nicht.«

»Komm schon. Raus aus den Federn. Wir sind in einer halben Stunde da.«

Ich stand auf, wankte ins Bad und sah mir mein Gesicht im Spiegel an. Ich würgte, ging in die Küche und machte den Kühlschrank auf. Kein Bier drin. Mit zitternder Hand machte ich ihn wieder zu. Ich hatte seit 3 Tagen nichts gegessen.

Ich zog mir was an, setzte mich in einen Sessel und wartete.

Eine Stunde verging. Gut, dachte ich, sie haben es sich anders überlegt.

Ich zog mich aus, ging wieder ins Bett und zog mir die Decke unters Kinn.

Ich muss eingeschlafen sein. Es klingelte. Ich warf mir den Bademantel über.

Es waren Barbie und Dutch.

»Los, mach schon! Zieh dir was an!«

»Hört mal, mir ist schlecht, richtig schlecht ... ich kann kaum laufen.«

»Komm, zieh dich an. Es wird dir guttun.«

»Bestimmt.«

Dann holten wir den Typ mit dem Motor ab. Wir fuhren zum Pier. Während sie alles vorbereiteten, suchte ich am Pier was, wo man Bier kaufen konnte. Nirgends eine Bierreklame. Frischer Fisch. Ein Karussell. Hamburger. Aber kein Bier.

Ich kehrte um.

Ich ging einen schwankenden Steg entlang, der über einem Schwimmdock endete. Beim Sprung auf das Dock brach ich mir fast das Bein. Wir waren so weit: drei weiße Typen und eine schöne Schwarze. Wir kletterten in das Ruderboot. Wieder schaffte ich's nur gerade so.

Ich setzte mich auf eine Planke und sagte: »Scheiße, Mann! Scheiße!«

»Jetzt holst du dir mal einen ordentlichen Sonnenbrand«, sagte Dutch. »Du bist zu blass, weil du tagsüber nie rausgehst. So kommst du vom Fusel weg und machst was Gesundes.«

Ich zitterte am ganzen Leib. »Aber ich bin sterbenskrank.«

Sie sahen mich an und lachten.

»Kannst du schwimmen?«

»Heute nicht. Bin zu schwach. Da geh ich gleich unter.«

Clyde versuchte den Motor in Gang zu bringen. Vergebens. Immer wieder zog er an der Leine.

Vielleicht hab ich ja Schwein, dachte ich.

Fünf Minuten später sprang der Motor an. Dutch saß da und schöpfte mit einer leeren Dose das Wasser aus dem Boot. Tote Fische lagen drin, eine Woche alt.

Ich taumelte auf die andere Seite und setzte mich neben Barbie. Sie hielt mir die Hand.

»Ist das nicht hübsch?«

Das Wasser war rau. Dutch setzte sich an den Bug und hüpfte in dem bockenden Boot auf und nieder.

»Ich kann schwimmen!«, rief er mir zu. »Ich kann 5 Meilen schwimmen!«

Wir kamen an einem Lausfisch vorbei, der dicht unter der Oberfläche schwamm.

»Hast du den Lausfisch gesehen?«, fragte mich Dutch.

»Hab ich gesehen.«

Wir kamen aus der Brandung und hielten aufs offene Meer zu. Unser Boot war das kleinste da draußen. Es waren überwiegend Segelboote und eine oder zwei Motorjachten.

Ich fing an zu würgen.

»Halt den Kopf raus!«

Viel kam nicht. Ich hatte seit Tagen nichts gegessen. Es war nur grüner Schleim.

»Was ist, Hank? Bist du seekrank, oder liegt's am Kater?«

»Kater ... brrrrwä! Huaaa! Gwrräch!«

»Sollen wir umdrehen?«

»Nein ... gwrräch! Weiter!«

Ich war fertig.

Clyde hielt weiter auf See hinaus. Wir hatten die Segelboote hinter uns gelassen. Ich musste immer wieder daran denken, wie schön es wäre, daheim in meiner vergammelten Wohnung im Sessel zu sitzen, einen steifen Malt zu trinken und dabei Strawinski oder Mahler zu hören.

»Umdrehen!«, rief ich Clyde zu.

»Was? Ich versteh nix! Ich bin über dem Motor!«

»Fahren Sie zurück, hab ich gesagt!«

»Was? Ich versteh nix!«

»Du sollst zurückfahren, sagt er!«

»Ach, wir fahren mal ein bisschen die Küste runter. Solange man die Hotels da sieht, sind wir ja nicht zu weit draußen.«

Die Hotels waren 40 Etagen hoch.

»Scheißdreck!«, sagte ich.

»Was?«

Schließlich wechselten ihn Dutch und Barbie am Steuer ab, und Clyde setzte sich zu mir.

»Ist das nicht toll?«

»Es ist bescheuert. Setzt mich ab und fahrt allein weiter. Ich warte dann.«

»Ich denk, Sie sind der große Bukowski, der Typ, der x-mal quer durchs Land getippelt ist?«

»Irgendwann hat man keine Lust mehr, den Kopf in die Windmühlen zu halten.«

Lieber schaute ich bei Harry rein. »... Die Idioten haben mich mit meinem 8-Tage-Kater aus dem Bett geholt, auf ein leckes Ruderboot geschleift und sind mit einem Viertel-PS-Motor 7 Meilen aufs Meer rausgefahren ...«

»Aber wieso hast du in der *Evergreen*-Story geschrieben, ich wär eins zweiundfünfzig groß? Ich bin keine eins zweiundfünfzig ...«

»... das sind so Leute, die Achterbahn fahren. Im Grunde so abgestumpft, dass sie nur noch auf extreme Nervenkitzel ansprechen ...«

»... weißt du, wie groß ein Meter zweiundfünfzig ist?«

»Nein.«

Er stand auf. »Ein Meter zweiundfünfzig geht bis hier, du Arsch.« Harry hielt die Hand direkt unter seinen Haaransatz.

»Ich bin eins *sieben*undfünfzig.«

Harry setzte sich wieder hin. »Und ich wünschte, hier ginge es so hoch her, wie du behauptest – von wegen massenweises Bumsen und Blasen.«

»Das stimmt doch.«

»Und meine Perücke rutscht, schreibst du. Die Leute schauen mir dauernd auf die Haare.«

Harry schrieb Kritiken für die *Free Press*. Er erklärte mir die Bedeutung von »Panik« in der Literatur und wie aus »Panik« Kunst entstand. Er erklärte mir, woher das Wort »Panik« kam. Der Gute war auf einer heißen Spur.

Hemingways Panik: die Boxhandschuhe, die Stierkämpfe, die Safaris, die Rettungsaktion unter stärkstem Beschuss. Und bei Camus' *Der Fremde*. Nichts als umgekehrte Panik.

Dann ließ sich Harry über Maxwell Bodenheim in New

York City aus. Max war immer besoffen. Nachts um 3 war er durch die leeren Straßen New Yorks gelaufen, um sich dann plötzlich umzudrehen und mit verächtlich verzogenem Spuckmund »FASCHISTENSCHWEIN!« zu schreien. In den Kneipen hatte er Bier geschnorrt und für einen Dollar seine signierten Gedichte – »schöne Gedichte!« – verkauft. Und sein Mörder hatte ein breit grinsendes Konterfei von Max in die Zeitung gehievt mit der Bildunterschrift: »Wenigstens habe ich einen Kommunisten umgebracht!« Bloß war Max kein Kommunist gewesen.

Dann kam Harry auf die Geschichte von dem eins neunzig großen Seemann, dem kein Schwanz mehr genügte, und der sich Typen mit großen Pranken und dicken Unterarmen aus den Kneipen holte, die ihm den Arm bis zum Ellbogen in den Arsch rammten. Harry redete ziemlich viel Scheiße zusammen. Zum Beispiel, dass man sich in Arabien aus jeder Klemme befreien konnte, indem man die Hose runterließ und grinste. Man galt sofort als Heiliger.

Dann hörte ich 4 Etagen tiefer Dutchs Autotür aufgehen. Er ließ sie nie ölen. Er benutzte seine Türen als Hupe.

»Oh, oh. Da sind die Seeleute. Ich geh runter, damit sie dich in Ruhe lassen.«

»Ganz so ein Arsch will ich auch nicht sein. Ich kann ihnen ja von hier oben winken«, sagte Harry.

Harry winkte Dutch. Dutch winkte Harry.

Ich fuhr mit dem Aufzug runter.

Dann saß ich im Wagen, und wir fuhren.

»Na, wie war's?«, fragte ich.

»O Gott, einfach wunderbar«, sagte Barbie.

»Wir waren ganz weit draußen«, sagte Clyde. »Zwei Meter hohe Wellen. Wir haben den Motor aufgedreht und sind mit Vollgas mittendurch. Es war großartig.«

»Als ob man durch eine Mauer kracht«, sagte Dutch. »Tolle Sache. Wir sind eine Stunde zu spät zurückgekommen, und der Typ hat uns angepflaumt.«

»Blöder Hund«, sagte Barbie. »Dem hab ich Bescheid gestoßen.«

»Was essen wir?«, fragte Clyde. »Ich will um halb neun *Hair* sehen.«

»Hast du *Hair* gesehen, Hank?«

»Hab ich euch mal von dem eins neunzig großen Seemann erzählt, der so schwanzmüde war, dass er sich von Typen den Arm bis zum Ellbogen hat in den Arsch stecken lassen?«

»Das klingt ziemlich unglaubwürdig«, sagte Barbie.

»Na ja, Katharina die Große ist nach einem Fick mit einem Pferd gestorben.«

»Angeblich hat Katharina die Große die Palastwachen umbringen lassen, nachdem sie sie gevögelt haben«, sagte Barbie.

»Ob die wussten, dass sie umgebracht werden?«, fragte Clyde. »Stell ich mir etwas schwierig vor, da noch einen hochzukriegen.«

Wir fuhren und stellten uns vor, wie schwierig es war, da noch einen hochzukriegen.

An einem Supermarkt hielten wir, und Dutch und Barbie stiegen aus.

»Bringt Bier mit«, sagte ich.

Als sie schließlich wiederkamen, fragte ich Dutch, ob er ans Bier gedacht hatte, und er sagte: »Jaja«, und dann waren wir auch schon oben in Clydes $ 110-Mietwohnung mit den ganzen Büchern, der Stereoanlage, der verglasten Dusche, und ich setzte mich an den Tisch und sah Barbie beim Kochen zu, während ich mein Bier trank.

»Ich tu so, als wärst du in meiner Küche, Baby.«

Sie grinste.

Das Essen war ganz gut. Mein erstes seit 3 Tagen.

Dann musste Clyde sich für *Hair* sputen. Aber erst kaufte ihm Dutch noch für $90 den Bootsmotor ab.

»Den kauf ich deinetwegen, Bukowski. Jetzt können wir jedes Wochenende raus aufs Meer.«

»Danke, Dutch.«

Wir nahmen den Motor mit, sagten Clyde gute Nacht und fuhren kurz bei Dutchs Buchladen vorbei. Niemand kaufte da Bücher. Aber hinter dem Laden war ein großer Raum, in dem sich die Leute Gedichte vorlasen. Freitagabends. Und samstagabends gab es Folk Music.

Wir schlossen also auf, und Dutch lief umher.

»Scheiße! Hier war jemand!«

Ich setzte mich mit meinem Bier und sah ihm zu.

»Katzenfutter! Jemand hat die Katze gefüttert! Und der Kaffee ist noch warm! Scheiße! Wer war hier drin?«

Ich trank mein Bier.

Dutch ging nach hinten.

»He! Die Hintertür ist auf! Ich weiß genau, dass ich sie abgeschlossen habe!«

Dann fand Barbie einen Schlafsack auf dem Boden.

»Scheiße, das ist nicht unser Schlafsack.«

Dann ging Dutch zur Toilette hinüber. Das Fenster stand offen. Jemand war durchs Klofenster eingestiegen. Da stand auch tatsächlich ein Stuhl. Mit einem *City Lights Journal* drauf. Ein Eindringling, verdammt. Aber offenbar kein schlechter Kerl, denn er hatte die Katze gefüttert.

»Meinst du, nur gute Menschen füttern Katzen?«, fragte ich.

»Bukowski, wenn ich eine Stange vor das Toilettenfenster klemme, kann niemand rein, oder?«

»Doch.«

Ein 13jähriger Junge kam durch die offene Hintertür spaziert.

»He, Mann«, sagte er, »alle sind *hinüber*! Wo bin ich?«

»Du bist im Golden Spider Bookshop«, sagte Barbie.

»Mann!«, sagte der Junge.

Er kam zu uns, setzte sich auf einen Stuhl.

»Ja, Mensch«, sagte er, »und wo sind die Leute? Robert hat gesagt, hier geht was ab, fast so viel wie bei Bukowski. Wo sind denn die Leute?«

»Hier ist nur freitags- und samstagabends was los«, sagte Dutch. »Sonntag ist Ruhetag.«

»Ach so«, sagte der Junge, »na, Scheiße, ich bin auf Acid. Aber nur 'n halber Trip.«

Dann hörte ich die Katze. Sie kratzte und miaute.

»Was ist das, Dutch?«

»Die Katze, sie kommt durchs Klofenster.«

»Das Klofenster hast du doch gerade verrammelt. Sieh mal da im Schrank nach. Ich glaub, das kommt da aus dem Schrank.«

Dutch ging rüber, zog eine Bank vor der Schranktür weg, und heraus kam ihre Katze, ein kleines bisschen angesäuert und empört.

»Ja, wer hat denn die Katze da eingesperrt?«

»Derselbe, der sie gefüttert hat«, sagte ich.

»Robert meint, hier geht es locker zu«, sagte der Junge.

Die Katze lief mit in die Luft gerecktem Schwanz umher.

Dann kam ein Pärchen durch die Hintertür. Das Mädchen war ungefähr 19, hartes Gesicht, stämmig. Der Junge war vielleicht 15, so ein langer, dünner.

»Komm«, sagte er zu dem Mädchen. »Wir pennen.«

Schon ging er die Treppe zu den Schlafräumen hoch.

»He, Mann«, rief Dutch, »wenn ich euch da rauflasse, kommen demnächst alle Teenies von L. A. zum Pennen her, und wir können einpacken. Das geht nicht. Wo habt ihr von uns gehört?«

»Bei Robert.«

»Ihr könnt hier nicht bleiben.«

»Na gut, wo ist denn Ecke Sunset und Normandy?«

»He, langsam«, sagte ich, »da wohne ich.«

»Hör mal«, sagte Barbie zu der 19Jährigen, »du hast doch eine Bleibe. Warum nimmst du ihn nicht mit zu dir?«

»Weil da mein Typ ist.«

»Okay«, sagte Dutch, »jedenfalls müsst ihr gehen.«

Wütend stapften die beiden hinaus.

»Hör zu, Dutch«, sagte ich. »Ich muss los.«

»Okay«, sagte Dutch.

»Fahrt ihr in Richtung Santa Monica und Western?«, fragte der Junge.

»Wir können dich da rauslassen«, sagte Dutch.

Dutch schloss den Laden wieder ab, und wir setzen uns ins Auto, Barbie und der Junge nach hinten, Dutch und ich nach vorn.

»Bukowski, wenn ich das hintere Fenster verrammle, kommen die doch nicht mehr rein, oder?«

»Doch«, sagte ich.

Ich stieg vor meiner Wohnung aus. Griff mir das Bier, küsste Barbie zum Abschied und winkte ihnen nach. Kam zur Haustür, bekam sie sogar auf, sah in die Tüte – 3 Bier noch –, ging zum Telefonbuch und rief die unterstrichene Nummer an:

»Hallo. Bukowski hier. Wissen Sie Bescheid? Okay. Zwei Sechserpacks, groß. Halben Liter Whiskey, meine Sorte kennen Sie. Und dass ich gutes Trinkgeld gebe, wissen Sie auch. Also schicken Sie mal jemanden vorbei, so schnell es geht!«

Ich stellte zwei Bier in den Kühlschrank und knackte das andere. Ich drehte das Radio an. Berlioz' *Symphonie fantastique*. Nicht schlecht. Ich war wieder in meinem Reich. Ich lehnte mich zurück und wartete auf den Lieferboten.

Aufzeichnungen eines Dirty Old Man

CANDID PRESS, 6. Dezember 1970

Sexuelle Eroberungen ergeben sich meistens, ohne dass man es drauf anlegt. Ich wohnte im Selbstmord-Hotel gegenüber dem MacArthur Park in L. A. Ein vergammeltes altes Loch voller Verlierer. Eines Tages saß ich mit meinem Glas Wein am Fenster, da flog lautlos etwas an mir vorbei. Wir waren im dritten Stock, und der Mensch kam vollständig angekleidet aus der Luft, Kopf voran, dann die Beine. Der Hof war betoniert, und ich hörte den Aufschlag, sah aber nicht nach. Seitdem heißt der Laden für mich »Selbstmord-Hotel«.

Aber kommen wir zu den sexuellen Eroberungen, ein angenehmeres Thema.

Ich wohnte mit einem Mädchen namens May zusammen, die sehr gut im Bett war, sich aber genau wie ich nicht ganz in die Gesellschaft einfügen konnte. Wir hielten es beide in keinem Job aus, wollten auch keinen, hatten aber ständig finanzielle Sorgen. Wir lebten von unserem Glück. Irgendwie kam doch immer Geld rein. May wusste, wie man Betrunkene filzt, und einmal, als wir fast am Ende waren, fand ich eine Brieftasche mit 197 Dollar auf der Toilette. Weil May gerade auf unserem Klo saß, war ich zum Gemeinschaftsklo gegangen, und da lag die Brieftasche. Wir brauchten Glück, sonst waren wir tot.

Jetzt saß ich also im Park und sinnierte über unser Glück. Wir hatten nur noch 63 Cent, und wie ich so die Enten herumschwimmen sah, fand ich, sie hatten es gut. Keine Miete, keine Essenssorgen, keine Jobsorgen. Die dummen Tierchen hatten das Glück für sich gepachtet. Kein Wunder, dass die Menschen sich umbrachten oder verrückt wurden. Ich saß da und dachte, wie schön wäre es, eine Ente zu sein. Ich döste in der Sonne. Stunden vergingen. Es war fast Abend, als ich mich aufraffte und zurück zum Selbstmord-Hotel ging.

Ich stieg in den alten Aufzug und ließ mich zum dritten Stock hochruckeln. Als ich zu meiner Tür kam, hörte ich Krach und Gelächter. Was war da los? Ich machte auf und sah May und zwei Freundinnen von ihr, Jerri und Deedee. Sie waren schon gut dabei.

»Hank!«, sagte May, »Jerri hat gerade ihr erstes Arbeitslosengeld bekommen, und das feiern wir. Trink was.«

Ich trank was. Und noch was. Ich musste mich sputen, um ihren Vorsprung aufzuholen. 63 Cent in der Tasche, und hier süffelte ich mit 3 gutgebauten Frauen. Ihre Gesichter waren verschönerungsfähig, aber ihre Körper ließen kaum Wünsche offen. Und ihre Kleidung betonte das. Sie zeigten, was sie hatten.

Kurz darauf ging Jerri zwei Pfund Hacksteak, Krautsalat und eine Großpackung Fritten kaufen, May kochte, und wir aßen und tranken mehrere Flaschen Wein dazu. Alle waren zufrieden. Für Leute wie uns heißt es, einen Tag nach dem anderen angehen. Das Morgen musste warten.

Nach dem Essen machten es sich die Mädchen bequem und erzählten von ihren lustigen Erlebnissen mit Männern. Ich bekam eine Menge zu hören. Alle kannten zum Beispiel den Pagen im Biltmore, der ein Ding wie ein Pferd hatte, immer außer sich geriet, wenn irgendwo eine Party lief, und nach dem Abzug der Gäste mit ausgefahrenem Pferdeding ins Zimmer stürmte.

»Nein, Hilfe! Den steckst du mir nicht rein!«

Der arme Kerl hatte einfach zu viel. Er hatte schon 3 Frauen ins Krankenhaus gebracht.

Sie redeten und lachten weiter über die Männer, und ich musste aufs Klo. Ich ließ mir Zeit, und als ich wieder rauskam, war es vorbei. May war auf dem Sofa eingeschlafen, Jerri lag in dem einen Bett und Deedee in dem anderen. Tolle Party. Na ja, sie hatten den ganzen Tag getrunken.

Ich setzte mich hin und trank weiter. Bier und Wein durcheinander. Ich rauchte etliche Zigaretten, dann dachte ich, zum Teufel damit.

Zuerst vergewisserte ich mich, dass May schlief, dann ging ich rüber und legte mich zu Jerri ins Bett. Sie war groß, gut eins achtzig, und hatte wunderschöne Brüste. Ich griff nach der einen Brust und nahm den Nippel in den Mund.

»He, Hank, was hast du vor?«

Ich konnte nicht antworten. Ich ging an die andere Brust. Dann sagte ich: »Ich schlaf jetzt mit dir.«

»Nein, Hank, wenn May dahinterkommt, bringt sie mich um!«

»Sie kommt nicht dahinter, Liebes!«

Ich war der größte Liebhaber von Kiew bis Pomona. Ich legte mich auf sie. Ich kannte das Bett; die Federung quietschte. May war furchtbar jähzornig und durchaus zum Mord fähig. Einen so seltsamen Beischlaf hatte ich noch nie erlebt. Damit die Federn nicht quietschten, bewegte ich mich so langsam wie irgend möglich. So hatte die Natur das nicht vorgesehen. Die Natur hatte keine Ahnung. Ich werde dieses Liebesspiel nie vergessen. Die den geschwätzigen Sprungfedern entgegengesetzten lang-lang-langsamen Bewegungen heizten mich über alle Maßen auf. Jerri ging es genauso.

»O Gott, ich liebe dich!«, sagte sie.

»Pst, pst«, flüsterte ich, »sie bringt uns um.«
Dann fing ich selber an. »O, o, o mein Gott ...«
»Pssst«, flüsterte Sherry.
Dann kam ich, kamen wir.

Ich wischte mich ab und stand auf. Ich setzte mich in den Sessel, während Jerri ins Bad ging und wieder herauskam. Ich blieb noch eine Weile sitzen, trank Bier und Wein und rauchte. Der 63-Cent-Liebhaber vom Selbstmord-Hotel. Vielleicht war es doch schöner, keine Ente zu sein. Ich dachte noch einmal an den armen Kerl, der an meinem Fenster vorbeigesegelt war, dann trank ich auf ihn und ging zu Deedees Bett hinüber. Die Federn von Deedees Bett hörte man nicht. Deedee war klein, aber knackig, könnte man sagen. Voller Energie, immer auf den Beinen, zum Lachen und zum Lästern aufgelegt; nicht die Hellste, aber ehrlich und witzig und, wie gesagt, knackig. Das ging einem durch den Kopf, wenn man Deedee sah: Knackig, reif, reif, mehr als reif. Ich stieg einfach zu ihr ins Bett und drang in sie ein. Sie protestierte nicht. Sie hob die Beine, schlang die Arme um meinen Hals und küsste mich, Zunge rein, Zunge raus. Sie hörte nicht auf. Ihre Zunge arbeitete im Takt mit meinem Schwanz. Es war gut. Ich glitt herunter, wischte mich ab und setzte mich in den Sessel, während Deedee ins Bad ging.

Der 63-Cent-Liebhaber vom Selbstmord-Hotel. Deedee kam an mir vorbei und legte sich wieder ins Bett. Feierabend, dachte ich. Ich trank noch eine halbe Flasche Wein, 3 Dosen Bier, ging zur Couch hinüber und legte mich zu May. Ich hatte vor, zu schlafen.

May schob die Hand vor und packte mich. Sie hielt mich gut fest, und damit meine ich mich.

»Lass mich los, Frau«, sagte ich.

»Ich verbrenne«, sagte sie. »Ich brauche ihn.«

»Heute nicht.«
»Wieso? Wieso?«
»Ich bin müde. Ich weiß auch nicht, ich bin einfach sehr müde.«
»Er wird aber größer.«
»Glaub mir, das hat nichts zu sagen.«
»Von wegen. Warum macht er das?«
»Kein Hirn, nehme ich an.«
»Ich muss ihn haben. Ehrlich, ich verbrenne!«
»Ich kann nicht.«
»Wieso denn nicht?«
»Verdammt nochmal, ich bin doch keine Maschine! Begreifst du das nicht?«
»Nein!«

May ging runter und schloss die Lippen um mich. Ich konnte nicht widerstehen. Es muss so 20 Minuten gedauert haben, dann saugte sie mich aus. Ich war wirklich fertig.

Am nächsten Morgen erwachte ich allein auf der Couch. Die Mädchen waren in der Küche, lachten und redeten. Ich hörte zu.

»Ach, Jerri, der neue Hut ist einfach klasse! Steht ihr der neue Hut nicht sagenhaft? Setz ihn noch mal auf, Jerri! Gefällt er dir nicht, Deedee?«

»Doch, er bringt genau ihren Typ zur Geltung. Ein ganz reizendes Hütchen.«

Ich zog mir was an und ging in die Küche.
»Da ist er ja!«
»Hi, Hank!«
»Hallo, Mädchen!«
»Wie geht's dir?«
»Ach, ich weiß nicht. Bisschen groggy bin ich.«
»Lust auf Kaffee?«

»Okay.«

»Frühstück?«

»Bloß nicht.«

»Wie gefällt dir Jerris neuer Hut? Setz ihn noch mal auf, Jerri.«

»Damit sieht sie wirklich sexy aus«, sagte ich.

»Och, ihr Männer! Ich finde, er bringt ihr Gesicht gut zur Geltung.«

»Ich finde, er bringt ihren Hintern gut zur Geltung.«

»Musst du so ordinär sein, Hank?«

»Tut mir leid. Brummschädel. Doch, der Hut steht ihr gut. Grün ist ihre Farbe. Die grünen Augen, die rote Haarpracht, das funkt. Okay?«

»Siehst du, du kannst doch auch lieb sein«, sagte May.

Ich stürzte eine Dose Bier runter, und May machte Frühstück für alle. Die Mädchen unterhielten sich in einer Tour. Alle hatten andere Kleider an als am Abend, und sie sahen gepflegt und unverbraucht aus; sie glühten.

»Bleibt ihr noch 'n Tag?«, fragte ich.

»Was meinst du, May?«, fragte Jerri.

»Fänd ich klasse. Warum nicht?«

»Okay, dann machen wir das auch.«

Ich grinste und steckte mir eine Zigarette an. Dann lehnte ich mich zurück und blies einen makellosen großen Rauchring. Er schwebte zur Decke hoch.

Die Mädchen applaudierten, und die Welt war in Ordnung.

Lärm und Leidenschaft

Wenn man hungert, oder säuft und hungert, bleibt einem nur die Liebe, sofern man jemanden zum Lieben hat. Ich hatte Claudia, und Claudia sagte nie nein, und wir hatten nichts anderes zu tun. Außerdem war sie im Bett kaum zu schlagen. Wir hingen schwer am Wein. Hatten eine Wohnung im dritten Stock. Meine Arbeitslosenversicherung war schon einige Zeit abgelaufen, und die Miete war fällig; nichts ging mehr. Abends machten wir lange Spaziergänge und klauten Zigaretten aus Autos mit offenen Fenstern. Wir lasen alte Zeitungen, die wir im Müll fanden (über die Sonntags-Witzseiten freuten wir uns immer besonders), und sammelten auch leere Flaschen, um das Pfand einzulösen. Wir hatten alles versetzt, und doch kam manchmal irgendwie noch Geld rein. Aber das Ende war abzusehen, und das war traurig, denn in der Liebe stimmte es bei uns und mit dem Sex auch.

Um Claudia würde sich natürlich jemand kümmern. Keine Frage. Erledigt war nur ich.

»Warum machst du dich nicht vom Acker?«, fragte ich sie.

»Ich bin ein Penner. Ich komm nicht klar. Ich bin neben der Spur. Das Leben macht mir Angst. Ich bin ein Feigling, ein Freak. Herrgott, sieh mich doch an. Wer stellt denn jemanden ein, der so aussieht wie ich?«

»Ich kann dich nicht verlassen, Hank. Mir hat noch kein Mann so nahegestanden wie du. Du wirst sehen, eines Tages schaffst du's als Schriftsteller.«

»Schriftsteller? Auf was soll ich denn schreiben? Auf Klopapier? Und das ist auch bald alle.«

Der Pfandschein für die Schreibmaschine war längst abgelaufen. Wir hatten sie versetzt, als ich auf Stütze war, und selbst da konnten wir sie nicht auslösen.

»Weißt du, Hank, die Leute da draußen sind doch nur ein Haufen Vollidioten, Schwachköpfe und Irre. Mach dich vor denen nicht so runter.«

»Aber die Vollidioten und Irren haben uns in der Hand, Baby.«

»Weiß ich doch. Noch ein paar Pfannkuchen?«

»Sonst steht ja nichts auf der Speisekarte.«

So weit waren wir schon – Mehl und Wasser. Kein Gemüse. Und kein Gras. Das Wassermehl brannte ein bisschen an und wurde zu nach nichts schmeckenden Kräckern, aber wenn man genug Hunger hat, erfüllt auch das seinen Zweck. Man bildet sich ein, noch nicht voll mit dem Rücken zur Wand zu stehen, obwohl man genau da steht.

Wir aßen, rauchten ein paar gestohlene Zigaretten und machten uns an den Wein. Wir hörten Schritte und waren ganz still. Wir hatten Angst, es wäre Mrs Dennis, die Hausverwalterin. Ich hatte ihr gesagt, meine Einkommensteuer-Rückerstattung müsse demnächst kommen. Aber sie kam und kam nicht, denn natürlich hatte ich den Scheck längst verbraten.

Im Weinklauen wurde ich spitze. Ich klaute ihn aus dem Sonderangebote-Korb neben der Kasse, wenn Dick mir den Rücken zudrehte. Ich stand herum, unterhielt mich mit ihm und wartete, bis Kundschaft kam.

»Irgendjemand klaut meinen Wein«, sagte er, wenn wir uns dann das nächste Mal sahen.

»Wie denn?«, fragte ich.

»Da aus dem Korb.«

»Mach ihn doch zu.«

»Gute Idee.«

Dick machte den Korb zu. Aber wenn er mir den Rücken zudrehte, machte ich ihn auf und stahl den Wein trotzdem.

Wir sprachen also dem Wein zu. Wir hatten nichts außer Zeit. Claudia hatte gute Beine und einen tollen Hintern; der Bauch war trotz unserer Hungerdiät etwas schwabbelig, aber wenn wir im Bett zugange waren, fiel das kaum auf.

Ich stand auf, ging zu ihr und küsste sie fest. Sie musste die eine Hand weghalten, die Hand mit dem Weinglas, damit der Wein nicht überschwappte. Es hatte was von einer Vergewaltigung. Ich knutschte sie ab, knetete ihre Brüste. Mit Vorderlader ließ ich sie los.

»Du Arsch, ich hätte fast den Wein verschüttet!«

»Bitte?«, fragte ich lachend.

»Das ist nicht komisch«, sagte sie.

Ich stand auf und zog sie aus dem Sessel, befühlte ihre Beine, schob ihr den Rock bis zur Hüfte hoch, drehte sie mit dem Rücken zum Spiegel, bog ihren Oberkörper zurück und begrapschte ihren Hintern, während ich sie küsste.

Ich sah es mir im Spiegel an.

»Lass das!«, sagte sie.

»Warum?«

»Weil du in den Spiegel guckst!«

»Was ist denn dabei?«

»Ich finde es einfach nicht richtig.«

»Was soll das denn? Wir sind nicht verheiratet; ist das vielleicht richtig? Richtig ist Quark. Richtig ist, was einen langweilt.«

»Guck einfach nicht in den Spiegel!«

Ich warf sie aufs Bett und wälzte mich auf sie.

»Blödes Stück! Dir geb ich eine Bockwurst, so was hast du noch nicht gesehn!«

Claudia lachte. »Deine Bockwurst kenn ich ja nun.«

»Blödes Stück!« Ich schob ihren Rock noch höher, riss ihr den Slip runter. Ihre Zunge glitt in meinen Mund, und schon saugte ich daran.

Es war immer wieder etwas Neues, wie es nur mit einer guten Frau ist. Solange wir zu essen hatten, konnten wir noch so viel trinken, uns noch so oft lieben, es ging immer schön langsam. Und wenn wir dann zusammen kamen, war das mit nichts zu vergleichen.

So auch jetzt. Sämtliche Wände in dem billigen Mietshaus zitterten vor Lärm und Leidenschaft. Einige andere Mieter hatten sich schon beschwert. Ein Typ aus unserem Stock, Lou, den ich ziemlich gut kannte, hatte mich irgendwann gefragt: »Was geht da eigentlich drei- oder viermal bei euch ab, Tag und Nacht?«

»Wir lieben uns.«

»Ihr liebt euch. Hört sich eher an, als würde einer abgemurkst.«

»Ich weiß. Die Mieter haben sich beschwert. Bis runter zum Parterre.«

(Wir wohnten, wie gesagt, im Dritten.)

»Ihr kennt wohl ein paar gute Stellungen.«

»Es geht. Sieben oder acht Varianten, auf die wir eher zufällig gekommen sind.«

»Mhm. Hört sich trotzdem an, als würden zwei, drei Leute abgeschlachtet.«

Die verdammten Mieter waren doch bloß neidisch.

Es ist schwer zu erklären, und Liebe ist kein gutes Wort, aber ich glaube, dem Sinn nach liebten wir uns. Für mich steht außer Zweifel, dass man eine Frau nur richtig kennenlernt, wenn man Sex mit ihr hat, wenn sie mit einem schläft. Und je öfter man miteinander schläft, desto besser lernt man sich kennen. Und wenn es funktioniert, ist das Liebe. Und wenn es nicht mehr funktioniert, ist es das, was die meisten Leute haben. Ich behaupte nicht, dass Sex gleich Liebe ist; es kann wohl auch Hass sein. Aber wenn der Sex gut ist, kommen andere Sachen dazu – die Farbe eines Kleids, die Sommersprossen am Arm, Verbindendes und Distanz Schaffendes; Erinnerungen mit ihrer Komik und ihrem Kummer.

Man kann vieles neben dem Sex liebgewinnen, aber am besten ist es, wenn Sex irgendwie dabei ist, und das war er bei Claudia und mir allemal.

Und wir wussten genau, dass es enden würde, und so kam es dann auch.

Mrs Dennis klopfte an. Ich machte auf.

»Mr Bukowski?«

»Ja.«

»Die Hauseigentümer möchten, dass Sie und Ihre – Frau ausziehen. Es tut mir leid.«

»Der Scheck kommt garantiert in den nächsten Tagen.«

»Die Eigentümer möchten lieber nicht auf den Scheck warten. Sie möchten lieber, dass Sie ausziehen.«

»Wann?«

»Bis um sechs. Heute Abend.«

»Um sechs?«

»Ja.«

Ich schloss die Tür.

»Hast du gehört?«

»Ja«, sagte Claudia.

Es war halb fünf.

»Es ist vorbei«, sagte ich. »Wir sind fertig.«

»Ja, ich weiß.«

»Verdammt, warum kann ich auch kein Traktorfahrer oder

Setzer, Versicherungsvertreter oder Busfahrer sein wie andere Männer? Wo hakt's bei mir? Ich bin verrückt. Jetzt ist es aus; die Deppen, die Idioten kriegen dich und stecken dir ihre blöden Schwänze rein. Wie ich das hasse! Himmel Herrgott nochmal ...«

Ich warf mich aufs Bett.

»Hank?«, hörte ich sie.

»Ja?«

»Ich will weder sentimental noch gefühlskalt sein, aber wir werden uns jetzt wohl erst mal nicht sehen, und –«

»Ja?«

»Uns bleibt nicht viel Zeit.« Sie lachte. »Was meinst du, sollen wir noch mal?«

Da musste ich auch lachen, und sie legte sich zu mir. Es war wirklich ulkig – wir weinten dabei wie kleine Kinder. Nennen Sie's Liebe. Wer weiß?

Zwischen uns wurden bei diesem letzten Höhepunkt alle Zweifel ausgeräumt, und vielleicht auch bei einigen Leuten in den anderen Wohnungen.

Claudia hatte einen Koffer, und ich saß da und sah ihr beim Packen zu. Ich schenkte ihr meinen Wecker. Er war das Einzige, was ich noch hatte. Wahrscheinlich stand ich unter Schock. Ihr Körper, ihr Körper und ihr Geist und alles würde bald weg sein, bei jemand anderem. Sie weinte nicht, aber ihr Gesicht sagte alles. Sie litt. Ich schaute weg.

Dann mussten wir den ganzen Weg zu Fuß gehen, weil wir kein Geld für den Bus hatten.

»Er ist gar nicht so verkehrt«, sagte Claudia. »Ich mach mir zwar nichts aus ihm, aber er ist nicht verkehrt.«

»Zumindest kann er dich versorgen und dir was zum Anziehen kaufen.«

»Und was machst du?«

»Ich versuch, die Kurve zu kriegen. Wenn ich irgendwo Teller waschen kann, komm ich schon klar.«

»Ich werd mir ziemlich Sorgen um dich machen«, sagte sie.

»Und ich mir um dich«, sagte ich.

»Wir wären ein tolles Komikergespann.«

»Bestimmt«, sagte ich. »Ich lach mich tot.«

»Er ist Handelsvertreter«, sagte sie, »groß und dick, aber Gott sei Dank nicht viel in der Hose.«

»Lässt er dich denn überhaupt rein? Vielleicht hat er ja 'ne Frau.«

»Der lässt mich rein. Er kriegt keine Frau.«

»Und ich kann keine halten.«

»Hank?«

»Ja?«

»Wenn du die Kurve kriegst, sag mir Bescheid. Ich bin sofort wieder bei dir.«

»Mach ich. Danke.«

»Vergisst du mich auch nicht, Hank?«

Ich stellte den Koffer ab und packte sie an beiden Armen. »Verdammt! Noch so ein Spruch, und ich bring dich hier mitten auf der Straße um, hast du verstanden?«

»Ja, Hank.«

Wir küssten uns auf der Hoover Street, Ecke Olympic. Zweihundert Leute auf der Fahrt von der Arbeit sahen uns.

Wir fanden das Apartmenthaus.

»Er wohnt vorne im Erdgeschoss. Seit Jahren.«

»Ich warte erst mal, ob er dich reinlässt.«

»Der lässt mich rein.«

»Ich warte.«

Ich öffnete die Haustür und drückte ihr den Koffer in die

Hand. Sie stellte ihn vor der Wohnungstür ab. Noch einen Abschiedskuss konnte ich nicht gebrauchen. Ich wich an die geschlossene Eingangstür zurück.

Sie sah mich an. »Hank«, sagte sie.

»Nein«, sagte ich, »das halt ich nicht mehr aus. Klingel schon, bitte.«

Sie wollte sagen, ich liebe dich, aber sie zitterte am ganzen Leib und streckte die Hand nach der Klingel. Ich war froh, dass sie es nicht sagte. Sie sah mich an und schenkte mir so ein kleines Frauenlächeln. Sie weinte.

»Sieh zu, dass du die Kurve kriegst«, sagte sie. »Schnell!«

Damit drehte sie sich um und klingelte. Er machte auf.

»Claudia! Schön, dich zu sehen!«

Er nahm sie in die Arme und küsste sie auf den Hals. Ich machte die Tür auf, ging raus, hörte sie hinter mir ins Schloss fallen. Ich ging die Hoover hoch und dann auf dem Olympic Boulevard nach Osten. Die Skid Row zog sich lange hin. Alles zog sich lange hin. Ich sah die Leute in ihren Wagen vorbeifahren, Scheinwerfer an, Leute, die zusammengehörten, die wussten, wohin sie gehörten. Auf diesem Weg nach Osten war mir die Welt verhasst wie noch nie. Und ich glaube nicht, dass sie mir jemals wieder so verhasst sein wird, aber möglich wär's.

Ich schreibe nur Gedichte, um Frauen ins Bett zu kriegen

Ich hatte den Koffer vergessen.
»Holen wir den Koffer«, sagte ich zu Jon.
»Okay.«
Wir gingen durch den immer noch sehr warmen Sonnenschein zurück zum Bahnhof. Der Bahnhof war geschlossen. Um Viertel vor sechs.
»Was ist denn das für eine Stadt?«, fragte ich Jon.
Wir gingen zur Rückseite. Hinter dem grünen Holztor lief ein alter Chicano herum. Alles war voller Koffer.
»Sir«, sagte Jon, »der Mann hier möchte seinen Koffer.«
»Haben Sie den Schein?«
Ich gab ihm meinen Gepäckschein mit einem Dollar drunter.
»Was ist das denn?«, fragte der alte Chicano.
»Für Ihre Mühe«, sagte ich.
Er gab mir den Dollar zurück.
»Wir nehmen kein Trinkgeld.«
Dann kam er mit dem Koffer ans Tor, schloss auf und reichte ihn mir raus.
»Danke«, sagte ich.
»Nichts zu danken«, sagte er.
Wir gingen zur Straße zurück. Der Koffer war schwer, weil ich viele meiner Bücher mitgenommen hatte und blöderweise auch noch die gebundenen Ausgaben. Alle paar Meter nahm ich den Koffer in die andere Hand. Wir hatten sieben Blocks zu laufen, aber ich warte nicht gern auf den Bus, und ein Taxi war zu teuer für das kurze Stück.

Nach ungefähr 4 Blocks bekam ich Durst. Jon sagte, in der nächsten Straße gäbe es eine Kneipe.

Als wir zur Tür hereinkamen, schlug ein Chicano zweimal auf ein Glöckchen. Die ganze Kneipe drehte sich nach uns um. Wir gingen um den Tresen herum nach hinten, auf die Seite gegenüber der Tür, und ich sagte Jon, er solle für sich und mich bestellen. Ich ließ einen Fünfer für die Drinks da und ging aufs Klo.

Ich pinkelte gerade ins Klobecken, als 2 Mexiko-Amerikaner hereinkamen und anfingen, am Pissoir zu pinkeln. Es waren zwei junge Kerle, angetrunken, nein, ziemlich betrunken. Ja. Aber ich war müde. Ich sah vor mich hin und pinkelte.

»HALLOE!«

(Stille.)

»ICH HAB ›HALLOE!‹ GESAGT. WASSIS LOS MIT DIR, KANNST DU NICHT GRÜSSEN?«

Ich drehte mich um.

»Scheiße, tut mir leid, Mann, ich dachte, Sie hätten mit Ihrem Freund geredet. Hallo zusammen.«

»BLÖDSINN!«

»Friede, Brüder«, sagte ich.

»SCHEISS DRAUF!«, schrie der Kleine mit dem T-Shirt, »SCHEISS DRAUF!«

Türenknallend marschierten sie hinaus.

Ich ging auch raus, setzte mich neben Jon, nahm mein Glas in die Hand.

»Lass uns abhauen«, sagte ich.

»Was ist denn?«

»Ich büße für die Sünden unserer ruhmreichen Väter in Amerikas Geschichte.«

»Was ist passiert?«

»Noch nichts. So soll es auch bleiben.«

»Vorigen Freitagabend ist auf der Vortreppe ein Weißer erstochen worden. Aber das war spätabends. Jetzt ist es noch früh.«

»Komm schon«, sagte ich. »Es wird dunkel.«

Als wir zu ihm kamen, machte ich mich ans Bier. Sie kannten meine Gewohnheiten und wussten, dass ich vor dem Schlafengehen 10, 12, 14 Bier trank. Der Kühlschrank war halb vollgestopft mit Flaschenbier. Sogar Zigarren hatten sie für mich. Ich zog die Schuhe aus, steckte mir eine an und konnte zum ersten Mal seit Stunden entspannen.

Jon sah mich an. »Kennst du Gene Rumpkin, Buk?«

»Ach, der. Klar. Der hat ein schlimmes Heft rausgegeben. *Just Lines*. Grauenhaft. Was ist denn aus ihm geworden?«

»Er lehrt Englisch an der Uni von New Mexico.«

»Na, das passt.«

»Was ich sagen wollte, ich hab ein paar Gedichte von ihm angenommen, aus Gefälligkeit, weil wir in derselben Stadt sind und ich die Gedichte zuerst auch gar nicht so schlecht fand, aber jetzt weiß ich, sie sind sauschlecht, und das bedrückt mich.«

»Da hast du's – niemals freundlich sein. Immer ein Schweinehund, dann passiert dir so was nicht. Freundlichkeit ist ein schlechtes Motiv, besonders in Sachen Heirat und Literatur.«

Wie mitteilsam. Das Bier machte mir Laune, und ich kam mir schon vor wie ein verdorbener G. B. Shaw.

Ich spielte mit den Hunden. Sie hatten zwei – voller Haare und Pep. Aber sie waren in Ordnung: Sie hielten mir nicht vor, dass ich weiß war.

Das Telefon klingelte. Jon nahm ab. Er reichte mir den Hörer. Es war Professor Steve Rodefer, der Mann, der die Lesung organisiert hatte.

»Bukowski?«

»Ja?«

»Die Universität hat beschlossen, Ihre Lesung nicht zu finanzieren.«

»Okay, Steve, so geht das eben. Dann bleib ich noch 'n Tag und fahr wieder nach Hause.«

»Nein, halt! Die Lesung läuft trotzdem, selbe Zeit, selber Ort, aber von den Studenten finanziert.«

»Geht in Ordnung.«

»Geben Sie mir mal Jon.«

Ich reichte Jon den Hörer, und sie unterhielten sich eine ganze Weile.

Jon legte auf. »Steve ist ein Teufelskerl, aber wahrscheinlich kostet ihn das den Job. Er hat dich und Kandel hierher geholt. Die Stadt ist ein Pulverfass. Die Nerven liegen blank.«

»Klar«, sagte ich.

Lou Webb schlief schon. Sie stand immer früh auf und erledigte 1000 Sachen – Broschen und Klunkern versetzen, den Vermieter beruhigen, Essen kochen aus nichts. Abends um 10 war sie geschafft. Mir fehlte ihre Gesellschaft: Grundehrliche und leidenschaftliche Menschen wie sie kannte ich nur noch wenige.

Das Telefon klingelte wieder. Jon nahm ab.

»Aha? Aha? Ach so? Meinen Sie wirklich? So, so. Ist das wahr? Ach ja? Verdammt, was gibt's denn daran auszusetzen? Das sagen *Sie*. Bitte? Okay ...«

Er wandte sich an mich. »Es ist Rumpkin. Er möchte mit dir reden.«

Ich ergriff den Hörer. »Hallo, Gene.«

»Erinnern Sie sich an mich, Bukowski?«

»Ja, Sie haben das schreckliche *Just Lines* mitherausgegeben.«

»Wir haben Sie gedruckt.«

»Ihr lagt nicht immer falsch, aber meistens.«

»So schlecht fand ich uns nicht.«

»Das versteht sich.«

»Haben Sie das Plakat gesehen, mit dem Jon für Sie wirbt? Die meisten vom Fach finden, es verzerrt Ihr Image. Haben Sie's gesehen?«

»Ja.«

»Wie finden Sie's?«

»Ich hab nicht weiter drauf geachtet.«

»Geben Sie mir Jon noch mal.«

Ich reichte Jon wieder den Hörer. Sie redeten ziemlich lange. Ich hörte Rumpkins Stimme. Der Junge war ganz schön in Fahrt. Bis zum Schluss. Jon legte auf.

»Er will seine Gedichte zurück. Er sagt, er will nicht in *Outsider 6*.«

»Prima. Damit ist dein Problem ja gelöst.«

»Er sagt, er kommt die Sachen gleich abholen. Ich wollte ihm sagen, ich schicke sie ihm zurück, da hatte er aber schon aufgelegt.«

»Herrgott«, sagte ich, »was für ein heißes Pflaster. Der Bajonettangriff, Kandel und kein Ende.«

»Angeblich will ich verhindern, dass du hier liest. Rumpkin meinte: ›Es war nicht besonders klug, dem Bürgermeister und dem Gouverneur dieses Plakat zu schicken.‹«

»Warum lässt er das nicht meine Sorge sein?«

Jon antwortete nicht. Wir saßen da und warteten auf Mr Rumpkin. Ein paar Chicano-Jugendliche kamen vorbei und trommelten ans Fenster. Die Hunde liefen hin und bellten.

»Ich glaube, die Kids mögen uns«, sagte ich. »Sie lassen uns nur wissen, dass wir in ihrem Stadtteil sind.«

»Woanders können wir uns die Miete nicht leisten«, sagte Jon.

»Das dürfte ihnen klar sein.«

»Ja.«

Wir warteten noch lange darauf, dass Mr Rumpkin seine Gedichte abholen kam. Jon gab auf, ging ins Schlafzimmer und schlief. Ich blieb noch eine Stunde wach, trank Bier und wartete auf Mr Rumpkin. Dann hatte ich auch genug und ging schlafen.

Irgendwann am nächsten Tag klopfte ein sehr wütender Mann an die Tür. Was er sagte, verstand ich nicht. Lou Webb lief die Gedichte holen. Impassionata, italiana, arglose Wunderfrau Lou.

»Hier sind sie, hier sind Ihre Gedichte! Hören Sie, Bukowski ist da drin. Möchten Sie Bukowski nicht guten Tag sagen?«

Er schnappte sich die Gedichte, sprang in sein Auto und fuhr rasch davon, weg von unserem vereinten Gift. Ich lachte. Es war ein Wutanfall à la Charlie Chaplin, ohne die Eleganz.

»Herrje«, wandte sich Lou an mich, »er wollte dir nicht mal hallo sagen.«

»Lou«, sagte ich, »Mr Rumpkin und Mr Bukowski wissen genau, woran sie miteinander sind.«

»Zum Teufel damit.« Sie warf die Arme in die Luft, ihre schönen Fingerspitzen zeigten den Höllenkreis. »Ich geh jetzt auf die POST!«

Ich fand das einen unerhört weisen Spruch und klatschte entsprechend.

Wir gingen über den Campus zum Kiva Auditorium, vor dem etliche Studenten warteten. Sie gingen mit uns hinein. Die Kiva war wie eine Stierkampfarena angelegt, mit rings um den Sprecher aufsteigenden Sitzreihen.

Keine Soldaten. Nur friedliche junge Leute. Ich ging zur Toilette und trank einen Schluck Scotch. Steve kam herein, und ich gab ihm die Flasche, damit er nicht darben musste.

»Können wir?«, fragte ich.

»Wir fangen am besten gleich an«, sagte er.

Wir betraten den Saal, und Steve stellte sich in eine Art Kanzel. Er erklärte, dass die Universität das Geld für die Lesung gestrichen hatte und dass sie aus einem Studentenfonds finanziert wurde. Er nannte ein Kürzel, das mir nichts sagte.

Dann stieg ein Psychiater in die Kanzel und stellte mich vor. Das passt, dachte ich. Ich hatte einmal bei einem Psychiater in Santa Fe gewohnt. Ein unschöner Aufenthalt. Der Psychiater hier redete, als wären wir Freunde. Dabei hatte er lediglich Geld. Sonst hatte er wirklich nichts zu bieten. Er redete und redete und versuchte, die Show an sich zu reißen. Aber die jungen Leute ließen sich nicht so leicht täuschen wie seine Patienten. Er war einfach öde. Zu guter Letzt kam er runter.

»Tja«, sagte ich, »danach kann man jetzt nur noch mit dem Lesen anfangen. Und da mir das Ding da nicht gefällt«, ich zeigte auf die Kanzel, »lese ich von hier aus.«

Ich holte den Whiskey raus, trank einen Schluck und fing an:

»*Ich denke an die kleinen Männer*
die aus dem Norden kommen
mit Lumpen am Leib
und euch
töten wollen.
Ihr totes Pack,
seid auf den Tod gefasst ...«

Das Publikum war, wie die Profis sagen, »empfänglich«.

»*Ich habe einige verrückte Frauen gekannt*
aber die verrückteste war
Annette …«

Ich ließ den Whiskey draußen, warf die Tüte weg, stellte die Flasche hin und trank vom Tisch aus.

»*Die Löschfahrzeuge scheren aus*
und die Wolken lauschen
Schostakowitsch
während eine Frau einen Eimer Pisse
auf ein Geranienbeet schüttet …«

Ich las ungefähr eine halbe Stunde, dann rief ich 5 Minuten Pause aus. Ich setzte mich ins Publikum. Der Mann neben mir hatte einen Kassettenrecorder.
»Wie läuft's?«, fragte ich.
»Bestens, Sie kommen gut rüber.«
»Trinken Sie 'n Schluck.«
»Gern.«
Ich schnorrte eine Zigarette, rauchte sie fast ganz und ging zum Tisch zurück. Der Psychiater war weg und ließ sich nicht mehr blicken.
»Okay, bringen wir's hinter uns«, sagte ich.

»*Das Schwein kämpft um die*
Größe der Sonne
während tausend Nullen
auf meiner Haut landen wie Bienen
und die Nomenklatur meiner Schreie
in dem kleinen Zimmer …«

Jedes Gedicht ging durch. Die Flasche wurde leicht. Ich brauchte Nachschub. Ich ließ mehrere für die Lesung vorgesehene Gedichte aus und brachte »Eins für die Spione«, »Die Nonnen«, »Die Lebensmittelhändler und du« und schloss mit »Feuerwache«.

Der Applaus war ziemlich gut.

Siehst du, dachte ich, es geht doch. Mit Studentengeld.

Steve ging zur Tafel und schrieb die Adresse der Webbs auf.

»Da steigt eine Party«, sagte er.

Die Leute strömten nach draußen. Einige kamen noch zu mir, und ich signierte ein paar Sachen. »Schluss jetzt«, sagte ich. »Zeit zu trinken. Hauen wir ab, Steve.«

Wir setzten uns ins Auto und fuhren zurück. Als wir ankamen, warteten sie schon. Wir gingen rein. Ich hatte unterwegs Reserven gekauft, aber die Leute hatten auch selbst allerhand mitgebracht – Tequila, Wein, Bourbon, Scotch, Bier und Wodka. Ich probierte alles. Wir setzten uns auf den Boden, tranken und unterhielten uns. Inzwischen war ich längst nicht mehr ganz bei mir, bemerkte aber doch die gut gebaute junge Frau, die neben mir saß. Ich legte ihr den Arm um die Hüfte und küsste sie. Ihr ungezwungenes Lächeln und ihre Zahnlücke waren allerliebst. Ich konnte nicht die Finger von ihr lassen. Sie hatte sehr lange schwarze Haare und eine herrliche Figur.

»Ich schreibe nur Gedichte, um junge Frauen ins Bett zu kriegen«, sagte ich ihr. »Ich bin 50, aber verrückt nach jungem Fleisch!«

Sie lächelte mit ihrer Zahnlücke, und ich küsste sie wieder ...

Viel mehr habe ich nicht in Erinnerung. Wenn ich ordentlich geschluckt habe, reißt bei mir immer der Film.

Als ich aufwachte, lag ich an einen Hintern gedrückt da, und mein Schwanz war noch in der Möse. (Porträt des Künstlers als Hund.) Es war warm da drin. Heiß. Ich zog ihn raus.

Sie hatte lange schwarze Haare und eine herrliche Figur. Ich stand auf und wanderte herum. Das Haus war ziemlich groß. In einem Zimmer, in das ich schaute, lief ein Kind in einem Laufstall umher. Dann tauchte ein etwa dreijähriger Junge im Schlafanzug auf. Ich tätschelte ihm den Kopf und sah auf die Uhr. Halb elf. Später Vormittag. An der Tür sah ich einen Brief, adressiert an eine »Mrs Kathy W.« Ich ging ins Schlafzimmer.

»He, Kathy«, sagte ich, »weißt du, dass hier alles voller Kinder ist?«

»Ach Hank, ich möchte schlafen. Mach dir einen Kaffee, bis ich so weit bin.«

Ich ging raus, machte Filterkaffee. Dann sterilisierte ich eine Flasche, füllte sie mit Milch und gab sie dem Kind im Laufstall. Es stürzte sich darauf. Dann holte ich das andere Kind aus dem Schlafanzug, zog ihm ein orangerotes T-Shirt mit schwarzen Streifen, eine hellblaue Hose und orangerote Tennisschuhe an. Der Junge sah aus wie ein van Gogh auf dem Weg zur Rabenjagd. Aber er mochte mich. Er lächelte mich an. Ich verdrehte ihm die Nase, zog ihm an den Ohren und trank den Kaffee. Ging ins Schlafzimmer. Van Gogh hinter mir her.

»Kann ich mal telefonieren, Kathy?«

»Klar.«

Ich rief ein Yellow Cab, ging wieder rein, nahm ihre Hand in meine, drückte sie. Sie erwiderte den Druck.

»Hör mal, ich muss los. Bis später.«

»Klar, Hank.«

Das Taxi brachte mich wieder auf die andere Seite der Stadt ...

Auf meinen Scheck musste ich bis Montag warten. 225 Dollar waren mir das wert. Ich trank den ganzen Tag Bier, am Abend klingelte dann das Telefon. Es war Steve. Er wollte mit Gregory Corso vorbeikommen.

Webb sah mich an. »Mann, das ist ein Wilder. Wirst du sehen.«

»Okay«, sagte ich.

»Ginsberg war Anfang des Jahres hier, aber Corso, den musst du kennenlernen. Allerdings hat er aufgehört zu schreiben. Du nicht.«

»Noch nicht«, sagte ich.

Wir saßen da und warteten auf Steve und Corso. Wegen Corso war ich etwas nervös. Ich war zwar älter, hatte aber erst mit 35 zu schreiben angefangen, und Corso war seit langem ein Begriff – wie Burroughs, Ginsberg, die ganze Bande. Nicht, dass ihre Schreibe mich übermäßig beeindruckte; das tut keiner. Aber man gewöhnt sich eben an Namen und verbindet etwas damit.

Corso und Steve tanzten an. Corso trug eine enge weiße Hose mit kleinen Schnörkellinien an den Seiten. Er hatte ziemlich zottelige dunkle Haare, eine seltsam vorspringende Nase, dazu ein Kämpferkinn, Augen, die immer in Bewegung waren, und einen Mund, der nie stillstand. Er sprach mit Brooklyner Einschlag und hatte eine Flasche Wein bei sich. Er war high.

Wir gaben uns die Hand.

»Wir sind auf Augenhöhe«, sagte er.

»Ich weiß, Greg.«

»Wir sind auf Augenhöhe, denk dran.«

»Ja, Gregory.«

Er hatte etwas Liebenswertes, ausgesprochen Liebenswertes an sich, und ich war froh darüber. Wir setzten uns, und Gregory redete, und wir hörten zu. So wild wie angekündigt war er nicht. High zwar, aber alles im Griff ... jedenfalls an diesem Abend. Er stand auf Ringe und anderen Schmuck und fragte mich, warum ich keinen trug. Er hatte etwas an einer Lederschnur um den Hals hängen, das er uns erklärte.

»Wieso trägst du nichts?«

»Keine Ahnung. Hab ich noch nie drüber nachgedacht.«

Dann kam er auf die Astrologie und zeichnete Sachen auf Papier. Dann kam das Tarot. Er las Lou die Karten. Dann versuchte er es bei mir. Ich zog die Karten, und als er sie umdrehte, gingen sie alle in Richtung Macht. Bevor er die letzte umdrehte, sagte er: »Jetzt zeigt sich, wohin das Ganze führt, das A und O ...«

Er drehte die Karte um. DER KAISER stand da. Greg war mir sehr sympathisch.

»Aber denk dran, wir bleiben auf Augenhöhe.«

»Okay.«

»Tut mir leid, dass ich nicht zu deiner Lesung kommen konnte.«

»Das macht nichts.«

Viel mehr passierte an dem Abend nicht. Als sie gingen, meinte Jon zu mir: »So kleinlaut hab ich ihn noch nie erlebt.«

»Ich mag ihn.«

»Tatsache?«

»Ja.« ...

Zwei Tage später fuhr ich. Jon und Lou, Steve und Greg saßen noch mit mir in einer Pennerkneipe gegenüber dem Bahnhof Albuquerque. Wirklich schäbig. In Philly hatte ich 5 Jahre lang in einer ähnlichen Kneipe gehockt. Erinnerungen: Ich ging aufs Klo und übergab mich. Corso lief herum und sah sich die Leute an. Ich zahlte die erste Runde. Fünf Drinks. Ein Tequila, ein Scotch, eine Cola für Jon, ein Bier und irgendein Mixgetränk. Insgesamt ein Dollar fünfunddreißig. In dem Laden konnte man für zehn Dollar eine Woche lang saufen. Wenn man nicht vorher umgebracht wurde. Zwei Frauen, die schon einige Kriege überstanden hatten, machten die Bar. Sie waren dick und gleichgültig. Zusammen brachten sie bestimmt 5 Zentner auf die Waage. Steve schmiss die nächste Runde. Die Abfahrtzeit nahte.

»Große Abschiedsszenen liegen mir nicht«, sagte ich. »Lasst mich doch allein rüber zum Bahnhof gehen. Wir können uns hier tschüs sagen.«

Ich gab Steve die Hand. Corso kam und gab mir einen Kuss auf die Wange. Dazu gehörte schon was. Dann ging er raus.

Jon und Lou begleiteten mich zum Bahnhof. Ich zahlte ein paar Dollar extra, um in den Chief zu kommen. Der El Capitan war einfach zu lahm. Der Chief war auch zu langsam. Nächstes Mal würde ich fliegen, wie jeder andere. Wir kamen zu meinem Waggon. Lou küsste mich zum Abschied. Ich wünschte Jon viel Glück mit Henry Miller. Dann stieg ich ein. Nachdem der Schaffner mein Ticket über den Sitz gehängt hatte, stand ich auf und fragte nach dem Barwagen.

Der Zug setzte sich in Bewegung. Richtung Los Angeles. Ich fand den Barwagen, setzte mich und bestellte einen Scotch mit Wasser. Die Fenster waren hübsch, und es kletterten einem keine Leute vor der Nase herum.

Dann bemerkte ich eine junge Frau in einem eng anliegenden gelben Kleid, die mich vom Nebentisch aus anstarrte. Was will die?, dachte ich. Ich sah in mein Glas. Als ich den Kopf hob, guckte sie immer noch. Sie lächelte.

»Ich war auf Ihrer Lesung«, sagte sie.

»Und?«

»Hat mir sehr gefallen. Die Fahrt nach Los Angeles ist lang. Darf ich mich zu Ihnen setzen?«

»Aber jederzeit.«

Sie brachte ihr Glas mit. Ich wusste nicht, was drin war. Das würde ich erfahren, wenn sie noch eins bestellte. Sie war ein knackiges junges Ding. Ich stellte mir vor, wie ich sie bestieg, ihre Beine in der Luft.

»Ich heiße Susie«, sagte sie.

»Ich heiße …«

»Ich weiß, wie Sie heißen.«

»Ach ja … Entschuldigung …«

Ich tätschelte ihr die Hand. Ich spürte ihr Knie an meinem.

»Mir gefiel das Gedicht von der schönen Schauspielerin, die bei dem Autounfall geköpft wurde.«

»Danke, Susie.«

»Das Leben kann so plötzlich zu Ende sein. Wir genießen den Augenblick immer zu wenig. Es ist so traurig.«

Ich verstärkte den Druck gegen ihr Knie.

»Was trinken Sie?«, fragte ich.

»Jetzt nehme ich dasselbe wie Sie.«

»Ich trinke das Leben«, sagte ich und lachte. »Das war jetzt kitschig, oder?«

»Nein«, sagte sie.

Wir rückten zusammen. Ihre Lippen waren keinen Zentimeter von meinen entfernt.

Die Universität von New Mexico, dachte ich, ist von einem alten Wolf beehrt worden.

Ich hatte 15 Stunden, um sie in die Koje zu kriegen. Es konnte nichts schiefgehen. Wir küssten uns, und ich bestellte zwei neue Drinks.

Das Horrorhaus

Übers Schreiben zu reden ist wie das Reden über die Liebe, das Lieben oder das Liebesleben: zu viel, und man *zerredet* es. Ich habe, ohne ihre Bekanntschaft zu suchen, leider schon viele in ihrem Fach erfolgreiche und erfolglose Schriftsteller kennengelernt. Als Menschen sind sie ein unangenehmer, übler Haufen, boshaft, ichbezogen, voller Laster. Eins haben sie fast alle gemein: jeder Einzelne hält sein Werk für großartig, wenn nicht das Größte überhaupt. Haben sie Erfolg, ist das für sie nur recht und billig. Haben sie keinen, heißt das, die Lektorate, die Verlage und die Götter sind gegen sie. Und es ist wahr, dass viele schlechte Schreiber nach oben gepuscht und getrickst werden, aus welchem Grund auch immer. Ebenso wahr ist, dass viele große Schriftsteller verhungert oder fast verhungert oder verrückt geworden sind oder sich umgebracht haben und so weiter, denen später, posthum, größtes Können bescheinigt wurde. Diese historische Tatsache gibt dem wirklich schlechten Schreiber Kraft. Man gefällt sich in der Vorstellung, das eigene Scheitern sei auf diverse andere Faktoren und nicht auf fehlendes Talent zurückzuführen. All das gibt es also.

Bei den Schriftstellern, die ich kenne, überwiegend Lyriker, fällt mir außerdem auf, dass sie von anderen unterstützt werden – ihre Frauen, öfter noch ihre Mütter, tragen die wirtschaftliche Last. So haben sie es ganz gut, Fernseher, voller Kühlschrank, Wohnung oder Haus am Meer, meist in Venice oder Santa Monica, und tagsüber liegen sie in der Sonne und fühlen sich als tragische Gestalten, diese meine Freunde, um dann abends, vielleicht nach einer Flasche Wein und einem Kressebrötchen, irgendwem irgendwo einen Klagebrief über ihre Armut und ihre Größe zukommen zu lassen. Alles außer schreiben, dichten, ihre *Arbeit* machen. Die Zeit vergeht auch so, und es ist wahrscheinlich besser, als in einer Fabrik an der Stanze zu stehen. Das übernehmen die Frauen und Mütter, keine Sorge. Und die Gedichteschreiber, die am Leben in der Wirklichkeit nicht teilnehmen, haben dann wirklich nichts, worüber sie schreiben können, und das tun sie mit viel Stolz und Stumpfsinn.

Es ist fast unmöglich, über das Schreiben zu schreiben. Ich erinnere mich, wie ich nach einer Lesung einmal zu den Studenten sagte: »Irgendwelche Fragen?« Einer fragte mich: »Warum schreiben Sie?« Und ich fragte zurück: »Warum tragen Sie ein rotes Hemd?«

Schriftsteller zu sein ist verhängnisvoll und schwierig. Die Begabung kann über Nacht abhandenkommen. Was einen bei der Stange hält, ist nicht leicht zu beantworten. Zu viel Erfolg schadet, gar kein Erfolg ebenfalls. Ein wenig Zurückweisung stärkt das Herz, aber völlige Ablehnung bringt Spinner und Verrückte hervor, Vergewaltiger, Sadisten, Säufer und prügelnde Ehemänner. Genau wie zu viel Erfolg.

Auch ich bin der romantischen Vorstellung vom Schreiben aufgesessen. Als Jugendlicher habe ich zu viele Filme über den großen Künstler gesehen, und der Schriftsteller war immer ein hochinteressanter Bursche mit Spitzbärtchen und blitzenden Augen, dem die tiefen Wahrheiten nur so von der Zunge perlten. Was für ein Leben, dachte ich, hm. Aber so ist es nicht. Die besten Schreiber, die ich kenne, sind sehr wortkarg, ich meine diejenigen, die wirklich gut schreiben. Es gibt tatsächlich nichts Langweiligeres als einen guten Schriftsteller. Im Gewühl und sogar im Beisein eines einzigen anderen

Menschen ist er (unbewusst) voll damit beschäftigt, jede kleinste Einzelheit in sich *aufzunehmen*. Reden zu halten oder die Party in Schwung zu bringen, interessiert ihn nicht. Er knausert; er spart seine Kräfte für die Schreibmaschine auf. Man kann die Inspiration wegreden, das gottgegebene Genie mit dem Mundwerk zerstören. Die Energie hat Grenzen. Auch ich bin knauserig. Man muss es sein. Sich wegschenken, Zeit verschenken darf man nur in der Liebe. Liebe gibt Kraft; sie baut eingefleischten Hass und Vorurteile ab. Sie belebt das Schreiben. Aber alles andere muss man sich für die Arbeit aufheben. Ein Schriftsteller sollte vor allem in seiner Jugend lesen; hat er angefangen, zu sich selbst zu finden, wird Lesen kontraproduktiv – es nimmt die Nadel von der Schallplatte.

Ein Schriftsteller muss Leistung bringen, sich selbst übertreffen, sonst geht es mit ihm bergab. Und dann führt kein Weg zurück. Wenn man ein paar Jahre lang geschrieben hat, ist man als Mensch, als Zeitgenosse zu nichts anderem mehr zu gebrauchen. Man ist nicht beschäftigungsfähig. Ein Vogel im Katzenland. Ich würde nie jemandem empfehlen, Schriftsteller zu werden, es sei denn, schreiben ist das Einzige, was ihn davon abhält, wahnsinnig zu werden. Dann lohnt es sich vielleicht.

Essay ohne Titel über d. a. levy

Warum zerstört sich ein Mensch, oder was zerstört ihn? Selbstmord ist für meine Begriffe vor allem das Werkzeug des denkenden Menschen. Das Recht auf Selbstmord sollte so selbstverständlich sein wie das Recht auf Liebe. Selbstmord hat mehr bleibende Qualitäten und ist insofern edler. Ein Selbstmord, viele Liebschaften. Ein levy für viele. Was hat ihn zerstört? So gut kannte ich ihn nicht. Viele Menschen sind tot und leben trotzdem weiter. Nur ein Lebender kann sterben. Bei den meisten Beerdigungen tragen die Toten die Toten zu Grabe. levy hat sich selbst zu Grabe getragen. Nach den wenigen Arbeiten, die ich von ihm kenne, gehe ich davon aus, dass er noch in der Entwicklung stand. Ihn hat das Gleiche umgebracht, was uns nachts wachhält, was uns auf den Magen schlägt, wenn wir die Gesichter auf der Straße sehen; ihn hat umgebracht, was wir lieben und hassen, was wir zu uns nehmen, was uns Angst macht. Das Leben und der Mangel an Leben haben ihn umgebracht, Cops, Freunde, die Lyrik, Cleveland ... Vertrauen und Verrat – dies und das: ein Wurm im Apfel, ein Blick ... Gedichte, Gedichte, Cops und Freunde ... eine Frau vielleicht, ein Sonett, vielleicht falsche Ernährung.

Ein Dichter ist einfach zu sehr sensibilisiert. Seine Kunst macht ihm das Überleben fast unmöglich. levy hat ein paar Sachen von mir in der *M. Quarterly [Marrahwannah Quarterly]* gedruckt, und seine Kommentare waren immer kurz, aber prägnant. Die *M. Quarterly* war schlecht gedruckt (vervielfältigt) und gebunden, und doch sprach levy aus ihr. Vielleicht war er auch schlecht gedruckt und gebunden. Er hat nicht viel Chancen bekommen. Vielleicht hat er sich auch selbst nicht viel Chancen gegeben. Es kann mehr, aber auch weniger sein, wofür Menschen ihr Leben lassen. levy hat auch ein langes Gedicht von mir herausgebracht, Das Genie der Menge, schön aufgemacht auf Seiten aus zerschnittenen Briefkuverts. »Da sagen Sie's«, schrieb er mir, »Sie sagen praktisch alles. Und sie werden's lesen und trotzdem nicht verstehn.« Nicht lange danach war er offenbar tot. Mit dem Tod kennt sich Kent State dann wohl doch aus. Immer am Ball, immer unterwegs ist der Tod, ein Baserunner erster Güte. Gestern Abend erfuhr ich von Louise Webb am Telefon, dass Jon Webb gestorben ist. Jon Webb, Herausgeber des *Outsider*, Verleger von 2 meiner Bücher, Freund und Gefährte beim Biertrinken. Ich hatte einen in der Krone (andere Sorgen), als der Anruf kam, und ich lief bei bollerndem Propangasofen und Konzertmusik aus dem Radio durchs Zimmer und dachte, nein, verdammt, ich war doch zuerst dran, wo ich ständig von Selbstmord und Tod rede, aber mich gibt's noch, und ein tolles Gefühl war das nicht, und heute kam dann der Brief mit der Bitte um einen Kommentar zu levy. Ich kann nur noch sagen, dass es mich wütend und traurig macht, wenn ein guter Mensch stirbt, so unvernünftig das ist, denn wir werden geboren, um zu sterben, und vielleicht trägt das zum Gedichteschreiben, zur Wut und zur Traurigkeit bei. Die Musik spielt, ich paffe eine halbe Zigarre, trinke ein Bier ... levy, levy, levy, du bist tot. Jon, Jon, Jon, du bist auch nicht mehr. Es dreht mir das Herz um.

Henry Miller lebt in Pacific Palisades, ich lebe an der Skid Row und schreibe immer noch über Sex

Wenn Sie meinen, ein oder zwei Storys die Woche seien eine bequeme Möglichkeit, die Miete zu zahlen, sind Sie verrückt. Mir macht das Sorgen. »Hör mal«, sagte ich zu der Frau, mit der ich früher geschlafen hatte, »worüber soll ich eigentlich schreiben, wenn der Sex in mir versiegt?« »Dann schreibst du fürs Volk, zur Erbauung der Massen und fertig.«

»Wann fährst du nach Hause?«, fragte ich. »Ich wusste doch, dass es 'n Grund gibt, weshalb ich nicht mehr mit dir schlafe.«

Während ich das jetzt tippe, sitzt meine Freundin hinter mir und schreibt ihrer Mutter: »Liebe Mutter, Bukowski lässt Dir danken, dass Du mich geboren hast. Er behauptet, so gut wie ich war noch keine im Bett ...« Sie lacht und tippt weiter: »Er sagt, für mich hat er die Vermieterin sausen lassen und sogar die Tochter der Vermieterin und sendet liebe Grüße ...«

Wir kommen gerade aus dem Bett, und es war großartig, aber Probleme gibt's trotzdem – jedes Mal, wenn wir die 69 machen, werden wir unterbrochen. Heute waren wir mittendrin, da klopfte es an der Tür. Wir mussten aufhören. Ich ging nachsehen. Es war die Vermieterin mit zwei Kleidchen für meine siebenjährige Tochter, die in Santa Monica wohnt. Bei der 69 davor klingelte das Telefon. Jemand teilte mir mit, dass der Sohn von Tiny Tim gerade im Fernsehen war. Ein andermal hatten wir nicht abgeschlossen, und ein kleiner schwarzer Junge aus der Nachbarschaft kam hereinspaziert, als wir zugange waren. »Scheiße, was willst du denn?«, fragte ich. »Haben Sie Leergut?«, wollte er wissen.

Sex ist für mich gut und notwendig – genau wie Essen, Schlafen, Musik, Schreiben und was sonst das Leben schön macht –, er kann aber auch lustig sein. Gerade wollte ich Ihnen erzählen, *wie* lustig, da klingelt das Telefon, R-Gespräch aus Florida. Sie war frisch dahin gezogen. »Ich bin schwanger«, sagte sie. »Ich will das Kind nicht.« »Dann treib es ab«, sagte ich. »Abtreiben ist nur in Kalifornien und New York erlaubt; kannst du mir Geld leihen?« »Ich will kein Schwein sein, Mädchen, aber das ist leider nicht drin.« Wie gesagt, Sex ist lustig. Heute hab ich in der Zeitung gelesen, dass eine Frau in Florida nach einem Paragraphen von 1868 verurteilt worden ist und 20 Jahre Bau wegen Abtreibung zu erwarten hat.

Ah-ha-ha-ha!

Ich muss an die Frau denken, mit der ich sieben Jahre zusammengelebt habe. Sie hatte ein paar tolle Sachen drauf, aber auch eine ganz üble. Wenn ich schlief, tappte immer wieder mal ihre Hand rüber, packte meinen Schwanz und riss ihn mir praktisch ab. So geweckt zu werden, Leute, ist nicht besonders angenehm.

Wenn ich mit Schreien fertig war und ihre Hand losbekommen hatte, fragte ich sie: »Du lieber Gott, Frau, warum machst du das?«

»Du hast mit dir selbst gespielt, ich hab dich erwischt, in flagranti!«

»Du spinnst doch! Er steht ja gar nicht. Hör mal, du hast mir das Ding beinah abgerissen. Ich hab aber nur den einen ...«

Es wurde eine Serie draus; sie machte es 7 oder 8 Mal innerhalb von 2 Wochen. Ich gewöhnte mir an, auf dem Bauch zu schlafen. Sex bekam sie von mir mehr als genug; wenn ich mir zwischendurch einen runterholen wollte, war das mein gutes Recht, fand ich. Die Dame hatte noch eine andere schlechte Angewohnheit. Sie kam ins Bad spaziert und schrie.

»Was ist los, Baby?«, fragte ich dann.

»Sieh dir mal die Wanne an!«

»Was soll damit sein?«

»Guck doch, guck, du Ferkel!«

»Ich guck ja.«

»Und siehst du nicht, was da an den Rändern klebt? Du hast in der Wanne mit dir selbst gespielt!«

»Du bist plemplem.«

»Sieh doch hin! Da klebt's doch!«

»Wo?«, fragte ich.

»Da! Da!«

»Pass auf«, sagte ich, »ich geh mit dem Finger hin, und du sagst mir, ob du das meinst. Meinst du das?«

»Nein, weiter unten. Mehr links.«

»Hier?«

»Noch ein bisschen drunter.«

»Hier?«

»Ja. Jetzt hast du's.«

»Da ist nichts.«

»Doch! Du bist mit dem Finger dran!«

Sie hatte einen Badewannenkomplex. Fünfmal die Woche machten wir das durch. Und ich geb zu, dass ich übersexualisiert bin, aber in der Badewanne machte ich es nicht so oft, wie sie behauptete. Die meisten dieser Klümpchen waren Unebenheiten in der Emaille.

Da fällt mir noch eine Frau ein. Sie wohnt in einer Neubauwohnung mit Swimmingpool. Einem schönen Pool. Aber sie sagt, sie kann da nicht schwimmen. Wegen einer Vierzehnjährigen, die mit vier, fünf Jungs zwischen dreizehn und fünfzehn gleichzeitig rummacht. Sie schläft mit denen, wenn ihre Mutter auf der Arbeit ist. Danach springen sie alle in den Pool; sie waschen sich im Becken ab. »Ich kann da nicht schwimmen«, sagt sie, »wo das ganze Sperma rumtreibt.« Dabei ist es auch noch ganz schön heiß, bis 46 Grad. Ein Bademeister fehlt, aber sonst hat der Pool alles. Ich habe mir das Wasser angesehen und konnte kein Sperma entdecken. Dass die Frau davor Angst hat, ist klar und vielleicht auch nicht ganz unbegründet. Sie sagt, ihre beste Freundin ist mal nach einem Bad in einer Wanne schwanger geworden, in der vorher ein Mann onaniert hatte. Ich bin eben nicht der Einzige, der eine Badewanne nicht nur zum Baden benutzt.

Mir flattern Briefe ins Haus von Leuten, für die ich einer der größten lebenden Schriftsteller bin. Allzu viel Post dieser Art bekomme ich nicht, weil die meisten Leute nicht wissen, wo ich wohne. Aber ich mache mir Gedanken über diese Briefe und diese Leute und frage mich, ob diese Leute wirklich *alles* lesen, was ich schreibe, auch Sachen wie das hier. Zweifellos bin ich vulgär und obszön und schreibe viel zu durchsichtig. So gut wie jeder, der über Sex schwadroniert, wird auf Interesse stoßen. Wollte ich mich über Umweltschutz, das Zeitgeschehen oder den Sinn des Lebens auslassen, wäre ich weißgott ein lahmer Hund. Ich bin schlau und halte mich stur an den Saukram. Also. Das Ding hier ist noch nicht lang genug; schaun wir mal, was ich aus meinem versauten Hirn noch rausholen kann.

Wissen Sie, ich frag mich, ob Henry Miller wirklich so gut ist. Ich hab versucht, ihn auf Fahrten im Überlandbus zu lesen, aber wenn er zwischen den Sexstellen lang ausholt, ist er wirklich öde. Im Überlandbus muss ich meinen Henry Miller meistens weglegen und mich auf ein Paar Beine konzentrieren, vorzugsweise Frauenbeine. Mir geht nichts über ein Paar Frauenbeine im Überlandbus ... im Stadtbus, auf der Bank im Bushäuschen ... Gedankt sei dem Busverkehr. Noch nirgends bin ich so geil geworden wie in Bussen oder um Busse herum. Mir Beine anzusehen macht mich oft mehr an als Sex mit einer Durchschnittsfrau.

Ich glaube, ich war nie wieder so geil wie einmal im Bus. Jung, arm, unzufrieden saß ich eines Abends im Überlandbus, da stieg so ein junges Ding zu und setzte sich neben mich. Sie kennen das, man tut, als ob man schläft. Das Licht geht aus. Ich war noch nie besonders mutig, aber nach einer Weile spürte ich, wie das Bein des Mädchens ganz leicht meins berührte. Sie zieht's wieder weg, dachte ich, aber sie zog's nicht weg. Nach und nach verstärkte sie den Druck, so langsam, dass es kaum zu merken war. Ich drückte ein bisschen dagegen. Wir hatten unsere Sitze zurückgestellt und sahen an die Decke. Unsere Flanken, unsere Beine berührten sich vom Fußgelenk bis zum Hintern. Es war still. Nur Schnarchen ringsum. Ich wurde immer geiler. Die Geilheit durchströmte meinen ganzen Körper, noch nie war ich so erregt gewesen. Der Druck nahm zu. Warum sagt sie nichts?, dachte ich. Dann fingen wir an, die Beine zu bewegen und sie in der Stille und Dunkelheit aneinander zu reiben. Es war nicht die feine Art, es war verrückt und unanständig. Das Reiben und Anschmiegen ging immer weiter ... stundenlang. Wenn der Bus dann hielt und das Licht anging, setzte ich mich aufrecht und rieb mir die Augen, als hätte ich geschlafen. Ich sah das Mädchen nicht an, und sie sah mich nicht an. Sie stand auf und ging auf einen Hamburger und einen Kaffee ins Restaurant. Ich musste warten, bis meine Erektion abgeklungen war. Dann ging ich ins Restaurant und setzte mich weit weg von dem Mädchen. Nach dem Essen setzten wir uns wieder in den Bus und schauten stur geradeaus. Sowie das Licht ausging, fingen wir wieder an. Drücken, reiben. Die Intensität dieses Lustgefühls kann man sich kaum vorstellen. So wunderbar versaut, dumm und angstbeladen war es, dahinzuschippern und sich wortlos aneinander zu reiben. Dann der nächste Imbiss, getrennte Plätze, und wieder rein in den Bus. Nicht ein Kuss, nicht ein Wort.

Ein klügerer und weniger gehemmter Mann als ich hätte sich vorgestellt, Adressen, Telefonnummern getauscht, wäre vielleicht mit dem Mädchen ausgestiegen und in ein Motel gegangen. Aber ich war jung und hatte ein seltsames und bitteres, verqueres Leben geführt. Ich konnte nicht über meinen Schatten springen. Jetzt könnte ich es, weil ich im Lauf der Jahre dazugelernt habe. Trotzdem, das Glück war mir hold. Zum Beispiel erinnere ich mich an diese Fahrt und das Mädchen besser als an manche Frau, mit der ich Geschlechtsverkehr hatte und die längst aus meinem Gedächtnis verschwunden ist. Ich erinnere mich an die intensive Lust, und ich weiß noch, wie sie am frühen Morgen vor Sonnenaufgang dann irgendwo ausgestiegen ist. Ich habe zugesehen, wie sie draußen ihren Koffer geholt hat. Da hab ich sie überhaupt erst richtig gesehen, und sie war ein hübsches Mädchen, gut gebaut, gut gekleidet, ein intelligentes Gesicht.

Als ich jung war, bin ich viel mit dem Überlandbus gefahren. Irgendwie brauchte ich das, *ständige Bewegung*; ich musste ständig in Bewegung sein, um zu überstehen, was in mir abging und was die Welt mir antat. Ich konnte mir sogar vorstellen, nur noch in Bussen zu leben. Aber da gab's natürlich Hindernisse – zu wenig Kohle, und ich konnte im Bus nicht schlafen, ich bekam Verstopfung und mir wurde zu heiß.

Kurz danach hatte ich ein ähnliches Erlebnis mit einem anderen Mädchen, aber da fing ich ein Gespräch an, und das führte dazu, dass wir uns küssten und Informationen austauschten. Sie sagte, sie wolle Tänzerin werden, aber ihre Eltern seien damit nicht einverstanden. »So ein Mist«, sagte ich. Und wir fuhren weiter, küssten uns im Dunkeln, kamen uns näher, aßen zusammen und unterhielten uns, und die Erregung ließ etwas nach. Es war nicht annähernd so versteckt, geil und hirnlos wie das andere. Sie wollte sogar, dass ich an ihrer Station mitten in der Pampa mit ihr aussteige. Es war stockduster und leer da draußen. »Hier raus?«, fragte ich.

»Ja, meine Eltern wohnen hier in einer Farm. Ich möchte dich ihnen vorstellen. Du kannst bei uns wohnen.«

»Was? Nachher vermöbelt mich dein Vater.«

Meine Hauptangst war eher, der Vater könnte mich zur Farmarbeit anstellen und mich schuften lassen, bis ich auf dem Zahnfleisch ging. Dann wäre ich nicht der große versaute Schriftsteller geworden, der ich jetzt bin.

Ich sah sie im Mondschein davongehen. Etwas traurig war ich schon dabei. Aber die Gegend schien mir wirklich einsam. Gut, dass wir uns so viel unterhalten und geküsst hatten, sonst wäre ich vielleicht mit ihr ausgestiegen und würde jetzt Mais anbauen und Schweine schlachten. Was soll's ...

Humorvoll oder anders über Sex zu schreiben hat sich auf mein Leben ausgewirkt. Ich leide für meine Schreiberei. Als ich mit Anfang zwanzig von der Trebe zurück war (und meinen Eltern Kost und Logis zahlen musste), kam ich einmal betrunken den Berg runter, da sprang meine Mutter hinter einem Baum hervor.

»Was ist los, Alte?«, fragte ich.

»Dein Vater! Um deinen Vater geht's!«

»Ja, was ist denn?«

»Er hat deine Geschichten gefunden, er hat sie gelesen!«
»Was hat er in meinem Gepäck zu schnüffeln?«
»Er ist wütend, deine Storys haben ihn auf die Palme gebracht. Geh nicht heim, er bringt dich um, er bringt dich um!«
»Das Fell gerb ich dem! Hab ich ja schon mal.«
»Geh lieber nicht heim. Er hat deine Geschichten und deine ganzen Sachen auf den Rasen geschmissen. Ich hab ihn noch nie so wütend erlebt!«
»Literaturkritiker, was? Den mach ich fertig.«
»Nein, Junge! Komm, ich geb dir zehn Dollar, wenn du nicht heimgehst. Hier!«
»Gib mir zwanzig, und ich lass es.«
»Gut, Junge, hier hast du zwanzig.«
Ich steckte den Zwanziger in die Tasche und ging den Berg runter. Meine Hemden, Hosen, Strümpfe, Unterhosen, Kamm und Bürste, meine Texte, alles war über den Rasen vorm Haus verteilt. Schon damals hatte ich über Sex geschrieben. Der Wind hatte die Manuskriptseiten vom Rasen auf die Straße und in die Nachbargärten geweht. Mein Koffer lag aufgeklappt draußen. Ich lief herum, sammelte meinen Kram ein und steckte alles wieder in den Koffer. Auch meine Manuskriptseiten, soweit sie nicht auf der Straße oder bei den Nachbarn lagen. Ich wusste, ich hatte noch jede Menge gute Storys in mir. Mein Vater beobachtete mich durch die Gardinen. Ich ging mit meinem Koffer den Berg hoch und wartete auf die Straßenbahn. Ecke Third und Flower fand ich eine Bleibe, ein dreckiges kleines Zimmer voller Kakerlaken, Leben, Abenteuer und Freiheit, dann ging ich für ein paar Stunden in eine billige Kneipe, kehrte mit einer Flasche in mein Zimmer zurück, setzte mich aufs Bett und trank im Dunkeln weiter. Mein Vater war ein Idiot; wie kam er bloß zu einem so begabten Sohn? …

Über Sex zu schreiben hat mich auch Frauen gekostet. Es hat mich die Mutter meines einzigen Kindes gekostet. Irgendwann musste ich für vier Wochen nach New Orleans. Das war meine angenehmste Zeit mit dem großen Herausgeber Jon Edgar Webb und seiner Frau. Wir hatten ein paar tolle Abende in der Stadt, aber ich wohnte nicht bei den Webbs. Ich wohnte um die Ecke. Na, egal. Ich kam zurück nach Los Angeles. Mutter und Kind erwarteten mich, als ich aus dem Taxi stieg. Alles in bester Ordnung.

Zwei Wochen später kam ich dann nach Hause, und die Lady hatte ihre Sachen gepackt. Wir hatten uns nicht gestritten. Es sah aus, als wäre Schluss. Na, dachte ich (als altes Chauvischwein), so sind die Frauen. Aber was dahintersteckte, erfuhr ich erst drei, vier Jahre später durch Zufall, als die Lady wegen des Unterhalts vorbeikam.

»Ich hab die Storys gelesen, die du geschrieben hast, als du damals aus New Orleans zurückkamst.«

»Wann? Da war ich drei, vier oder fünf Mal.«

»Nach deinen vier Wochen bei den Webbs.«

»Ach so ...«

»Ach so, ja.«

»Du hast meine Storys gelesen? Haben sie dir gefallen?«

»Da geht's ja nur darum, wie du mit irgendwelchen Frauen ins Bett steigst.«

»Ich denke mir das aus, Mensch.«

»Es hörte sich echt an.«

»Weil ich eben schreiben kann.«

»Mit Frauen ins Bett gehen, das kannst du. Was war denn mit der Dicken, der die Erdbeermarmelade angebrannt ist?«

»Die Story ist doch gut. Sie hat die Marmelade verbrutzeln lassen. Das hat vielleicht gestunken!«

»Du warst mit ihr im Bett, oder?«

»Hör mal, mein Bett stand direkt neben der Tür, durch die sie rein und raus ist. Immer wenn sie schlafen ging, kam sie an mir vorbei. Sie hat mich bekocht, mich mit Bier versorgt, wir haben zusammen ferngesehen. Alles gratis. Sie war eine gute Frau.«

»Du bist also mit ihr ins Bett?«

»Ein Schriftsteller sollte mit seinem Stoff immer möglichst vertraut sein.«

»Du Scheißkerl, und ich saß hier mit einem drei Monate alten Kind von dir.«

»Eben; mit *dir* war ich ja auch im Bett.«

»Die mit der Hasenscharte. Die, mit der du in der Wanne gesessen und zusammen gepinkelt und gelacht hast ... Das war wohl auch erfunden?«

»Hast du mich deswegen vor Jahren verlassen? Weil du die Storys gelesen hast?«

»Du kannst *keine* Frau halten, Bukowski.«

Okay, die Moral der Geschichte ist, man muss Moral haben. Und lahme Storys zur Verbesserung der Menschheit schreiben. Die Verbesserung der Menschheit ist auch in meinem Sinn, aber ich will verdammt sein, wenn ich Storys schreibe, um darauf hinzuwirken. Komischen und anderen Sex gibt es auch dann noch, wenn der Mensch besser wird. Außerdem erlangt man eine gewisse Freiheit, wenn man für sein Werk gehasst wird. Ich werd nie in Kaufhäusern sitzen und alten Damen meine Bücher signieren müssen. Im Gegenteil, ich kann froh sein, wenn ich die Story hier loswerde. Weil ich Sex nicht immer mit dem gebührenden Respekt behandle.

Laut Sherman ist Krieg die Hölle, aber auch Sex kann die Hölle sein. Vermutlich kommt es darauf an, wie man damit umgeht oder nicht umgeht. Ich war in vielen Betten und habe viele Jahre gelebt, um die Lage für euch zu erkunden. Erwartet nicht, dass ich jetzt passe, mich zurücklehne und darüber stillschweige. Es gibt ja auch noch so was wie Liebe. Ich liebe es, diese dreckigen Geschichten zu schreiben, ihr liebt es, sie zu lesen, und hasst mich dafür. Denkt an Höheres, geht angeln, geht auf Parteiversammlungen und lasst die Erdbeermarmelade nicht anbrennen.

Ein Vorwort zu diesen Gedichten

aus: ANTHOLOGY OF L. A. POETS *(1972)*
hrsg. v. Charles Bukowski, Neeli Cherry und
Paul Vangelisti

Ich bin 1920 geboren, kam im Alter von 2 Jahren nach Los Angeles und habe den größten Teil meines Lebens hier verbracht. Ich glaube, ich kenne mich genügend aus, um über die Stadt und vielleicht auch über ihre Dichter und vielleicht auch über Lyrik zu sprechen.

Es gibt zweifellos genug Anthologien und zu viele Dichter und herzlich wenig Leser – woran, glaube ich, die Dichter schuld sind. Lyrik war lange Zeit ein Insiderspiel, ein Spiel für Snobs, ein Spiel der Rätsel und Beschwörungen. Sie ist es immer noch, und die meisten Lyriker arbeiten von einer gesicherten Professorenposition an unseren verstaubten bürgerlichen Universitäten aus. Auch hier kommen 2 oder 3 Professoren zu Wort – glauben Sie uns, es sind Ausnahmen.

Dass Dichter nur in bestimmten Städten wie New York, San Francisco oder Paris leben und produktiv sein können, oder dass diese Städte eher in der Lage sind, der Lyrik Kraft, Lebendigkeit und ein Gesicht zu geben, ist nichts als eine Ladung schweinefuttertauglicher Müll. Die Lyrik muss auf den Erdboden zurückgeholt werden, damit man gute Gedichte überall erkennt, wo es sie gibt – auch hier in Los Angeles.

Mir fällt keine Stadt ein, die so viel Spott hinnehmen muss wie Los Angeles. L. A. ist die ungeliebte Großstadt, die Zielscheibe. Hollywood gehört zu uns – und gewissermaßen auch Disneyland, Knott's Berry Farm ... Wir sind Schmalz. Wir sind Fehler. Wir sind Touristen. Wir sind die einsamen Trinker vom Samstagabend, die stundenlang vor ihrem warmen Bier hocken und sich Nackttänzerinnen ansehen, die ihnen nie gehören werden.

Los Angeles ist auch die Main Street, die E. 5th und East L. A. und Watts. Los Angeles hat seine Armen, und Los Angeles hat seine Unverfälschten, und Los Angeles hat seine Dichter, von denen einige verdammt gut sind. Wir sind der Meinung, dass wir die meisten verdammt Guten in diesem Band versammelt haben. Natürlich wird es Geschrei geben. Das ist mit ein Grund, warum wir das Buch zusammengestellt haben: Lust auf ein bisschen Geschrei. Los Angeles ist auch Pasadena, Long Beach, Irvine – alles, was sich in ein bis zwei Autostunden erreichen lässt. Buchstäblich nein, von der Geisteshaltung her ja. Wir haben 2 oder 3 »geistige Jas« mit aufgenommen.

Man sollte wissen, dass ein Schriftsteller überall leben und sterben kann. Man sollte wissen, dass ein Schriftsteller sein Leben lang in Los Angeles wohnen kann, ohne jemals Grauman's Chinese Theater oder das Wachsfigurenkabinett, Barney's Beanery oder Disneyland besucht oder sich die Tournament of Roses Parade angesehen zu haben. Man sollte wissen, dass Mann und Frau, ob Schriftsteller oder nicht, in Los Angeles zurückgezogener leben können als in Boise, Idaho. Andererseits kann man auch (wenn man Telefon hat) kurz herumtelefonieren und in anderthalb Stunden 19 Leute zum Trinken und Plaudern einladen. Ich bin durch die Städte getippelt und weiß das – der große Vorzug von Los Angeles ist, man kann allein sein, wenn man will, und man kann im Getümmel sein, wenn man will. Keine andere Großstadt macht es einem damit so leicht. Gerade als Schriftsteller weiß man dieses Wunder zu schätzen.

Städte sind nichts als Wohnungen, Geschäfte, Straßen, Autos, Menschen – Menschen mittendrin in Leid und Sorge, Liebe, Frust, Tod, Stumpfsinn, Verrat und Hoffnung, soviel sie nur verkraften können. Ich muss zugeben, dass meine Liebe zu Los Angeles mich immer wieder hierher zurückführt, wenn ich woanders bin. Eines Tages wird man Los Angeles noch in Liedern besingen, falls der Smog uns nicht vorher erledigt.

Der wahre Angelo entbehrt auch nicht einer gewissen Kultur – er kümmert sich um seinen eigenen Kram. Das wird oft irrtümlich für Kälte gehalten, aber wer jemals in New York City oder Chicago gelebt hat, der weiß, was Kälte ist.

Gute Dichter sind überall schwer zu finden. Unsere Suche hier war nicht einfach. Und doch gibt es sie – Alte und Junge, Männer wie Frauen, die hier in L. A. im Stillen, vielleicht auch ein wenig in stiller Verzweiflung, aktiv sind. Es sollte uns freuen, wenn wir die Besten ausgesucht haben. Aber man kann sich täuschen und leicht etwas übersehen. Die Anthologie will keine Bibel sein, sondern eine behutsame Auswahl. Die Stadt ist voller Dichter, und hier sind einige davon. Sie werden Kraft, Klarheit und Humor entdecken und viel Gefühl.

Jetzt darf geschrien werden.

Man sieht sich bei ZODY's.

The Outsider

Vor mir auf dem Tisch liegt folgendes, *The Outsider*, Heft 1, 2, 3, Heft 4–5, und zwei Bücher: *It Catches My Heart in Its Hand* und *Crucifix in a Deathhand*. Es ist ein kalter Nachmittag in Los Angeles; ich sitze zwischen lauter Apartment-Hochhäusern und frage mich, wann dieser letzte Pennerbungalow in der DeLongpre Avenue plattgemacht wird. Die Bücher und Zeitschriften liegen rechts von mir, und ich habe gerade meine Unterhosen und Strümpfe gewaschen, die hängen an der Leine über dem Gasofen. Und? Ich muss sagen, dass der *Outsider* in der kurzen Zeit seines Bestehens mehr Einfluss auf unsere Literatur gehabt hat als jede andere Zeitschrift. Vielleicht, weil Jon und Louise die ausgewählten Sachen auch selbst *gedruckt* haben; vielleicht erklärt sich daraus die besondere Wirkung. Natürlich hatte die Strenge ihrer Auswahl damit zu tun, hatte ihre Armut, ihr Pech etwas damit zu tun, ihre Exzentrik und ihr Genie ... Da ich sie vielleicht besser als jeder andere kannte, würde ich gern ein bisschen von ihnen erzählen – wie sie gelebt haben, wie ich sie erlebt habe, wie es funktioniert hat.

Sehen wir uns den *Outsider Nr. 1* an. Gypsy Lou ist auf dem Cover. Drinnen sind Namen – Sinclair Beiles, Corso, Di Prima, Snyder, Charles Olson, Ginsberg, Langston Hughes, Sorrentino, Lowenfels, Ferlinghetti, Creeley, McClure, Henry Miller, LeRoi Jones, Burroughs, Kay Boyle, Paul Blackburn usw. ... Jon erzählte mir später, dass die namhaften Schreiber ihm alte, abgelehnte Sachen andrehen wollten und er auf neuen, unverbrauchten Arbeiten bestehen musste. Zu viele

Zeitschriften drucken einfach Namen ohne Inhalt. Die Sachen im *Outsider* sind gut und zahlreich, man findet Fotos der Autoren, und hinten im Heft Werbung für inzwischen eingegangene kleine Blätter: *statements, Chicago Choice, Between Worlds, Kulchur, Nomad, Agenda, outburst, Yugen, Two Cities, Satis, Big Table* ...

Outsider Nr. 2 hat wieder Gypsy Lou auf dem Cover. Und ein paar improvisierende Jazzleute. Das Heft ist wie sein Vorgänger in New Orleans erschienen. Beide wurden mit viel Mühe und Arbeit auf einer kleinen Handpresse gedruckt. Nummer 2 legt trotz Genet, Burroughs, Nemerov, Corso, Kerouac und Henry Miller weniger Gewicht auf Namen. Eine Jazzdokumentation mit Fotos und Kommentaren nimmt einen Teil des Heftes ein. Und es gibt ein paar Patchen-Zeichnungen in Schwarzweiß. Das ist zwar schade, da ihr Charme nicht zuletzt auf Patchens kindlicher Farbgebung beruht, aber auch in Schwarzweiß sind sie noch von Wärme und Patchen erfüllt. Auf der ersten Seite ist ein Gebäude aus New Orleans abgelichtet. Und die wackligen, ratten- und wanzenverseuchten alten Häuser des French Quarter mit ihren rostigen gusseisernen Geländern haben einfach nicht ihresgleichen. Darunter die interessante Erläuterung: »In dem Gebäude links wurde 1921 erstmals der ehrwürdige *Double Dealer* herausgebracht, der eine Welt ungleich der unseren mit Hemingway, Faulkner und Sherwood Anderson bekanntmachte. In dem Gebäude rechts ... in einem Zimmer, in dem Whitman schrieb, wurde 1961 *The Outsider* geboren.« Der Briefwechsel zwischen Henry Miller und W. Lowenfels ist vielleicht nicht so interessant, wie er sein sollte. Der *Outsider* kann irren. Auch der Jazz-Artikel ist eher Milch als Gold. Doch in der Auswahl der Prosatexte und Gedichte zeigt sich das editorische Genie. Wenn Sie der Meinung sind, es gibt nur wenige gute Schriftsteller, dann, mein Freund, suchen Sie sich einen guten Herausgeber. Gute Herausgeber sind rarer als gute Schriftsteller, und wenn Sie bedenken, dass die Lektorate und Redaktionen für das verantwortlich sind, was wir lesen, dürfte Ihnen klar sein, in welch einer literarischen Hölle wir zu leben gezwungen sind.

Den *Outsider Nr. 3* ziert ein Foto des verrückten Poeten Charles Bukowski und rechts oben in der Ecke ein gemaltes Porträt von Gypsy. Bukowski ist nicht besonders hübsch. Ein bekannter englischer Literat schrieb Jon einen langen, empörten Brief mit der Frage: »Wie können Sie es wagen, so ein Gesicht auf dem Titel zu bringen?« Nun, Jon hat gern etwas gewagt. In einer dieser frühen Nummern wagte er es auch, den unantastbaren Robert Creeley anzugreifen.

Meine Ausgabe enthält ein paar persönliche Anmerkungen von Jon und Louise und eine Annonce für Bukowskis *It Catches My Heart in Its Hands*. Aber die Abteilung Bukowski-Gedichte ist noch nicht alles in Nummer 3. Ah ja, sie haben als Faksimile einen Ausschnitt aus einem KÜNDIGUNGS-BESCHEID abgedruckt, der mir eines Abends unter der Tür durchgeschoben wurde: »... Aragon Apts., 334 S. Westlake Ave., Los Angeles, Kalifornien. Apartment bewohnt von Mr und Mrs Buckowski. Besagte Wohng. ist zu räumen, Begründung: Unmäßiger Alkoholkonsum, Zank und unflätige Ausdrucksweise. Störung anderer Mietparteien.« Für mich war das der witzigste Beitrag im Heft, aber darüber hinaus bot es Patchen, Snyder, Creeley, McClure, Burroughs, Irving Layton, Genet, Diane Wakoski, Norse, Miller, Anselm Hollo ... Wieder ist die Textauswahl effektiv und zeugt von Mut und Feuer. Gut Geschriebenes fällt sofort ins Auge. Aber die x-tausend Manuskripte, die man sichten muss, um dahin zu kommen, und wie man »Namen« anstacheln muss, damit sie das Brüllen der Ewigkeit, der Unsterblichkeit hören lassen, das ist wirklich nicht einfach. Die Webbs haben es geschafft.

Outsider 4–5 war eine Doppelnummer. Auf dem Sterbebett hat Jon etwas von einer »Dreifachnummer« gesagt. Woran man sieht, dass er der Literatenbande immer eine Nasenlänge voraus war. Jedenfalls liegt 4–5 in Buchform vor, mit einem Foto von Patchen auf dem Cover. Patchen mit dunkler Brille und Gips, dem berühmten Rücken in Gips, anscheinend eine Lucky Strike im Mund, im Hintergrund ein Arzneifläschchen und eine Lampe. Die Aufnahme fängt das unerträglich Qualvolle der Situation ein. 4–5 erschien nicht mehr in New Orleans, sondern im schönen Tucson; Lous Emphysem war schlimmer geworden. Die Leute, die K. Patchen damals kannten, erweisen ihm hier eine Hommage. Insgesamt halten sich die vielen unbekannten Namen in dem dicken Band wacker neben den bekannten und machen die Auswahl interessant. Zu den bleibenden Namen gehören: Elizabeth Bartlett, Di Prima, Levertov, Lawrence Durrell, Robert Kelly, Thomas Merton, Lenore Kandel, Jackson MacLow, Jean Cocteau … oder auch Edson, William Wantling, Eigner, Howard McCord, David Meltzer, Margaret Randall, Brown Miller, Gene Fowler, d. a. levy, Robert Bly, Norse, Dick Higgins, David Antin, Anselm Hollo, T. L. Kryss, George Dowden, Simon Perchik, Emmet Williams, Kay Johnson (kaja) … Jon hatte nichts dagegen, Schulen zusammenzubringen. Und wenn Sie sich im snobliterarischen Amerika auskennen, wissen Sie, wie selten das geschieht. Jon wollte von allen nur das Beste, und ich glaube, er hat es bekommen. An der Hommage für Patchen, die lebhafter, derber und interessanter als erwartet ausgefallen ist, beteiligten sich unter anderem Norman Thomas, Brother Antoninus, Ginsberg, J. B. May, Norse, Millen Brand, K. Rexroth,

Bern Porter, David Meltzer, Ferlinghetti, Jack Conroy, Fred Eckman und Henry Miller.

Wenn das nach Protzerei mit großen Namen aussieht, täuscht es. Der *Outsider* zog sie einfach magisch an. Er war der Treffpunkt, die Taverne, die Höhle der Götter und die Höhle der Teufel ... er war für alle da, er war *in* ... er war Literatur, wie sie springt und schreit, ein Stimmenarchiv, eine Bestandsaufnahme der Zeit, es war der *Outsider*, sprich Jon und Louise Webb, und jetzt ist Jon Webb ... nicht mehr da.

Zwei Bücher. *It Catches My Heart in Its Hands*. Charles Bukowski. »Kleine Vögel, die den Weg der Katzen gehen, singen in meinem Kopf weiter.« Neue und ausgewählte Gedichte 1955–1963. Es ist zwar kein schlechtes Buch, aber bis auf ein oder zwei Gedichte auch nicht unsterblich. Kork-Cover, fast brutal bunte Seiten, ein Foto von Bukowski, ein halber Bukowski, lange Zigarette, Bogart-Look, verbraucht, kunstlos. Okay. Es ist ein Werk der Liebe, einer Liebe, die der Autor vielleicht nicht zurückgegeben hat.

Crucifix in a Deathhand, neue Gedichte 1963–1965, wurde mit Ausnahme eines Textes direkt für die wartende Druckerpresse geschrieben und stellt nicht Bukowskis beste Arbeit dar, steckt aber voller Energie und ist (zur Abwechslung) lyrisch; es fließt und singt traurige Lieder und ist auf Papier gedruckt, das 2000 Jahre halten soll, und wenn etwas 2000 Jahre hält, wie Jesus, dann weiß man, es kann lästig werden. Noel Rockmore hat den Buchschmuck besorgt, und es wird gemunkelt, dass 1800 in Kartons verpackte Exemplare des Bändchens in einem feuchten New Yorker Keller vor sich hin modern, der Lyle Stuart gehört ...

So viel zu den vorliegenden Werken. Ich hatte auch das Buch mit den Briefen Henry Millers an einen französischen Maler, aber das habe ich Elizabeth Bartlett geschickt, die es vor einiger Zeit zusammen mit anderen Sachen versteigert hat, um die Webbs aus den roten Zahlen zu bringen und sie am Leben zu erhalten. Das neue Henry-Miller-Buch erschien (glaube ich) um die Zeit von Jons Tod, und ich habe nie ein Exemplar bekommen.

Wenn Sie erlauben (und Sie können nicht anders, denn ich schreibe das hier), erzähle ich also jetzt mal etwas persönlicher von den merkwürdigen Leuten hinter der Zeitschrift ...

Als ich ca. 1955 halbwegs lebend aus dem Bezirkskrankenhaus von L. A. kam, wo man mir gesagt hatte, weiterzusaufen wäre mein sicherer Tod, fing ich wieder an zu trinken. Ich trinke immer noch. Gerade hat sogar das Telefon geklingelt, und Jon Webbs Sohn, Jon Webb jr., war am Apparat. »Was machst du?« »Ich schreibe was über deinen Vater und seine Frau.« »Hm«, sagte er, »dabei kann man doch gut ein paar Bier trinken. Soll ich vorbeikommen?« »Okay«, sagte ich.

Es gibt also eine kleine Unterbrechung, aber das wird schon noch ...

Okay, ich kam also ca. 1955 aus dem Krankenhaus und suchte mir einen Job im Vertrieb einer Lampenfabrik in East L. A., besorgte mir eine Wohnung, eine Schreibmaschine, machte ein Bier auf und fing nach 10 Jahren Pause wieder an zu schreiben. Bloß schrieb ich jetzt Gedichte statt Prosa. Ich schickte die ersten 40 oder 50 Gedichte an eine Zeitschrift in Texas, dann hörte ich irgendwie vom *Outsider*, der gerade anfing. Ich hatte ein gutes Gefühl. Ich saß da in der Küche am Kingsley Drive und später in der Küche in der Mariposa Street, Sinfonien im Ohr, Zigarette im Mund, allein, das Rattern der Schreibmaschine, das Hämmern und Heulen der Wörter ... die 10 Jahre, der Beinahtod, meine angegriffene Gesundheit, alles wirkte zusammen. Der nächste Schwung ging an den *Outsider*. Ich bekam postwendend Antwort. Offenbar gleich nachdem die Gedichte angekommen waren. Jon wusste, wie man jemanden anspornt. Es war romantisch, wenn ich so sagen darf; außerdem war es für mich wichtig und sehr real. Ich schrieb Briefe zu den Gedichten. Ich glaube, ich war halb verrückt, und das ist nicht der schlechteste Zustand, in den man geraten kann. Im *Outsider Nr. 1* brachte ich nur wenig unter, aber bis zur zweiten Nummer lief es wirklich zwischen uns. Die Gedichte kamen, und auf einmal fragte Jon, wie wär's mit einem Buch? Der Mann stand in Kontakt mit den größten Schriftstellern unserer Zeit, und er wollte das Buch eines Unbekannten bringen. Verdammt nochmal. Warum nicht?, sagte ich.

Jon und Lou luden mich zu sich nach New Orleans ein. Okay, dachte ich. Sollen sie sehen, von wem die Wörter kommen, und wenn ihnen das nicht gefällt, können sie das Buch zerreißen.

Die Wohnung lag im Souterrain in einem vergammelten Haus im French Quarter. Jon empfing mich, als hätte er mich schon immer gekannt. »Buke«, sagte er. »Hallo, Buke ... ein Bier?« Wir unterhielten uns ein wenig, dann sagte er: »Geh doch mal zu Lou. Sie verkauft ein paar Ecken weiter Gemälde.«

»Wie erkenne ich sie denn?«

»Sie erkennt dich«, sagte er. »Und du erkennst sie auch.«

Es stimmte. Wir erkannten uns. Es war kalt an dem Tag. Die Gemälde gingen nicht weg. Je ein Dollar, je zwei Dollar, und sie gingen nicht weg. Gypsy hatte einen alten Schal um. Die Bilder waren zwar nicht unsterblich, aber die Leute noch weniger. Wir gingen in dem Touristenschuppen auf der anderen Straßenseite einen Kaffee trinken. Es war ein tödlicher Laden voll tödlicher Leute.

»Sie sind also der Dichter, hm?«, fragte sie.

»Ich halt's hier nicht aus«, sagte ich.

»Na, unseren Kaffee können wir doch trinken.«

Louise war abgehärteter als ich, normaler und nachsichtiger. Ich werde der Menschheit nie verzeihen, was aus ihr geworden ist. Sie konnte das. Sie fand, die Menschen konnten nichts dafür. Das sah ich damals noch nicht ein. So gesehen war sie der bessere Mensch.

Wir tranken unseren Kaffee, schnappten uns die Bilder und gingen zu der unterirdischen Wohnung. Jon steckte vorsichtig Seiten in die P & Chandler, und ich döste in einem Sessel, während Louise das Abendessen machte. Dann ging ich 4 oder 5 Sechserpack Bier kaufen. Ich kam zurück und machte ein paar auf. Dann sah ich mich im Zimmer um. An den Wänden stapelten sich Koffer. Bukowski Seite eins, stand drauf. Bukowski Seite zwei. Bukowski Seite drei. Ihr Bett stand auf Stelzen, damit Koffer unter ihm gestapelt werden konnten. Alles war voll mit Bukowski. Sogar in der Badewanne stapelte sich Bukowski. Sie konnten nicht mal baden.

»Bukowski, Bukowski, Bukowski WOHIN DAS AUGE BLICKT!«, rief Louise. »Ich hasse den Arsch! Und jetzt trinkt er auch noch Bier bei uns mit seiner dicken Wampe und seinem schlauen Gesicht!«

Lou war *italiana*. Die feurige *italiana*. Sie sagte, was sie dachte. Jon war eher introvertiert. Er machte kluge kleine und feine Bemerkungen, ließ das letzte Wort gern mit einem Lächeln von den Lippen perlen und suchte im Auge des anderen nach einer Reaktion. Sie waren ein ideales Paar, verheiratet im Himmel, auch wenn sie durch die Hölle gingen. Es war die Hochzeit von Sonne und Mond, Meer und Land, Pferd und Vogel. Sie ergänzten sich in allem.

Jedenfalls hatte ich das Gefühl, ihnen etwas schuldig zu sein, und so trank ich und trank und erzählte ihnen Geschichten, eine nach der anderen, vom Leben und den Frauen, den Todesjobs und dem verrückten Zeug, das einem passiert, wenn man halb irr im Kopf von Frau zu Frau, von Ort zu Ort wandert, Geschichten voller Wunder, Glück und Horror. Da ihnen das offensichtlich gefiel, erzählte ich noch mehr. Es war ein schöner Abend, die Kakerlaken krabbelten die Wände hoch, so viele Kakerlaken, dass man meinte, sie *wären* die Wände, wabernde Wände aus schwarzen Rückenschilden, Fühlern und Unempfindlichkeit. Hier waren zwei Menschen, die sich für die Welt der Lyrik und Literatur einsetzten, und sie mussten sich mit Ungeziefer, Säufern und Irrsinn abgeben und hatten kaum eine Chance.

Sie gingen dann schlafen, und ich schlief auch irgendwo, und ein Tag reihte sich an den nächsten. Abends gingen wir in die Kneipe, und so lernte ich Jons Prosaredakteur kennen, einen Stummen, und wir schrieben bis zum Morgen auf Papierservietten und wurden betrunkener als was? – Wir wurden betrunkener als James Joyce.

So lief das. Gemälde an der Straßenecke. Die Druckerpresse. Die Kneipen. Die Saufgeschichten. Der *Outsider*. Die ganzen Leute. Und dann *Endstation Sehnsucht*. Ich verließ die Stadt. Das Buch erschien ...

Ich weiß nicht, Jon und Lou haben in vielen Städten gelebt. Ein anderes Buch fällt mir ein – *Crucifix*. Aber auch dazwischen und danach gab es Städte. Es war eine unausgesprochene Liebesgeschichte. Sie hatten Spaß an mir, ich hatte Spaß an ihnen. Ich lernte Corso kennen. Corso und ich tobten ein bisschen herum, aber bei aller Verschiedenheit und allen großen Tönen war doch immer die gegenseitige Sympathie zu spüren. Corso war sanft und freundlich, Jon und Louise auch. Ich spielte den harten Kerl, denn irgendeiner muss es tun, sonst hat man keine Kulisse.

Okay dann, mit *Crucifix* lief es seltsam. Ich kam jeden Morgen mit einem Brummschädel vorbei (sie hatten mich bei einer netten dicken Frau in der Nähe untergebracht), und Jon ließ mich rein und sagte: »Bukowski! Weiterdichten!« Und ich setzte mich an die Schreibmaschine und schrieb ein Gedicht, und er machte es sofort druckfertig. Das Buch erschien dann auch. Ich fuhr nach Hause ...

Sie waren immer unterwegs, die Druckerpresse im Schlepptau, 2 Hunde, jede Menge Manuskripte und Bücher und und ... »Komm uns besuchen, Bukowski ...« Und ich wieder hin. Diesmal nach Santa Fe im Regen. Zum Haus eines reichen Psychiaters. 2 oder 3 Ehefrauen. Ich saufe. Ich schlafe mit der einen Psychiaterfrau. 6 Badezimmer im Umkreis von 3 Metern. Direkt gegenüber ein Wohnturm. Zum Eingang muss man erst mal 30 Meter Treppe steigen. Der Psychiater vermietet diese Wohnungen. Ich lerne ihn kennen. Er ist wie alle Psychiater, die ich kenne – leerer als jeder Wahn.

»Bukowski«, fragte mich Jon, »sollen wir hier wohnen bleiben?«

»Weshalb?«

»Wegen dem *Outsider*.«

»Was will der Mann dafür?«

»Wir sollen die Wand einreißen, um die Presse reinzukriegen. Dann zieht er die Wand wieder hoch. Wir wären hier also eingesperrt. Das ist schwierig. Aber mietfrei, sagt er. Wir können für immer hier bleiben. Allerdings lässt er durchblicken, dass ich einen Band Gedichte von ihm drucken soll ...«

Also zogen Jon und Lou von da nach anderswo und von anderswo nach sonstwohin ... Als sie wieder mal in N.O. waren, traf ich mich mit Lou an der Ecke, wo sie Gemälde verkaufte. Sie saß vor einer großen Landkarte. Einer Karte der U.S.A. Mit Bleistift hatte sie alle Städte durchgestrichen, wo man nicht leben kann. Die ganze Karte war durchgestrichen.

»Sieh dir das an«, meinte sie lachend, »geschlagene fünf Stunden hab ich gebraucht, um die Karte durchzugehen, und was kommt raus? Nirgends kann man leben.«

»Das hätte ich dir auch so sagen können«, antwortete ich ...

Jon war immer auf Angriff gepolt. Er unterlag der heute so beliebten Fehlannahme, dass man jemanden wütend machen muss, um herauszubekommen, wer er wirklich ist und was er zu sagen hat. Mit mir hat er sich dauernd angelegt, aber ohne Erfolg. Jon war so einsam, verkorkst und verrückt wie wir alle, und doch gehörte er zu den 2 oder 3 größten Zeitschriftenmachern des 20. Jahrhunderts. Neben Whit Burnett von der *Story* und Mencken vom alten *Mercury* ...

Wie gesagt, diese Leute haben in so vielen Städten gelebt, dass ich sie nicht mehr auf die Reihe kriege. Im Moment erinnere ich mich an drei verschiedene Ladenfronten in Arizona, die eine war vielleicht auch in New Mexico. Jon war ein guter Zimmermann und hat diese alten Läden so in Schuss gebracht, dass man wirklich darin leben konnte. Wobei sich das ganze Leben immer um die Druckerpresse drehte. Richtig heimisch wurden sie aber nie; immer mussten sie weiter und weiter. Sie ärgerten sich über die Leute. In New Orleans ließen sie einmal ihre Druckerpresse abholen und den Strom abschalten (die Presse hatte einen Starkstromanschluss). Dann überlegten sie es sich anders, ließen die Maschine zurückbringen und anschließen, überlegten es sich wieder anders und ließen die Maschine abbauen und zum Fenster hinausbugsieren. Die ständigen Umzüge auf der Suche nach dem richtigen Ort fraßen ihr Geld auf. Die Frachtkosten für die Presse und die Papiervorräte, ihre Habe, die 2 Hunde. Es nützte nichts, wenn ich ihnen das sagte, ihnen sagte, dass die

Leute überall in Amerika korrupt und verkommen, unehrlich und hohl sind.

Jon starb in Tennessee. Ein einfacher Routineeingriff, der schiefging. Jons Sohn war bei mir zu Besuch, als Jon im Krankenhaus lag. Wir riefen Louise an. »Was treibt ihr Kerle? Betrinkt ihr euch etwa, während Jon daniederliegt?«

Jons Sohn stand mit den Ärzten in Kontakt. Er war Medizinstudent kurz vor dem Abschluss. Ich hörte ihn die ganze OP mit ihnen durchsprechen. Sie war nicht gefährlich. Noch hatten sie nicht operiert. Jon junior redete mit Jon. »Hast du was von Bukowski gehört?«, fragte er ihn. »Nein, Bukowski schreibt nicht mehr. Aber Henry Miller schreibt mir noch. Neulich kam wieder ein Brief von ihm ...«

»Hast du Bukowski aufgegeben?«

»Ach was, Buke geb ich doch nicht auf ...«

Die Operation misslang. Etwas am Hals, auf der einen Seite des Halses, sollte korrigiert werden. Auf der anderen Seite fehlte das entsprechende Teil. Nur eine Anpassung. Sie operierten. Danach fiel Jon ins Koma. Lou war bei ihm. Sie war gläubig. Ich bin nicht besonders gläubig, aber das muss jeder selbst wissen. Sie blieb an seinem Bett und betete. Der Arzt kam und fragte sie, was sie da machte. »Ich bete, dass mein Mann durchkommt«, antwortete sie. »Na, ich bete, dass er stirbt«, sagte der Arzt.

Lou sprang auf: »Sie beten, dass er *stirbt*? Was für ein Arzt sind Sie denn? Was sind Sie für ein Mensch?«

»Wenn er am Leben bliebe, wäre er ohne Verstand. Er wäre wie ein Kind, zu nichts zu gebrauchen ...«

»Na und? Was schert es mich, wenn er keinen Verstand hat? Ich kümmere mich um ihn. Er ist mein Mann!«

Frauen wie Louise Webb gibt es unter zwei Millionen nur einmal. Jon starb.

»Die Operation lief gut. Es sah aus, als hätte er's überstanden, und dann ... PENG! ... stimmte was nicht ...«

So schilderte es der Arzt. Einer der besten Chirurgen im Land.

Aus war es mit dem *Outsider* des Jahrzehnts. Aus mit dem größten Zeitschriftenmacher seit Mencken und Burnett. Aus mit unseren tollen Bier- und Quasselabenden. Aus mit den Druckerpresse-Wanderzügen auf der Suche nach dem Nirwana. Ich bezweifle, dass es mit dem *Outsider* weitergeht. Louise und ihr Sohn haben zwar davon gesprochen, die Zeitschrift und den Verlag weiterzuführen, aber meinem Gefühl nach ist es vorbei. Jetzt wäre ich froh, ich hätte ein paar von den witzigeren Sachen erzählt, die Louise, John und ich erlebt haben, aber das geht hier schon zu lange.

Der Zauber des Jon Edgar Webb, Ex-Knacki, Ex-Schriftsteller, Ex-Zeitschriftenmacher ... Man sollte meinen, dass jetzt der Himmel ein Stück runterkommt, dass die Straßen aufreißen oder die Berge erzittern. Aber nichts geschieht. Es ist Vergangenheit, Geschichte, und das Spiel geht weiter. Neue Karten. Neuer Drink. Und die Traurigkeit. Dass wir nicht für die Ewigkeit gemacht sind, dass wir so viel vergeuden, so viele Fehler machen. Ja, Jon, da seh ich dich grinsen ... Du wusstest, dass Buke dir was schreibt. Jetzt ist es kalt, und draußen hält eine weiße Corvette, und eine schöne Frau steigt aus. Ich verstehe das nicht.

– Charles Bukowski, 25.11.71

Verns Frau

Vern war Fotograf und hatte eine junge Frau, Claudia. Sie waren gerade nach Florida gezogen und hatten festgestellt, dass Claudia schwanger war. Sie wollten das Kind nicht, und weil sie wussten, dass Abtreibung in Florida verboten war, schrieb mir Vern, sie seien blank und ob ich ihnen das Geld vorstrecken könne, um die Sache in Kalifornien erledigen zu lassen.

Da ich gerade eine ungewöhnlich gute Woche auf der Rennbahn hinter mir hatte, schickte ich ihnen das Geld, und dann holte ich Claudia auch schon am Flughafen ab.

Claudia war eine der bestaussehenden Frauen, die mir je begegnet sind. Lange rotblonde Haare, und ihr Gesicht und ihr Körper verströmten Sex – jede Menge Sex. Die großen blauen Augen sahen einen tief an, bis ins Innerste. Und die Lippen waren vielleicht das Aufregendste an ihr; einladend, voll, immer ein wenig geöffnet.

Sie trug einen der kürzesten Miniröcke, die ich je gesehen hatte, und zog die Blicke sämtlicher Männer auf sich, als sie mit ihrem kleinen Koffer zu mir kam. Sie sah kein bisschen schwanger aus. Ich gab ihr einen Kuss auf die Wange und ging mit ihr zu meinem Wagen.

Claudia und ich waren uns nicht ganz fremd. Nach ihrer Heirat damals in Los Angeles hatten wir ein bisschen herumgemacht, wenn ihr Mann nicht da war.

»Übernachte ich bei dir?«, fragte sie.

»Es wird nicht anders gehen«, sagte ich. »Das Geld ist knapp. Meine Storys sind in den Läden, aber noch nicht bezahlt. Außerdem trink ich zu viel und schreib zu wenig.«

»Na gut.«

Als wir zu mir kamen, machte ich ein paar Hamburger, und Claudia ging nach nebenan und nahm ein Bad. Ich hörte sie in der Wanne singen.

Als das Essen fertig war, erschien sie in einem rotseidenen Morgenrock mit nichts darunter. Wir aßen schweigend. Dann sagte sie, sie sei müde und wolle ins Bett gehen. Ich sagte, ich sei auch müde.

Sie legte sich hin, und ich stand da und zog mich aus. Der rote Morgenrock lag vor dem Bett.

»Was steht dir denn da schon wieder?«, flüsterte sie. »Hör mal, wir können nicht. Vern vertraut uns.«

»Wie willst du denn eine Schwangere schwängern?«

»Weiß ich nicht. Aber lassen wir's lieber ganz.«

»Klar«, sagte ich. »Vern vertraut uns.«

Ich legte mich zu ihr. Ihre Lippen waren immer noch geöffnet. Ich bedeckte sie mit meinen, drückte die Innenseiten meiner Lippen auf das Innere ihrer Lippen. Es war ein heißer Kuss. Ich spürte, wie mein Schwanz gegen sie drängte. Sie löste sich.

»Nicht«, sagte sie und wirkte auf einmal ganz klein und verletzlich.

Ich stieß die Bettdecke zurück und schob den Kopf zwischen ihre Beine. Ich berührte sie nur ein wenig mit der Zungenspitze, ganz leicht. Weg und wieder dran, ganz leicht. Langsam kamen ihre Beine und ihr Körper in Bewegung. Ich hörte sie atmen und stöhnen. Ich ließ nicht locker.

»Ach, du Dreckskerl! Du Dreckskerl!«

Ich machte noch ein paar Minuten weiter.

»STECK MIR DAS VERDAMMTE DING REIN!«, schrie sie.

Als ich hochkam, packte sie meinen Kopf und küsste mich heftig. Ich steckte ihn rein. Sie war nass. Ich machte schön langsam. Sie verdrehte die Augen. Ich ließ uns viel Zeit und rammte, rammelte und brüllte zum Ende hin und klatschte meine Lippen auf ihre. Es war ein guter Orgasmus. Ich blieb noch eine Weile in ihr, dann glitt ich runter.

»Vern vertraut uns«, sagte ich.

»So ein Idiot«, erwiderte Claudia.

Ein paar Stunden später fickte ich sie in den Arsch. Gegen Mitternacht machte sie es mir mit dem Mund.

»Vern ist verdammt nett«, sagte ich.

Wir schliefen gut. Als ich aufwachte, hatte sie das Frühstück fertig. Ich packte sie von hinten. Er stand mir.

»Mensch, du bist der geilste alte Kerl, den ich kenne«, sagte sie.

»Das kommt von den dreckigen Storys, die ich schreibe. Die erregen mich.«

»Kann ich mal ein paar lesen?«

»Klar.« Ich gab ihr eins meiner Bücher. Sie nahm es mit, als sie mit meinem Wagen zur Klinik fuhr, um den Termin für die Abtreibung auszumachen. Als sie wiederkam, schwenkte sie es mir vor der Nase.

»Du hast recht. Das sind heiße Storys. Ich bin unglaublich geil.«

Claudia zog ihre Sachen aus und legte sich ins Bett. Ich auch. Ich ging mit dem Kopf untenhin und neckte sie ein bisschen. Sie kam in Fahrt. Ich setzte sie auf mich und überließ ihr die ganze Arbeit. Ich lag bloß da. Es war wie eine Vergewaltigung. »Ich liebe dich, du Scheißkerl«, knurrte sie mich an.

»Verlier nicht den Verstand, Claudia«, sagte ich.

Wir kamen zusammen, und ich verlor ihn beinah selbst. Dann standen wir auf und aßen zu Mittag.

»Wenn man wie du den ganzen Tag auf der faulen Haut liegt, hat man so viel überschüssige Kraft«, sagte sie.

»Ja«, stimmte ich zu, »aber das Schriftstellerleben ist schwierig. Wer sich ans Schreiben erst gewöhnt hat, ist zu nichts anderem mehr zu gebrauchen. Du stellst alles darauf ab, und wenn nichts draus wird, bist du tot.«

Claudia zeigte nicht viel Mitgefühl.

Ich griff zum Telefon und rief May an, die bei einem Erotikzeitschriftenverlag in der Stadt am Empfang saß.

»May, Schätzchen«, sagte ich.

»Ah, Bukowski«, sagte sie.

»Hör mal, May, es pressiert. Ich muss die Miete bezahlen. Wie steht's mit dem Honorar für Auftrag Nr. 1600? Das Ding ist seit einem Monat im Verkauf.«

»Ich schau mal, was ich tun kann, Charley. Du weißt, der Chef zockt an der Börse, und der Markt ist schlecht.«

»Er ist doch gerade erst achtzehn Punkte hochgegangen.«

»Ja, alles außer seinen Aktien. Bei einer hat er sogar minus fünf gemacht. Ich weiß nicht, ob's am Broker liegt oder am Chef. Sie machen's immer wieder falsch ...«

»Ist gut, May, halt ihm die 1600 mal vor die Nase. Mit leerem Magen schreib ich schlecht ...«

»Charley, du bist doch mein Lieblingsschriftsteller ...«

»Tatsache? Und was hält der Alte von mir?«

»Der Chef? Gott, der liest seine Hefte doch nie ...«

Am nächsten Tag fuhr ich Claudia zu ihrer Abtreibung. Ich saß da und las *Life* und *Time*. Als Claudia nach etwa einer Stunde rauskam, benahm sie sich, als wäre nichts gewesen.

»Das ist wie ein Staubsauger«, sagte sie. »Alles wird abgesaugt ...«

Ich fuhr mit ihr nach Hause. Sie zog sich aus und ging ins Bett.

»Ich hab mein Baby verloren«, sagte sie. »Bin ein bisschen traurig.«

»Kopf hoch«, sagte ich. »Wir können ja ein neues machen.«
»Sechs Wochen kein Verkehr, sagt der Arzt.«
»Sechs Wochen?«
»Das waren seine Worte.«
»Mein Gott ...«

Am nächsten Nachmittag brachte ich sie zum Flughafen. Die Augen sämtlicher Männer waren auf sie gerichtet. Sie trug einen noch kürzeren Mini als bei ihrer Ankunft.

»Also, danke für alles«, sagte sie, »und viel Glück mit deiner Schreiberei.«

»Vielleicht schreib ich was über uns. Wir hatten guten Sex hier.«

»Und daraus willst du eine Story machen?«

»Vielleicht. Überlass das mir.«

Ich setzte sie in den Flieger, und als ich zu meinem Wagen ging, sah ich den Vogel in die Lüfte steigen. Verns Frau war auf dem Rückweg nach Florida.

Ich nahm den Freeway und kehrte heim zu meiner Schreibmaschine. Ich war in Claudia verliebt und brauchte ein neues Farbband.

Aufzeichnungen eines Dirty Old Man

NOLA EXPRESS, *14.–27. April 1972*

Mit einer Flasche vor der Schreibmaschine zu sitzen, ist nicht das beste Hausmittel gegen die Angst. Ich habe mein Leben lang davon geträumt, Schriftsteller zu werden, und jetzt sitzen mir die Dämonen im Nacken. Das Schreiben schärft die Gefühle derart, dass man allem, was passiert, ausgeliefert ist. Ein Grashalm wird zum Schwert, eine Liebschaft reißt einem die Eingeweide raus. Den paar Leuten, die ich kenne, spiele ich den harten Kerl vor, aber keiner fällt darauf rein. Ein Trost (um es mal platt zu sagen) ist, dass man ab und zu noch lachen kann. Sonst wäre es vielleicht unmöglich, weiterzumachen. Der Durchschnittsbürger reißt seine 8 Stunden ab und kommt geschafft und zufrieden nach Hause. Für einen Schriftsteller gibt es keine Zufriedenheit, immer wartet das nächste Stück Arbeit auf uns. Wir werden von unseren Wörtern geschliffen. Meine Freundin sagt: »Gott, bist du empfindlich. Du erinnerst mich an so eine Fischart im Ozeanarium. Die haben lauter Stacheln am Leib. Berührt man einen Stachel, drehen sie durch. Ich nehm dich mal mit und zeig dir die.«

»Tu das. Den Fisch möchte ich sehen.«

Jeder von uns hat seine kleine Privatshow laufen. Einmal stand ich mit dem Rasiermesser am Hals vor dem Badezimmerspiegel. Ich sah mich an – kleine trübe Augen, ernster Blick – und musste lachen. Ein andermal habe ich es mit Gas versucht. Vergebens. Ich wachte mit grässlichen Kopfschmerzen auf. Der Lyriker John Berryman hat sich kürzlich umgebracht, indem er von einer Brücke in einen Fluss gesprungen ist. Das nenne ich Stil. Ein Freund von mir schreibt auch. Er hat Schnittnarben an beiden Handgelenken.

Schreiben heißt schaffen und warten. Die Post ist langsam und der Lohn gering. Inzwischen gebe ich an einigen Universitäten Lesungen. Es ist ein merkwürdiges Gefühl, ausgeflogen und dafür bezahlt zu werden, dass man die eigenen Gedichte liest. Einige Zuhörerinnen wollen dann auch noch mit einem ins Bett gehen, und die Getränke sind gratis. Ich gehe nicht mit Zuhörerinnen ins Bett, weil ich meine Freundin liebe, aber den einen oder anderen Drink nehme ich an.

Ich lese zwar nicht gerne, doch es gehört zum Überleben, und das Publikum ist oft erstaunlich präsent und intelligent. Außerdem passieren lustige Sachen. In Michigan habe ich mal meine Gedichte weggelegt und mit einem Studenten Armdrücken gemacht. 400 Dollar fürs Armdrücken – nicht schlecht. Ich hab gewonnen, aber der Student sagte, ich hätte gemogelt. Verdammt, wenn man erst mal in meinem Alter ist, *muss* man mogeln.

Ein andermal, in Kansas City, kam mein Abholer betrunken zum Flughafen. Wobei es auch noch schneite, Ende März. »Willkommen in Kansas Shitty, Bukowski.« Mein Abholer reichte mir eine Flasche Tequila. Ich dankte ihm, und wir stiegen ein. Die Schnellstraße war vereist und glatt. Gräben auf beiden Seiten, und hin und wieder sah man ein Automobil im Graben.

»Die Leute kommen mit der Straße nicht zurecht«, sagte mein Abholer.

»Hören Sie zu, Andre«, sagte ich. »Ich lese Ihnen mal ein Gedicht vor.«

Es stammte von meiner Freundin, und damit meine ich, es war SEXY. Bei einer bestimmten Stelle sagte Andre: »Herr Jesus!«, und verlor die Kontrolle über den Wagen. Wir drehten uns immer wieder im Kreis, und ich hob die Flasche und sagte: »Andre, das wird nichts mehr ...«

Wir schlitterten in einen Graben, blieben aber richtig herum liegen. Es war kalt, und der Wagen hatte keine Heizung. Ich als der empfindsame Dichter blieb sitzen und trank, während Andre draußen Anhalter spielte.

Und wer nahm uns mit? Wieder ein Süffel. Er hatte einen Dreiviertelliter Whiskey dabei, und der Boden lag voller Bierflaschen. Wir kamen rechtzeitig zu der Lesung.

Ein andermal bekam ich ein Zimmer im Studentinnenwohnheim. Wenn das kein Härtetest für die Liebe ist ...

Bei einer Benefizlesung für Patchen in den Hollywood Hills schenkte ich hinterm Tresen gerade zwei Drinks ein, als so ein junges Ding auf mich zukam. Sie war hübsch – Figur, Gesicht, Augen, Haare, alles dran.

»Bukowski«, sagte sie, »nur Ihre Gedichte taugen was. Dagegen sehen die anderen Schreiber wirklich alt aus.«

»Danke. Ich bin vielleicht nicht unsterblich, aber man versteht mich wenigstens.«

»Ich möchte mit Ihnen ficken.«

»Bitte?«

»Ich möchte mit Ihnen ficken.«

»Entschuldigung, ich muss meiner Freundin was zu trinken bringen.«

Die kleinen netten Extras? Die haben Dylan Thomas umgebracht und viele andere Dichter in den großen Schwachsinn getrieben. Man muss das Publikum achten und sich ihm verweigern ...

Céline hat sich nach der *Reise* darüber ereifert, wie die Verleger ihn ausbeuten. Ein Schriftsteller ist dafür gemacht, ausgebeutet zu werden. Er kann nichts erhoffen als (um es noch mal platt zu sagen) das nackte Leben, damit er weiterschreiben kann, bis er stirbt. Natürlich hatte der Krieg Céline übel mitgespielt, musste er fliehen und hatten seine Patienten ihn ums Honorar geprellt. Aber immerhin war er Arzt und nicht ganz und gar auf das Farbband seiner Schreibmaschine angewiesen. Schriftsteller sind lediglich Bettler, die einen guten Spruch draufhaben. Freiberufliches Arbeiten geht langsam; Gott ist ein Postbote, und Gott scheint oft alles egal zu sein.

Zum Glück für die meisten von uns haben wir nicht die allseits verbreiteten Gewohnheiten: Neue Autos langweilen uns, Fernsehen ist öde, Kleidung unwichtig. Unsere größte Sorge ist der alkoholisierte Anruf in East Kansas City. Und oft haben wir eine gute Frau an der Seite, die uns zusammenhält. Wir sind unseren Frauen treu, weil wir ihnen unsere ganzen Gefühle widmen, aber in anderer Hinsicht behandeln wir sie schlecht. Wir sind keine guten Zuhörer. Ihre Freundinnen finden wir blöd. Langweilig. Wir verstehen überhaupt nicht, was an anderen Menschen interessant sein soll … Schriftsteller sind ein übler Haufen. Die Frauen waren immer gut zu uns … Ich würde sagen, hinter einem guten Schriftsteller steht praktisch immer eine verdammt gute Frau. Ohne die Liebe gelingt Künstlern nur halb so viel …

Klar, es ist besser als die Stechuhr. Keine Entlassungen. Wobei es sein kann, dass man abends als Schriftsteller ins Bett geht und morgens als nichts aufwacht. Die Begabung kann mit einem Wimpernschlag verschwinden. Trotzdem ist es ein guter Kampf. Es ist gut, auf dem eigenen Schlachtfeld zu sterben. Wie viele Männer und Frauen tun wirklich das, was sie am besten können? Der Freeway an einem Werktag morgens um halb acht ist der Horroranblick des Jahrhunderts. Zumindest nah dran. Die Leute geben ihre Lebenszeit für stumpfsinnige Routinearbeit her, an der sich andere bereichern, und sollen dafür noch dankbar sein. Sosehr wir auch übers Schreiben lamentieren, die Glücklicheren sind wir. Der Preis mag unfassbar hoch sein, aber der Kampf ist gut.

Immer wieder gibt es Augenblicke der Begeisterung. Man traut ihnen nicht ganz, erlaubt sich aber doch manchmal, glücklich und dumm zu sein. Warum nicht? Die meisten Leute tun es. Welches Anliegen ist so heilig, dass man nicht auch mal glücklich sein darf? Was hindert uns? Das andere kennen wir doch ... die zischenden Gasbrenner, die rostige Rasierklinge an dem Hals im Spiegel. Kinderkram. Scheiße, man kommt sich schon manchmal vor wie Hemingway. Unterwegs zum Stierkampf, Kippe im Mundwinkel (ich bin halb Hem, halb Bogart), Fläschchen Whiskey im Mantel und am Arm eine 20 Jahre jüngere, temperamentvolle Frau, die weiß, dass du einen guten Kampf lieferst; die Worte kreisen in dir und bilden sich heraus, du betrittst die Arena mit ihr, und die Flamme lodert, das Feuer faucht, die Kohle glüht, klar, sie gehören dir, dieser Augenblick, diese Stunde, diese Zeit, sie liebt dich, Bukowski, und du hast eine Royal Standard und genug Farbband, um dich daran aufzuhängen. Sie läuft neben dir, stolz und schön, und der erste Stier ist schon draußen, sie stechen ihn, schwächen ihn, so viele Sommer vorbei, so viele Frauen, die Knäste, die Selbstmordspiegel, die Beerdigungen, die Nächte allein im Bett, zerrissen von Wölfen auf der Jagd nach vergammelter Bockwurst: Jane, Gertrude, Barbara, Frances, sogar Frances, und Linda, Linda, Linda. Ich gehe in Stücke. Der Himmel erdrückt mich.

Du schreibst jetzt diese Artikelreihe, Bukowski. Was meinst du, wie lange du es durchhältst, die Kolumne zu schreiben?

Keine Ahnung. Dostojewskij hat durchgehalten. Ich kann das auch.

Was ist das Beste, was du in letzter Zeit gemacht hast?

Na, ich hab auf dem Hollywood Boulevard ein Mädchen mit Tripper aufgegabelt.

Und dich angesteckt?

Nein, eben nicht.

Vielleicht sehen Sie mich mal donnerstagabends im Olympic, Bogartkippe im Mundwinkel, Bier in der Hand, und wenn ich Glück habe, meinen Schatz neben mir. Hab ich Pech, bin ich allein. Wünschen Sie mir Glück. Die Boxer aus Japan und Mexiko haben Mumm. Die Schwarzen und die Weißen schmollen lieber. Sie haben angezüchtetes Talent, aber nicht mehr genug Wut im Bauch. Ich habe noch genug Wut und Humor. Wer ich bin, kann ich Ihnen nur durch meine Sicht auf andere Dinge vermitteln. Gebe ich Ihnen ein Bier aus, sollten Sie mir auch eins ausgeben. Müssen Sie aber nicht. Die Stiere, die Kämpfer und das Wort. Auf einmal geht's mir gut. Das bleibt nicht so, aber mir genügt's. Jetzt erzählen Sie mal was.

Aufzeichnungen eines Dirty Old Man

L. A. FREE PRESS, *1. Juni 1973*

Er ruft aus einer Bar an; ich höre die Musicbox. Er war gerade in San Francisco, Ferlinghetti-Land unsicher machen mit einer Lesung für Bob Kaufman. Duke ist in der Stadt und will wissen, ob er vorbeikommen kann. »Komm vorbei«, sage ich. Ich gebe Karen Bescheid, dass Duke Santeen in der Stadt ist und auf dem Weg zu uns.

Duke ist ein Straßenpoet. Er jagt die Muse seit Anfang der 1950er. *Wenn* er schreibt, schreibt er gut. Aber Duke hat seinen eigenen Energiehaushalt, er ist keine Maschine. Ich steige in den 62er Comet und fahre das Bier holen. Komme zurück, kippe ein paar und warte auf Duke.

Duke kommt. Seine Haare sind etwas silberner, die Schultern krummer, aber ein Boxer ist er immer noch, er kann die Fäuste sprechen lassen, und er kann lachen, auch wenn er gelinkt wird, und er war oben, er war unten und er kennt sich aus – *All American Poets Are in Prison* heißt ein Buch von ihm.

Dass Duke schreiben kann, steht außer Zweifel, neun von zehn Kollegen schreibt er schwindlig, nein, 95 von 100. Er sollte größer rauskommen, das weiß er so gut wie ich. Jetzt mache ich ihn erst mal mit Karen bekannt. Karen bildhauert, schreibt an einem Stück für eine kleine Bühne in Hollywood, hat einen Gedichtband in der Undergroundpresse herausgebracht und klopft mit einem Roman bei den Verlagen an. Ich bin von Talent umzingelt.

Duke sieht die Büsten überall. »Wunder-wunderschön! Sie haben den Bogen raus«, lobt er Karen.

»Der Kopf da«, sage ich ihm, »das ist Jeffers.«

»Jeffers, hm? Und wer ist der andere da? Auch Jeffers?«

»Nein, das ist ihr Vater.«

»Ich hab schnell gemerkt, dass ich wieder in Los Angeles bin. Steig aus, und die erste Frau, die an mir vorbeiläuft, hat einen so kurzen Rock an, dass ich ihre Muschi sehen kann.«

»Die Stadt ist klasse, Duke.«

»In Frisco hab ich den Fuß gesehen. Klasse, toller Typ.«

»Der Fuß?«

»Allen Ginsberg. Er hat sich den Fuß gebrochen.«

Wir nuckeln an unserem Bier. Duke holt eine LP aus seiner Reisetasche. »Der Mann hat was drauf. Ich werd sein Agent. Hör mal rein. Er ist super.«

Wir hören ihn uns an. Cowboy-Songs. Überwiegend an Bekanntes angelehnt und nichts allzu Besonderes. Aber ein Stück ist so unerhört gut, dass der Mann vielleicht eine Chance hat. Wir nuckeln unser Bier.

»Ich wollte übern Sunset, wir kamen gerade von Barney's, so eine Kleine und ich, da hält uns ein Cop an. Wir sind angesäuselt, ich greif nach ihm, ich streck die Hand aus und sag ihm, er braucht einen Freund, da zieht das Arschloch die *Knarre*!«

Ich haue Duke um Zigaretten an. Vergess immer, mir welche zu kaufen.

»Einmal, als ich im Osten war, musste ich dringend scheißen, ja, und ich wusste nicht, wo. Es fing aber schon an zu laufen, also hab ich mich auf der Straße hingehockt, und ein Cop kommt an und fragt: ›Was machen Sie da?‹ ›Officer‹, sag ich, ›wonach sieht's denn aus? Sie möchten doch sicher nicht, dass ich mir in die Hose scheiße.‹ Und der Cop sagt: ›Doch, das möchte ich!‹«

Wir lachen, aber Duke sagt: »Das hab ich jetzt gerade erfunden.«

»Ach, komm, Duke«, sag ich. »Du zerstörst meinen Traum.«

Duke steht auf. Er hat so eine spezielle Art, sich die Bierflasche an die Hüfte zu halten. Schneidig. Er sieht aus dem Fenster. Draußen ist es dunkel und kalt. Wir sind hier über dem Wasserreservoir.

»Wenn ich tot bin, werde ich wohl gedruckt. Ich werde entdeckt, wenn ich tot bin.«

Auf so einen Spruch lässt sich schlecht antworten. Wir sind still. Duke sieht weiter aus dem Fenster. Die Bierflasche ruht noch an seiner Hüfte.

»Ich hab einen ganzen Schrankkoffer mit meinen Sachen unter einem Baum vergraben.«

»Wo denn, Duke?«

Er nennt einen Staat im Mittleren Westen. Dann kommt er wieder rüber, setzt sich hin und hebt die Flasche. »Der Tod«, sagt er. »Darauf läuft's raus.« Er lacht. »Warum killen sie uns nicht alle auf einen Schlag und bringen's hinter sich?«

Dukes Silberhaar hängt links und rechts lang runter. Er hat das gute Aussehen eines Mannes, der noch voll dabei ist – immer voll dabei. Ich hole mehr Bier. Duke baut zwar auch Mist, doch der Mist hält sich in Grenzen; er lässt sich gehen, aber einem besseren Kerl läuft man nicht alle Tage über den Weg. Nicht alle Jahre. Wenn überhaupt ... Egal.

»Ich will meine Schreibmaschine aus dem Pfandhaus holen«, sagt er.

»Hör zu, Duke«, sage ich, »such dir doch einen Teilzeitjob, irgendwas, nimm dir ein kleines Zimmer und mach dich ans

Schreiben. Lass die Kneipen, die Dichtertreffs, pfeif auf die Frauen und schreib.«

»Gedichte waren mal. Damit bin ich fertig. Ich schreib jetzt Songs. Songtexte.«

Seine Schuhsohlen haben Löcher, und doch schnorre ich noch eine Zigarette von ihm.

»Hast du Ginny kennengelernt, als ich letztes Mal hier war?«

»Ja.«

»Ginny hat mich bei 'ner andern abgesetzt und platzt nach 'ner halben Stunde wieder rein, weil sie was vergessen hat, da lieg ich schon mit der andern im Bett, aber Ginny ist cool, die versteht das.«

Das Bier verschwindet wie von selbst, drei Sechserpacks sind nichts, aber auch gar nichts für Duke und Buk. Wir fahren neues holen. Im Wagen sagt er mir, was er von Karen hält.

»Die ist in Ordnung, Mann. Sieht aus, als könnte sie's mit einem Pferd aufnehmen. Ein echtes Weib.«

»Ja, sie ist in Ordnung.«

Duke und ich gehen rein und unterhalten uns mit dem Schnapsologen. Zwei Irre wie uns hat er seit 20, 30 Jahren nicht erlebt. Ich denke dran, Zigaretten mitzunehmen. Zurück in meiner Bude unterhalten wir uns weiter.

Duke erklärt noch einmal, dass man ihn drucken wird, wenn er tot ist. Er legt die Cowboyplatte noch mal auf. Ich sage ihm, dass mir der eine Song wirklich gefällt.

»Der Typ ist spitze«, sagt Duke. »Der steht da auf der Bühne, und in den Pausen schreit er: ›*Ich will Muschis lecken!*‹«

Karen redet ein bisschen über ihre Bildhauerei, und dann erzähle ich Duke, dass ich mich auf der Rennbahn ganz gut halte; in 30 Jahren habe ich nur 10 000 Dollar verzockt. Duke fährt ein paar Namen auf: Kerouac, Ginsberg, Lamantia, Ferlinghetti und andere. Er hat sie alle gekannt oder kennt sie noch. Neal Cassady nicht zu vergessen.

»Ich hör's schallen und rauchen, Duke«, sage ich ihm.

»Ja und? Das sind doch gute Leute. Alles gute Leute.«

»Klar, Duke.«

Ich hole neues Bier. Die Phase der stillen Trauer bahnt sich an. Nach ein paar kräftigen Schlucken geht's uns wieder besser. »Scheißspiel ist das«, sagt Duke. »Ein Scheißspiel.«

»Lieber Glück haben als gut sein, wie's im Baseball heißt«, sage ich.

Duke schweigt. Er stiert in sein Bier.

»Ich will lieber Glück haben als gut sein«, sage ich.

Vielleicht geht's uns doch nicht besser. Ich versuche die Unterhaltung zu schmeißen, dabei ist Duke der Unterhalter. Wir lassen's ausklingen, dann zeige ich Duke das Gästezimmer. Schön, ein Gästezimmer zu haben, auch wenn das Haus nicht mir gehört.

Am nächsten Morgen macht Karen eine Pfanne Rührei mit Würstchen. Duke tigert schon seit Stunden herum. Frisch rausgeputzt und keine Spur von Kater. Er will wieder los, zurück auf die Piste. Schon sitzen wir im Wagen.

»Ich muss zurück nach Frisco.«

»Klar, Junge.«

»Lass mich Ecke Hollywood und Vine raus.«

»Okay.«

Duke hat seine Tasche mit Songs und Gedichten dabei und ein zusammengerolltes Gemälde. Wir fahren den Hollywood Bl. runter, und jetzt fühle ich mich down. Die Sonne steht schon hoch, und sie ist hart, und der Hollywood Boulevard am Sonntagmorgen ist hart. Hart? Nicht auszuhalten. Aber Duke will zur Ecke Hollywood und Vine. Duke ist Romantiker. Wir fahren drauflos, und wir halten an. Ich schaue in meine Brieftasche und sehe einen Dollarschein und einen Zehner. »Duke«, sage ich, »ich kann dir 'n Dollar oder 'n Zehner geben, und den Zehner kriegst du nicht.«

Duke nimmt den Dollar. Ein Dollar von einem Schreiber, der einen Schlafplatz hat, für einen, der keinen hat. Ich lasse ihn da raus, und er steht mit seiner Tasche und seinen Silberhaaren vor mir. »Wenn sie mich irgendwann tot unterm Tisch finden, denk an mich.«

»Klar, Junge.«

Ich lasse ihn da in der prallen Hollywoodsonne stehen. Die Geister von Garbo, Grable, Harlow und W. C. Fields streifen umher. Ich wende, fahre nach Hause und denke, so, er ist weg, er ist weg, er ist weg, und ich bin froh, dass er weg ist, und gleichzeitig fehlt er mir. Zu Hause sage ich Karen: »Ich hab ihn Ecke Hollywood und Vine rausgelassen.«

»Er hat bestimmt überhaupt kein Geld«, sagt sie.

»Wenn schon, das ist ein gewiefter Schnorrer. Du solltest mal sein kleines schwarzes Buch sehen mit den ganzen Namen. Der packt das schon.«

»Es fällt ihm aber sicher nicht leicht.«

»Er hat's gern so. Er will's gar nicht anders.«

Ich gehe in die Küche und hole mir eine 7-Up. Ich trinke sie auf einen Zug halb aus. Sie schmeckt gut. Ich habe einen üblen Kater.

Er schlägt seine Frauen

Immer wieder klopfen Schriftsteller bei mir an, hauptsächlich schlechte Schriftsteller, und da fällt mir ein besonders schlechter ein, der, nachdem er eine Menge Bier getrunken hatte, irgendwie sauer wurde und sagte: »Komm, Bukowski, du denkst doch wohl nicht, dass wir dir den ganzen Scheiß abkaufen?« »Welchen Scheiß?«, fragte ich. »Von wegen, dass du auf Trebe warst, von einem Job zum andern getippelt bist, das mit den ganzen Frauen, und den Scheiß, dass du zehn Jahre nicht geschrieben und dich ins Krankenhaus gesoffen hast, wo dir das Blut zum Arsch und zum Mund rauskam.« Der Junge war echt sauer. Da in seinem Leben wenig abging, konnte er nicht glauben, dass andere Leute anders leben. Ich kann nichts dafür, wenn die meisten Leute ihr Leben oder ihre Kreativität nicht aufs Spiel setzen, und deshalb lahmes Zeug schreiben und lahme Schreiber werden.

Die Fabriken, die Schlachthäuser, die Lagerhallen habe ich mir nicht direkt ausgesucht und andererseits dann doch, und dasselbe gilt für die Frauen und das Trinken. Ja und nein. Es war Action bei eingeschränktem Aktionsradius. So wie Tag und Nacht in ein und derselben Bar zu hocken, für ein Sandwich Botengänge zu erledigen und sich am Hinterausgang mit dem Wirt zu kabbeln. Das waren meine literarischen Lehrjahre, die Zeit, die ich in kleinen Buden voller Wanzen, Mäuse oder Ratten wohnte und nichts zu beißen hatte, aber reichlich Selbstmitleid und Ekel. Daraus ergaben sich Storys und Gedichte und auch eine Portion Glück; kein unermessliches Glück, aber immerhin, und dass sich das Glück spät einstellte, ungefähr, als ich fünfzig war, war das Beste daran. Siehe Huxleys Spruch aus *Point Counterpoint*: »Mit 25 kann jeder ein Genie sein, mit 50 gehört schon was dazu.« Viele sind mit 25 tatsächlich Genies, werden erkannt und zerstört. Wenige Schriftsteller halten bis zum Ende durch; die schlechten schreiben immer weiter, und die guten werden früh zerstört. Sie werden auf die gleiche Weise kaputtgemacht wie Rockstars: durch Überproduktion, zu viel Anerkennung, zu viel Druck und die allseits verbreitete Dummheit.

Mit mir meinten die Götter es gut. Sie hielten mich am Boden. Im Keller. Ich musste alles durchmachen. Wenn ich von der Fabrik oder dem Schlachthaus nach Hause kam, fiel es mir sehr schwer, ein Gedicht zu schreiben, hinter dem ich nicht stand. Und viele Leute schreiben Gedichte, hinter denen sie nicht stehen. Das harte Leben schuf den harten Vers, und damit meine ich den wahren Vers, ohne schmückendes Beiwerk.

Die Götter meinen es immer noch gut mit mir. Ich bin immer noch im Keller. Underground, aber nicht tot und begraben. Zu meiner ersten und einzigen Lesung in San Francisco kamen 800 Leute, und 100 davon hatten Dreckeimer dabei, um mich mit Abfällen zu bewerfen. Für 2 Dollar pro Nase roch der Abfall gar nicht so schlecht. Die Götter meinen es insofern gut mit mir, als sie mich extreme Reaktionen hervorrufen lassen – die Leute stehen auf mich, oder sie hassen mich wie die Pest. Das nenne ich Glück; und wenn mir bei einer Lesung jemand Zoten an den Kopf wirft, freut mich das kaum weniger, als wenn man mir aus dem Publikum eine Flasche hochreicht. Ich weiß, wovon ich spreche, und das wissen die Zuhörer. Ich bin kein geschniegelter Professor mit einem Haus im Grünen und klavierspielender Gattin.

Verleumder gibt es immer, und die meisten Verleumder

sind andere Schreiber, die einen möglichst schnell unter die Erde bringen möchten. »Ach, der hat nachgelassen.« »Ein furchtbarer Schluckspecht!« »Er schlägt seine Frauen.« »Mir ist er in den Rücken gefallen.« »Er kriegt einen Zuschuss, den er noch nicht mal beantragt hat.« »Ein Scheißtyp.« »Er hasst Schwule.« »Lügt, wenn er den Mund aufmacht.« »Neidisch.« »Rachsüchtig.« »Der ist doch krank.«

Die meisten dieser Verleumder ahmen ziemlich unverkennbar meinen Stil nach oder sind davon beeinflusst. Mein Beitrag zur Lyrik bestand darin, lockerer und einfacher zu schreiben, Gedichte menschlicher zu machen. Da konnten sie leicht nachziehen. Ich habe ihnen gezeigt, dass man ein Gedicht so schreiben kann wie einen Brief, dass ein Gedicht unterhaltsam sein kann und nicht unbedingt was Heiliges daran sein muss. Jetzt habe ich große Angst, dass zu viele Leute wie Charles Bukowski schreiben oder besser gesagt, wie Charles Bukowski zu schreiben versuchen. Aber ich bin immer noch der beste Charles Bukowski, den es gibt, und mein Stil ändert und erneuert sich mit meinem Leben, einholen wird mich also keiner. Das schafft nur Gevatter Tod, und da ich meinen Alkoholkonsum halbiert habe, werden alle, die mich hassen, mich noch etwas länger ertragen müssen. Während meine Nachahmer an Trunksucht eingehen, schleiche ich mich nachts raus in die Kurbäder. Ja, wer zuletzt lacht.

Da es mir schwerfällt, noch Helden zu finden, muss ich mir einen schaffen – mich selbst. Das bedeutet harte Nächte. Und Tage. Man muss formbar bleiben, offen für Veränderungen, aber man ändert sich nicht einfach, weil man's will. Das muss von selbst, aus dem Leben heraus passieren. Tut mir leid, wenn sich das jetzt gesalbt anhört, aber was ich meine, dürfte klar sein. Ich halte viel von Knut Hamsun, weil der Mann mit seinem Werk gewachsen ist und stetig seinen Horizont erweitert hat, auch wenn sein erstes Buch, *Hunger*, das interessanteste blieb. An seinem Spätwerk bewundert man vor allem die Reife, die reine Luft, die Täler, die Frauen, den Schmerz, den Humor und dass er keinen Scheiß erzählt. Ein zweiter Knut Hamsun wird aus mir wohl nicht, dafür bin ich zu faul – ich liege nachmittags gern flach und sehe an die Decke oder reibe mir das Stoppelkinn; mir fehlt's an Ehrgeiz, und vielleicht fackele ich beim Schreiben auch zu lange, aber für meine Bewunderer wie meine Verleumder gilt, ich bin nicht auf ein bestimmtes Terrain festgelegt, man kann also, wenn man von Charles Bukowski redet, nur den Charles Bukowski von gestern meinen. Morgen bringe ich was, womit keiner gerechnet hat und womit auch keiner erst mal was anfangen kann.

Meinen Anklägern sage ich, weiter so; meinen Befürwortern sage ich, weiter so; der Frau, die mich liebt, sage ich, weiter so; Marina sage ich, weiter so, und du wirst eine wunderbare Frau; meinem Wagen sage ich, lauf weiter so, dann brauche ich keinen neuen, und meiner Schreibmaschine sage ich, weiter so, erzähl mir mehr und immer wieder Neues; weiter so, weiter so, weiter so ...

Ob heilig oder unheilig, das war's in etwa, viel mehr kann ich dazu im Augenblick nicht sagen. Jetzt hab ich Hunger und mach mir ein Sandwich. Ich hab's gern mit viel scharfem Senf, und Sie?

Aufzeichnungen eines Dirty Old Man

L. A. FREE PRESS, 28. Juni 1974

Den richtigen Platz zum Schreiben zu finden ist überaus wichtig; die Miete sollte erschwinglich sein, die Wände dick, der Vermieter gleichgültig, die Mieter arm, verkommen, versoffen, untere Mittelschicht. Die Apartment-Hochhäuser haben die kleinen Bungalowanlagen mit ihren separaten Eingängen mehr und mehr verdrängt, und damit sind auch die herrlichen Typen verschwunden, die in diesen Buden gehaust haben.

Ich habe acht Jahre in einem Bungalow in der DeLongpre Avenue gewohnt, und die Gedichte und Geschichten sprudelten. Vom Hoffenster sah ich durchs Pflanzendickicht auf die Straße und tippte; umgeben von Bierflaschen saß ich da mit meinem wabbelnden Bierbauch, barfuß, in der Unterhose, und hörte klassische Musik aus dem Radio. Licht, Schatten, Klänge um mich herum, und ich stimmte in die Klänge ein.

Mein Vermieter trank, meine Vermieterin trank, und abends kamen sie mich holen ... »Schluss mit der Tipperei, Sie Hornochse, jetzt wird gebechert.« Und ich ging mit. Freibier, Gratiszigaretten, ein Happen zu essen; sie mochten mich, wir unterhielten uns bis 3 oder 4 Uhr morgens. Am nächsten Tag klopften sie an die Tür und stellten mir eine Tüte Zeug hin: Tomaten, Pfirsiche, Äpfel oder Orangen, meistens waren es Tomaten. Oft brachte sie mir auch eine warme Mahlzeit – Rindertopf mit selbstgemachten Brötchen und grünen Zwiebeln, Hähnchen mit Soße und Kartoffelpüree oder Bohnensalat und Maisbrot. Sie klopften an, warteten, bis ich Laut gab, und liefen weg. Er war 60, sie 58. Jeden Mittwoch stellte ich ihre Mülltonnen raus, 8 bis 10 Tonnen für die Bungalows und die Wohnungen hinten im Haus. Mein versoffener Nachbar fiel morgens pünktlich um vier aus dem Bett; ein Mann im Hinterhaus war auf Psychopharmaka; in einem Bungalow wohnten 14 Puertoricaner, Männer, Frauen und Kinder; sie waren mucksmäuschenstill und schliefen nebeneinander auf dem Teppichboden.

Zu mir kamen verrückte Leute – Nazis, Anarchisten, Maler, Musiker, Narren, Genies und schlechte Schriftsteller. Alle gingen davon aus, dass ich sie und ihre Ideen verstand. Wenn ich mich abends umsah, hockten manchmal acht bis 14 Gestalten auf dem Boden, und ich kannte nur zwei oder drei. Ab und zu bekam ich einen Wutanfall und warf sie alle raus; manchmal vergaß ich sie auch einfach. Keiner hat mich je beklaut außer einem angeblichen Freund, der sich immer an meinem Bücherregal rumdrückte und Erstausgaben und Raritäten unter seinem Hemd verschwinden ließ. Die Polizei rückte immer wieder an, hat mich aber nur ein- oder zweimal mitgenommen, ja, zweimal. Einmal kamen sie mit Pumpgun im Anschlag, aber ich sagte ihnen, ich sei Schriftsteller, und sie zogen wieder ab. Ja, da ließ es sich gut leben und schreiben.

Dann kam die Liebe, und ich zog mit einer Frau zusammen. Sie war gut zu mir, und es ließ sich gut an. Ich mochte ihre beiden Kinder, den verrückten Hund, das Haus war schattig und geräumig und hatte einen großen Garten, einen Dschungelgarten mit Bambus, Walnussbäumen, Eichhörnchen, wilden Rosen, Feigen, üppigem Grün. Auch da konnte ich gut schreiben – etliche Liebesgedichte und Liebesgeschichten, davon hatte ich noch nicht so viele. Ich lief mit dem Gefühl herum, die Sonne in mir zu haben; endlich war mir *warm*, Humor und Freude lagen in der Luft; ich kam mit meinen Gefühlen klar. Aber wie das so ist, schließlich ging es doch schief. Bei einem oder beiden staut sich Ärger an; der Lack blättert ab. Gegenseitige Vorwürfe – *du* bist schuld ... du hast das-und-das gesagt oder getan, das hättest du nicht machen dürfen, *du* ...

Ich musste schnell weg. Ich klapperte die Straßen nach einer möglichen Bleibe ab, irgendwas, wo man vielleicht ein kleines Gedicht zustandebringt. Nach- und Vormittage verschwammen ineinander: Erste und letzte Monatsmiete, $200 Kaution, $75 Reinigung, Referenzen. Keins dieser Löcher schien auch nur bewohnbar, und die Vermieter und Verwalter hatten die übelste Ausstrahlung: Habgier, Argwohn, seelenlos. Einer klebte vorm Fernseher und rasselte die Kosten runter, ohne mich auch nur anzusehen. Allmählich kam ich mir beschmutzt vor, wie ein Idiot, einer, dem heißes und kaltes Wasser und ein Klo auch gegen Miete nicht zustehen. Es war effektiv nichts zu finden. Schließlich bezahlte ich dann irgendwen und zog ein.

Es war eine moderne Wohnung, nach hinten raus, im ersten Stock, Apartment 24. Vorne ein Garten, und unten wohnte das Verwalterehepaar, das *niemals* das Grundstück verließ; einer von beiden war *immer* da, meistens sie, die in Weiß mit einer braunen Tüte herumlief und oft die von den Sträuchern fallenden Blätter im Flug abfing, noch bevor sie am Boden aufkamen. Sie war blitzsauber; weiß gepudertes Gesicht, viel Lippenstift und eine Reibeisenstimme, die sich immer verlogen anhörte. Ihr Mann dagegen hatte ein dröhnendes Organ, das ebenso gern von den Dodgers dröhnte wie von Gott und den Preisen im Supermarkt. An meinem ersten Tag bei ihnen klingelte abends das Telefon, und er sagte mir, mein Radio sei zu laut; sie könnten mich rund ums Haus hören. »Man hört Sie übers ganze Gelände, Hank«, sagte er. Er bestand darauf, dass wir uns mit dem Vornamen anredeten. Ich hatte das Radio nicht laut gehabt. Ich schaltete es aus. Dann fing jemand an, Akkordeon zu spielen. »Ach, ist das schön!«, rief jemand. Der Typ nudelte sämtliche Lawrence-Welk-Stücke durch.

Sie war immer da, allgegenwärtig, allgegenwärtigst, auch wenn ich verkatert die Treppe runterkam und die Ohren spitzte und dachte, so, sie ist nicht da, ich bin ihr mal entgangen. Ich komme also mit meiner Tüte voll leerer Flaschen, Dreck und Asche nach unten, bin froh, dass der durchgeweichte Tütenboden noch hält, mir ist kotzschlecht, ich will durch die Garage hinten raus zu den Mülltonnen, prompt kommt sie mit ihrem Besen an: »Schön heute, nicht?« »Aber ja«, sage ich, »richtig schön.«

Und sie war immer bei den Briefkästen, wenn die Post kam, sie und ihr Besen; man kam nicht an seine Post. Unbekannte Besucher fing sie ab: »Was möchten Sie?« Wenn es draußen warm war, nahm sie einen der Liegestühle in Beschlag und sonnte sich, und solange ich da wohnte, war es anscheinend immer warm. Und andere gesellten sich zu ihr, und man durfte sich anhören, was sie so redeten und dachten.

Die Apartmentbewohner von heute sind alle gleich; sie verbringen viel Zeit mit Putzen, Bohnern, Staubwischen und Staubsaugen; alles blitzt – Herd, Kühlschrank, Tisch; gespült wird sofort nach dem Essen; das Wasser im Klo ist blau, Handtücher werden nur einmal benutzt; offene Türen, offene Jalousien, und im Lampenlicht sieht man sie artig ein braves Taschenbuch lesen oder vor dem Riesenbildschirm in eine familienfreundliche Komödie mit Lachkonserve vertieft.

Sie kaufen Schnickschnack und eingetopfte Farne, Sachen zum Aufhängen und Lückenfüllen; ein Sonntagnachmittag im *Akron* ist ihr Nirwana. Sie haben keine Kinder, keine Haustiere und alkoholisieren sich zweimal im Jahr, an Weihnachten und Silvester.

In meiner Wohnung standen zwei kleine, knapp 50 cm tiefe Sofas. Eins war als Bett gedacht. Auf beiden war es unmöglich, eine Frau zu lieben. Hinter dem Kühlschrank entdeckte ich 18 Kakerlaken, und sobald ich tippte, pochte die Frau in der Wohnung unter mir mit dem Besenstiel an die Decke. Ständig klopfte jemand an die Tür, weil er sich gestört fühlte. Eines Tages wurden die Mieter dann benachrichtigt, es gäbe künftig $ 5 Mieterhöhung. So viel gab ich beinah für Ungezieferspray aus. Schreiben konnte ich kaum noch. Mein Verleger rief an und versicherte mir, jeder Schriftsteller hätte solche Einbrüche. Er meinte, ich hätte fünf Jahre gut – ich bräuchte fünf Jahre nichts zu schreiben und käme trotzdem über die Runden. Ich dankte ihm ...

Und ich hatte Glück. Ich fand einen Bungalow direkt an der Ecke Hollywood und Western; ich fand ihn, weil ich früh genug erfuhr, dass da jemand ausziehen wollte. Die Gegend ist nach meinem Geschmack – Massagesalons und Bumsbuden noch und noch; Taco-Stände, Pizzerien, Sandwichläden; Billig-Drugstores voller Perücken und alter Kämme, Moderseife, Haarnadeln und Kosmetika; Nutten Tag und Nacht; hakennasige schwarze Zuhälter mit Schlapphüten; Zivilfahnder, die mitten am Tag die Leute filzen, ihre Arme nach Einstichstellen absuchen; Porno-Buchläden, Mord, Razzien, Dope. Wenn ich auf der Western Avenue zum Hollywood Boulevard laufe, scheint die Sonne in mir. Dann bin ich fast wieder verliebt. Meine Leute, meine Welt, das tut gut ...

Ich wohne erst eine Woche hier, und gestern Abend habe

ich mich umgesehen, überall flogen Bierflaschen herum, das Radio lief, und ein paar Nachbarn waren bei mir: der Betreiber einer Bumsbude, zwei Jungs, die in einem Pornoladen arbeiten und eine Bartänzerin. Wir unterhielten uns über Dildos, Polizeikontrollen, diverse Frauen auf dem Boulevard und der Avenue. Den ganzen Abend haben wir geredet, Rauch in die Luft geblasen, gelacht. Das Bier ging uns aus, und der angedröhnte Chaot, der Nachschub lieferte, blieb eine Stunde. Wir ließen uns Hähnchen, Kartoffeln, Krautsalat und Brötchen bringen. Der Abend flog dahin. Irgendwann sagte ich Feierabend; ich hatte seit elf Uhr morgens getrunken. Gutgelaunt schoben sie ab. Ich ging pissen und legte mich aufs Ohr. Besser hätte es auch Hemingway nicht haben können. Es wurde schon hell; ich war wieder mit der Welt im Reinen. Aah.

Aufzeichnungen eines
Dirty Old Man

L. A. FREE PRESS, 22. *August 1975*

Unten am Sunset, Ecke Sunset und Wilton, wo die Freeway-Ausfahrt und die Tankstelle ist, sieht man sie manchmal in ihren Uniformen mit dem Hakenkreuz. Sie blicken freundlich aus ihren blassweißen Gesichtern und verteilen Flugschriften. Helme tragen sie auch, und einige von den Jungs sind so kräftig, dass sie für die L. A. Rams spielen könnten. Sie sind bereit: Mitglieder der American Nazi Party. Na ja, hier ist Hollywood nicht fern, und man betrachtet das Ganze eher als billigen Film, wird von manchen aber auch darauf hingewiesen, dass es drüben seinerzeit genauso anfing – mit ein paar Typen, die draußen herumstanden, statt im dunklen Kino Mädchen zu befummeln. Und dann saßen sie auch schon in den Straßencafés von Paris und ließen die Sau raus. Andererseits kann man, wenn man die Kommunistische Partei, die Sozialisten, die Schwulenpartei, die Demokraten und Republikaner zulässt, nicht gut sagen, die Nazipartei geht auf keinen Fall. Also gibt es sie, aber der Durchschnittsbürger reibt sich an ihr mehr als an anderen – Erinnerungen an die Öfen und den schreienden Hitler in der Wochenschau werden wach, und schließlich tragen sie ja Uniformen, bei denen nicht jeder bloß an Jack Oakie in Schlaghosen denkt.

Manchmal erscheint die Polizei dann mit drei bis vier Streifenwagen. Eines Tages wollte ich gerade tanken, als es da ziemlich ungemütlich wurde. Sieben oder acht Cops drucksten nervös und unsicher mit grimmiger Miene herum. Die Nazis standen stramm in Reih und Glied bis auf ihren Anführer, der sich mit einem der Cops unterhielt. In Richtung Wilton sah man eine Gruppe linker New Yorker Intellektueller, dünn, mehrheitlich unter eins siebzig, zum Teil Juden mit schwarzen Bärten und trotz der Hitze in alten schwarzen Mänteln, zerknitterten weißen Hemden mit offenem Kragen, und sie schrien: »Zurück nach Glendale mit euch, ihr Arschlöcher! Haut ab nach München!«

Terror, Mord und Totschlag lagen in der Luft. Ein falsch gewähltes Wort, und alle würden übereinander herfallen: Cops, Linke und Nazis.

Während ich da im Wagen saß, kam mir wieder der alte Gedanke: Wie war es möglich, dass Menschen so entschieden, so vehement und selbstgerecht gegensätzlichen Überzeugungen anhingen? Wie konnten die einen so sicher sein, dass es einen Gott gab, und die anderen, dass es keinen gab? Glaubte man an alles Mögliche, wenn man nur unglücklich genug war? Und wenn man an gar nichts glaubte, war das nicht auch ein Glaube? Juchei.

Ich stieg aus und ging auf den Naziführer und den Cop zu, mit dem er sich unterhielt. Der Cop sah mich zuerst und hörte auf, mit dem Nazi zu reden. Er beobachtete mich. Er hatte rote Augenbrauen und sah aus, als hätte er sich mit Sonnenöl eingeschmiert. Einen Meter vor ihnen blieb ich stehen.

»Was gibt's, Freundchen?«, fragte mich der Cop.

»Ich wollte so ein Heft. Mich interessiert, was der Mann für eine Weltanschauung hat.«

»Nichts zu machen.«

»Wieso nicht?«

»Weil sich das Ganze hier aufzulösen hat, und jeder, der in fünf Minuten noch hier ist, festgenommen wird.«

»Ich will aber doch tanken.«

»Ist das Ihr Wagen da an der Zapfsäule?«

»Ja.«

»Na schön. Tanken Sie und verschwinden Sie.«

Cops können einen abknallen, und ich war oft genug im Knast, aber für mich haben sie trotzdem immer was Komisches. Ich nehme sogar an, dass gerade ihre uneingeschränkte und unangefochtene Macht sie mir lächerlich erscheinen lässt. Man weiß, dass Macht in den Händen eines Einzelnen hochgefährlich ist und dass der Machthabende ein sehr guter, besonnener Mensch sein muss, damit er sie nicht missbraucht und sie behutsam einsetzt. Und doch werden in einer Stadt wie Los Angeles Tausende mit dieser Macht ausgestattet und auf uns losgelassen mit Knarren, Schlagstöcken, Handschellen, Sprechfunkgeräten, schnellen Autos, Hubschraubern, Maskeraden, Nahkampftraining sowie Tränengas, Hunden und der gefährlichsten Waffe überhaupt: Frauen.

Die Komik bleibt. Einmal habe ich bei mir zu Hause eine Party geschmissen und zu viel gesoffen. Ich kippte auf den Teppich, und die Party ging weiter. Dann zerrte jemand an mir herum, und ich kam wieder zu mir. »Bukowski, da ist einer an der Tür, der will mit dir reden.« Ich sah aus der Horizontalen hoch. Es war ein Polizist mit keck aufgesetzter Mütze und Zigarre im Mund. »Ist das Ihre Wohnung, Freundchen?«

»Nein, Officer, aber ich zahle die Miete.«

»Also Freundchen, den Laden kenn ich. Hier war ich schon mal.« Er zog an der Zigarre, nahm sie aus dem Mund und betrachtete den glühenden Aschekegel. Dann nahm er sie wieder zwischen die Lippen. »Ich war hier schon mal, Freundchen, und lassen Sie sich gesagt sein: Noch ein einziger Anruf, und Sie wandern in den Bau!«

»Okay, Officer, hab verstanden …«

Zurück zu den Nazis. Ich setzte mich in meinen Wagen und ließ tanken. Dabei sah ich, wie der Anführer der Nazis von dem Cop wegging und sich vor seine Truppe stellte. Er gab ein paar Kommandos, und sie marschierten die Straße runter. Die New Yorker Linken folgten ihnen in einigem Abstand, schimpften zwar immer noch, aber doch in dem Bewusstsein, einen kleinen Sieg errungen zu haben. Die ganze Gesellschaft bog nach Norden auf den Wilton Place, und ich bezahlte mein Benzin und fuhr langsam hinter ihnen her. Ich wusste selbst nicht, was mich daran reizte. Nur die Action vermutlich, wie Pferde, wenn sie aus der Startmaschine kommen.

An der nächsten Ecke überquerte der braune Trupp die Straße und marschierte zu einem großen Transporter. Die Hecktür ging auf, und die Nazis stiegen der Reihe nach ein und setzten sich auf den beiden Seitenbänken ordentlich einander gegenüber. Der Anführer und ein weiterer Nazi stiegen vorne ein. Einer von den Linken warf einen Stein, der das Heck des Transporters traf und auf die Straße fiel.

Der Nazitransporter fuhr los. Ich folgte ihm, und mir folgten zwei Wagenladungen Linke und ein Streifenwagen. Ich drehte mich um, und ein Linker rief mir zu: »Schnappen wir uns die Schweine!« Ich nickte und sah wieder nach vorn. Als wir zur Franklin kamen, bog ich scharf nach rechts ab. Die Desperados fuhren weiter nach Norden. Beziehungsknatsch und Geschichte hören niemals auf. Die politische Geschichte, meine ich. Das Geheimnis liegt vielleicht im allgemeinen Gleichgewicht: Nur Rasen, kein Unkraut, oder nur Unkraut, kein Rasen, und wir sind endgültig verratzt; nur Spinnen, keine Fliegen, nur Lämmer, keine Löwen, nur ich und kein Du, und wir sind verratzt.

Ich bog in die Western Richtung Süden und fuhr zum Schnapsladen. Zwei Sechserpacks. Nur ihr und kein ich.

Aufzeichnungen eines
Dirty Old Man

Aufzeichnungen eines Dirty Old Man am Steuer eines
hellblauen 1967er Volkswagens TRV 491
L. A. FREE PRESS, *11. November 1975*

Vieles Ärgerliche am Leben und an den Menschen tritt in Erscheinung, wenn ich durch die Boulevards und Straßen von Los Angeles fahre. Stürzen wir uns gleich mittenrein: Viele Autofahrer haben die widerliche Angewohnheit, ein Stück ihres linken Vorderrads (und oft auch ihres Wagens) ein klein wenig auf unsere Fahrspur zu lenken, wenn wir auf sie zukommen. Sie schicken sich an, links abzubiegen, und aus Egoismus, Dummheit, Nervosität oder Großtuerei blockieren sie unsere Spur. Ich nehme an, sie möchten, dass wir anhalten, damit sie vor uns links abbiegen können. Gesehen habe ich es nie. Alle schauen kurz in den Rück- und in die Seitenspiegel und gehen auf ihrer Spur einen Tick nach rechts.

Eine Zumutung sind auch die Fahrer, die sich so schwer damit tun, einfach rechts abzubiegen. Sie verlangsamen und klammern sich ans Steuer, sie gehen runter auf 5 Meilen die Stunde und scheren dann weit nach links aus, um nach rechts zu kommen, wobei sie das Lenkrad drehen, als manövrierten sie ein Dampfschiff durch den Sturm. Und du biegst nach ihnen rechts ab und hast zu viel Zeit, dir ihre Ohren, ihr Genick und ihre Stoßstangenaufkleber anzusehen, auf denen meistens so was steht wie »Christen sind nicht vollkommen. Man verzeiht ihnen nur.«

Ein Widerling Typ K-5b befindet sich vor dir auf der linken Spur. Er hält zügig auf die Ecke zu, während die rechte Spur von Tagträumern bevölkert ist. Du folgst ihm in der Annahme, demnächst auf die rechte Spur wechseln zu können und freie Bahn zu haben, so dass du dir seinen Stoßstangenaufkleber nicht ansehen musst, auf dem meistens so etwas steht wie »Hupe, wenn du geil bist.« Auf meinem würde stehen: »Hupe, wenn du nicht kommen kannst.« Jedenfalls wird Typ K-5b bremsen, und entweder funktionieren seine Bremslichter nicht, oder sein linkes Blinklicht tut's nicht, oder er denkt nicht dran zu blinken und keilt dich ein, während die Tagträumer auf der rechten Spur vorbeiziehen. Dann biegt er links ab und lässt dich an der roten Ampel stehen.

Typ K-5c hält die linke Spur, während die rechte wieder auf halber Länge bis zum Ziel von den Tagträumern blockiert ist, und du hängst dich hinter Typ K-5c in dem guten Glauben, an ihm vorbeizukommen, wenn die Ampel umspringt. Denkste. In dem Moment, wo die Ampel umspringt, blinkt er links, und du hängst hinter ihm fest, und auf seinem Aufkleber liest du: »Gott ist Liebe.«

Die Vertreter von Typ 45 KLx kennen sich untereinander nicht, sind aber psychisch vom selben Stamm. Sie nehmen auf einer zweispurigen Straße (2 Spuren in einer Richtung, meine ich) jeweils eine Spur in Beschlag (Kandidaten für eine Fahrtüchtigkeitsprüfung also). Und beide fahren 18 mph in einer 35 mph-Zone. Und hinter beiden bilden sich Autoschlangen. Es sieht ernstlich nach Verschwörung aus. Ich befinde mich in der Regel direkt hinter einem der beiden führenden Wagen. Mit viel Geduld und etwas Glück gelingt es mir schließlich, an einem der beiden vorbeizukommen. Und was passiert? Er oder die andere lahme Ente, die den Verkehr aufgehalten hat, *gibt plötzlich Gas* und versucht, auf meiner Höhe zu bleiben.

Die schlimmsten Eigenschaften der Menschheit, ihre ganze Fiesheit und Rücksichtslosigkeit zeigen sich in ihren Fahrgewohnheiten. Wer glaubt, dass uns die Beseitigung der politischen Führer dieser Welt voranbringt, dem sei gesagt, dass die Beseitigung der kleinen außerpolitischen Führer und arschigen Autofahrer, Golfspieler und Golftrolleys ein effektiverer Ansatz sein könnte, auch wenn ich von beidem nichts halte. Muss es aber eins von beidem sein, dann plädiere ich für Letzteres, und Dostojewskijs *Schuld und S.* und die christlichen Moral- und Raushalte-Grundsätze können mich mal.

Ach ja, genau. Dann gibt es noch Typ 624fa. Er oder sie nimmt die einzige Spur in Fahrtrichtung mit 18 Meilen pro Stunde in Beschlag. Zur Strafe müsste so jemand die gesammelten Werke von Edgar Guest lesen, aber wahrscheinlich kennt er oder sie die schon, und hupen darf man nicht – das macht sie froh. Hier greife ich zu einigen Spezialtricks wie dem, dass ich mich zurückfallen lasse und dann auf ihre Heckstoßstange zubrause. Oder ich gehe in den Leerlauf, segle in ihrem Windschatten und lasse den Motor dann brutal aufheulen. Woran sie natürlich merken, dass man sauer ist, und darum geht es ihnen. Typ 624fa ist schlau. Sein hinterhältiges Paradestück besteht darin, im letzten Moment bei Rot über die Ampel zu fahren, so dass man nur noch hinter ihrem Stoßstangenaufkleber herschauen kann, auf dem so etwas steht wie: »Sollte Nixon wiederkommen, dürfen Sie die Schmutzränder aus der Badewanne meiner Oma entfernen.«

Die Fahrtauglichkeitsprüfung hab ich (glaub ich) schon angesprochen. Ich meine die schriftliche. Sie ist nicht allzu schwer. Man benutzt einfach den gesunden Menschenverstand. Man liest eine Frage und soll eine von drei Antworten ankreuzen. Aber in jeder Prüfung, die ich bisher erlebt habe, taucht eine Frage auf, die *zwei* richtige Antworten und nur eine falsche hat. An sich spielt es keine Rolle, doch es irritiert, und wenn man böse Absicht dahinter vermutet, spinnt man natürlich. Aber so eine Frage kommt immer. Beispiel:

> Vor dem Kamm einer Anhöhe dürfen Sie die Spur auf einer nur zweispurigen Fernstraße nicht wechseln, wenn
> a) Sie sich gerade mit Ihrer Freundin gezankt haben
> b) Ihr Hund gerade auf den Rücksitz geschissen hat
> c) Sie gerade einen kommunistischen Tramper eingeladen haben

Die richtige Antwort kann nur a) oder b) sein, wenn nicht beides, aber egal, welche Antwort man ankreuzt, stimmen tut die andere ...

Über die Wunderlichkeiten des Autofahrens kann man fast so lange reden (und schreiben) wie über die Wunderlichkeiten der Sexualität und die Angeberei, die damit einhergeht. Es ist schon schlimm genug, die Straßen mit anderen Leuten zu teilen, aber dazu kommt, dass auch Autos Eigenheiten und einen eigenen Charakter entwickeln. Merkwürdige Sachen passieren inmitten des ganzen Blechs. Das Blech nimmt Einflüsse auf. Schrottplätze sind für mich viel trauriger und realer als Friedhöfe. Der Friedhof für Menschen bleibt blass – er brummt und klappert nicht, reflektiert nicht die Sonnenstrahlen; er gibt auf. Alte Autos, alte Schrottplätze kämpfen weiter wie von Faustschlägen benommene Boxer. Ich bin kein Autonarr, aber womit man sein Leben teilt, das gewinnt man lieb. Ich bezweifle, dass irgendein Mann einen Laden für Autozubehör betreten kann, ohne wenigstens gedanklich einen Ständer zu bekommen. Für die Damen kann ich nicht sprechen.

Ein Wagen von mir sprang grundsätzlich nicht wieder an, wenn ich ihn auf dem Parkplatz einer Spirituosenhandlung

Ecke Hollywood und Normandie abstellte. Sonst lief der Wagen ganz gut, aber jedes Mal, wenn ich mit meinen Spirituosen rauskam und losfahren wollte, streikte er. Erst wenn ich ihn von der Parkzone vor dem Laden runter auf die Straße geschoben hatte, sprang er an. Nachdem er das drei- oder viermal veranstaltet hatte, stellte ich ihn einfach auf der Straße ab. Vermutlich war es ja etwas Technisches, lag's am Vergaserstand oder so, aber man kann nie wissen.

Vielleicht passten dem Wagen auch einfach bestimmte Sachen nicht, die ich machte. Ich weiß noch, wie ich einmal nach einem Streit mit meiner Freundin aus ihrer Wohnung stürmte, um in den Wagen zu springen und davonzufahren, und der Vorwärtsgang klemmte. Damit hatte ich noch nie Probleme gehabt. Der Wagen lief nur rückwärts. Nicht vorwärts. Ich sah auf den Pegelanzeiger. Alles okay. Einen Moment lang dachte ich daran, im Rückwärtsgang bis zu mir zu fahren. Aber manchmal geht Bequemlichkeit vor Wut. Also schluckte ich meinen Zorn runter und ging wieder ins Haus: »Hör mal, Baby, ha-haha«, sagte ich, »das ist ja komisch. Mein Wagen fährt nur rückwärts.« »Nur rückwärts?« »Ja, ich kann nicht weg. Keine Ahnung, was da los ist.« »Komm, zeig mal.«

Ich ging mit ihr zum Wagen und stieg ein. »Jetzt guck«, sagte ich, »er läuft nur rückwärts. Wenn ich den Vorwärtsgang einlege, rührt er sich nicht.«

Ich legte den Vorwärtsgang ein, und sie schrie mir nach: »Hey! Wo zum Teufel willst du hin?«

Ich wendete und parkte auf der anderen Straßenseite. Dann stieg ich aus. »Mir ist das zu hoch.«

So kamen wir – damals – wieder zusammen ...

Und Auto-Genies gibt es auch. Einmal hab ich jemandem einen Wagen abgekauft und eine komplette Bedienungsanleitung dazu bekommen: »Ab und zu macht Ihnen die Karre Ärger. Dafür haben Sie zwei Schalter links am Armaturenbrett. Bockt der Wagen oder springt nicht an, drücken Sie hier auf Knopf Nr. 1. Das hilft. Und wenn es nicht hilft, drücken Sie ihn trotzdem immer wieder. Sollte es gar nicht helfen, gehen Sie zu Knopf Nr. 2 über. Dann läuft er wie von selbst.« Manchmal musste ich zwar Knopf Nr. 2 in Anspruch nehmen, aber er ließ mich nie im Stich, und als ich den Wagen meinerseits verkaufte, gab ich den Tipp weiter ...

Automechaniker, Autoschlosser, Bremsenmechaniker, Getriebeschlosser, die Jungs vom Pannendienst, diese Leute haben einen Stolz und ein Selbstbewusstsein im Auftreten, von dem Ärzte und Anwälte nur träumen können. Und denk nur an das Licht in deinem Rückspiegel. Wenn du ihn auf dich zukommen siehst, ist es fast, als ob ein Gott naht. Du hast etwas mit deinem Wagen gemacht, was man nicht machen *sollte*. Aber dank ihm hat es sich beinah gelohnt – er ist freundlich, sachkundig, er lässt weder einen Furz noch reißt er schlechte Witze. Er gibt dir einen Wisch und steigt auf sein Motorrad, und du kannst wieder loslegen. Wie beim Sex.

Durchhaltevermögen und etwas Glück sind wichtig in unserer Gesellschaft, aber zeig mir einen Mann mit einem guten Wagen und einer guten Frau, und mit ziemlicher Sicherheit umstrahlt ihn ein besonderes Licht: die Liebe zur Abhängigkeit und die Abhängigkeit der Liebe. Wer sich gut aussucht, was ihn bewegt, bleibt in Bewegung. Und nächste Woche gibt es wieder dreckige Geschichten. Ich bin nicht übergeschnappt. Auf der Fahrt zur *Free Press*, um den Text hier abzugeben, hüpfte ein kleines Malteserkreuz vor meiner Nase, das an einem Schnürsenkel am Rückspiegel hängt. Und meine Autoversicherung ist ein Jahr im Voraus bezahlt.

Die große Dope-Lesung

Sie hatten mir die Tickets geschickt, und ich kam mit dem Flugzeug in die kleine Stadt an der Ostküste Floridas. Ich wartete, bis die anderen Passagiere draußen waren, dann stand ich auf, ging die Rampe hinunter und steuerte auf die beiden Lyrikfüchse zu, die ich da stehen sah. »Ich bin Chinaski«, sagte ich, und sie grinsten sich eins. Wir gingen zur Gepäckausgabe, aber dann sagte ich: »Quatsch, wir müssen ja nicht hier warten; gehen wir in die Bar.« Also gingen wir – Clyde, Tommy und ich – in die Bar, und da waren noch mehr Lyrikfüchse. »Die möchten Sie alle kennenlernen, Daddy.« Ich sah sie mir an. Jede Menge Frauen, Schlafzimmeraugen vom Lesen meines Erotikkrams. Meine Blicke schweiften von Gesicht zu Gesicht, von Körper zu Körper. Ein echtes Schwergewicht war dabei, doch sie schien willig zu sein. Ich wurde herumgereicht. »Ach, Mr Chinaski«, sagte eine, »Ihre Story *Rheinwein für Kenner* hat's mir wirklich angetan!«

(Ich schreibe Geschichten, Gedichte und Romane. Meistens schreibe ich sexbezogen, um das Interesse wachzuhalten, und wenn es wach ist, schiebe ich den Rest mit rein. Klammheimlich. Ich verabreiche Morphium, dann stehle ich die zarten Seelen.)

Es war fast Mitternacht, und da die Flughafenbar um Mitternacht schloss, tranken wir aus. Tommy übernahm den Deckel, und nachdem wir mein Gepäck abgeholt hatten, fuhren wir zu Clyde. Bei Clyde ging zu eintöniger, lauter Musik aus der Stereoanlage reichlich Bier und kolumbianisches Gras herum. Ich wanderte umher und sah mir die Frauen an. »Ach,

Mr Chinaski, Ihr Gedicht von dem Mann, der sich die Eier abgeschnitten und sie wie Aprikosen weggespült hat, fand ich *toll*!« Ihr gab ich einen Kuss, und irgendwo im Raum platzte eine Glühbirne.

Ich war eklig: Ich labte mich an ihrer Verehrung wie an der Möse einer Jungfrau. Wir rauchten und rauchten, becherten und becherten, und irgendwann fingen die Leute an zu gehen. Die erste Lesung war am nächsten Abend um neun im Jiz-Wiz-Club. Am Abend danach musste ich dann noch mal ran. Zwei Lesungen für $ 500 plus Fluggeld, Unterkunft, vielleicht was zu essen und wahrscheinlich was zu vögeln. Ginsberg bekam tausend für eine Lesung, aber der hockte sich auch anschließend auf eine Matte, sang Mantras und jodelte, was das Zeug hielt. Ich soff und kiffte mich nur zu.

Jedenfalls wanderten immer mehr Leute ab, und da es gegen 4 war, ging Clyde schlafen und sagte mir, ich könne die Couch haben. Nur eine Lady von vielleicht 22 war noch bei mir, mit einem Stofffetzen um den Kopf. Sie hatte eine ziemlich gute Figur, irre Augen und redete dauernd von zurückgebliebenen Kindern. Sie redete so viel davon, weil sie zurückgebliebene Kinder unterrichtete. Ich saß neben ihr auf der Couch. Ab und zu unterbrach ich ihren Vortrag über die Kinder mit einem langen Kuss. Sie verstand was vom Küssen. Oder ich verstand was vom Küssen. Jedenfalls waren die Küsse verdammt heiß. Teufel, sie waren himmlisch. Ausformulieren können Sie das selbst, ich halte mich ans rohe Erleben. Nach jedem Kuss kam sie wieder auf die lernbehinderten Kinder zurück, als hätte der Kuss nicht stattgefunden, und das erhitzte mich noch mehr. Sie hatte es gut drauf mit dem Stofffetzen um den Kopf und den irren, funkelnden Augen. Lehrerinnen machen aber auch jeden heiß; sie machen einen noch heißer als Nonnen.

Sie hieß Holly, und als sie ging, ging ich mit. Ich stieg zu ihr ins Auto, und als sie den Motor anließ, umarmten wir uns.

Es war eine lange Fahrt; Holly redete immer weiter über die zurückgebliebenen Kinder, ihre Probleme, wie man ihnen helfen kann, wie man an sie rankommt, und mein Schwanz wurde immer härter. An einer Ampel nahm ich ihr den Stofffetzen vom Kopf, und ein Schwall langer blonder Haare kam zum Vorschein. »Herrgott«, sagte ich, »warum versteckst du die? Da muss ich mal dran ziehen.«

»Auf Partys bleibt immer Zigarettenasche darin hängen«, sagte sie.

Sie hatte eine ziemlich ruhige Wohnung im Erdgeschoss. Sie parkte, und wir gingen zum Haus. Holly schloss auf, und ich folgte ihr in die Wohnung. »Mein Mann ist für eine Woche verreist. Geschäftlich. Durch ihn habe ich deine Sachen kennengelernt; er betet dich regelrecht an.«

»Tatsache?«

Holly ging ins Bad, und ich ging ins Schlafzimmer, zog mich aus und legte mich ins Bett. »Wie weit weg ist dein Mann?«

»Vierzig Meilen.«

»Ist er eifersüchtig?«

»Weiß ich nicht. Ich war ihm noch nie untreu.«

Ich hörte die Toilettenspülung. Im Dunkeln sah ich, wie mein Schwanz die Bettdecke anhob. Noch ein zurückgebliebenes Kind für Holly, die Lehrerin. Als sie aus dem Bad kam, war sie nackt; nackt kroch sie unter die Decke. So, dachte ich, darüber kann ich dann wieder schreiben. Ich drängte mich an sie, und ihre Lehrerinnenzunge stieß in meinen Mund und wieder zurück. Ich packte sie in der Mitte mit den Zähnen und saugte daran. Sie würgte, bekam keine Luft mehr. Ich spielte mit ihrer Muschi, die sich langsam öffnete und feuchter wurde. Ich ertastete die Klitoris und umkreiste sie mit dem Finger. Hat Céline das je gemacht?, fragte ich mich. Hemingway? Hemingway hat es wahrscheinlich nicht oft genug und nicht bei so vielen gemacht. Ihm fehlte es an Humor und Vitamin E. Deshalb hat er sich das Gehirn weggepustet und ist auf den Orangensaft gefallen. Außerdem stand er auch zu früh auf. Vormittags sieht die Welt immer am schlimmsten aus, weil zu viele ehrgeizige Menschen dann noch Energie zu verbrennen haben.

Ich ging mit dem Kopf runter, um ihre Muschi zu lecken, aber sie stieß mich weg und sagte: »Nein, nein!« Wenn es eine nicht möchte, bestehe ich nicht darauf. Ich kam wieder hoch, packte sie an den Haaren, riss ihren Kopf zurück, bis ihr Mund aufklappte, dann zwängte ich meine Lippen zwischen ihre. Es war wie das Vordringen ins Innere einer Blüte. Sie war an die Sonne genagelt, und ich war die Sonne. Ich tauchte weg vom Mund und saugte erst an ihrer linken, dann an ihrer rechten Brust. Dann drehte ich sie zu mir, den rechten Arm unter ihrem Körper, den linken über ihr, ergriff ihre Hände und hielt sie von uns weg. Ich ließ meinen Schwanz den Weg selbst erkunden; er kannte ihn, ich ging mit. Er fand die Öffnung, und die Eichel drang ein. Nach und nach öffnete sich die Möse, und mein Schwanz drang ganz ein. Es war eng und feucht da drin; ich blieb und bewegte mich nicht. Sie fing an, sich zu winden, und ich bewegte meinen Schwanz immer noch nicht. Dann ließ ich ihn hüpfen, ohne den Körper zu bewegen. Ein Trick von mir. Dann zog ich den Schwanz langsam raus, schob nur die Eichel und ein kleines Stück vom Schaft wieder rein und bewegte mich langsam. »Herrgott!«, sagte sie, »mach schon!« Ich neckte weiter den Rand und das Innere ihrer Möse. Hemingway kannte das nicht, dachte ich, und Céline hat es nie in Worte gefasst, und Henry Miller verstand im Grunde nichts vom Ficken.

Schließlich gab ich ihn ihr halb und merkte, wie sie mich festhielt. Ich schob nach und erhöhte kaum merklich das Tempo. Dann kam mir die Technik abhanden, und ich pumpte drauflos. Erst kurz vor dem Höhepunkt hielt ich ihn wieder still. Ich ließ mich abkühlen und fing wieder an. Das Ganze wiederholte ich vier oder fünf Mal, dann verlor ich die Beherrschung und gab es ihr. Holly kam zuerst, ich gleich hinterher. Wir brüllten wie Jungspunde, und im Kommen sah ich immer wieder auf ihre prächtigen Haare und dachte, Herrgott, Herrgott, hab ich ein Glück, bin ich gut dran. Jetzt kann mir keiner was.

Holly stand auf und ging ins Bad. Ich angelte einen meiner Strümpfe unter dem Bett hervor und wischte mich damit ab. Ich wollte nicht, dass ihr Mann steife Flecken auf dem Bettzeug entdeckte, wenn er nach Hause kam. Das sind die Kleinigkeiten, die den Profi ausmachen. Yeats oder Dante hätten an so was nie gedacht.

Als Holly wiederkam, schlief sie mit dem Rücken zu mir ein. Sie hatte so ein kleines, leises Schnarchen, sehr sexy, und ich ließ meinen wieder halb steif werdenden Schwanz in ihren Hintern gleiten. Da war es warm und gemütlich, und ich dachte bei mir: Siehst du, Chinaski, schon wieder bist du mit einer 30 Jahre Jüngeren im Bett, obwohl du weder tanzen noch Billard spielen noch kegeln kannst. Sie wollen mit der Unsterblichkeit vögeln, und solange sie dich für unsterblich halten, kannst du sie auch haben, und wenn sie erst mal merken, dass du nicht unsterblich bist, hast du so viel junge Muschi gespeichert, dass du getrost zu deiner Einhand-Liebe zurückkehren kannst.

Mein Problem ist, dass ich mich in jede Frau verliebe, mit der ich schlafe. Ich ficke gut, bin aber zu sehr mit dem Gefühl dabei. Wenn mir eine Frau ihren Körper schenkt, ist das für mich, als ob sie mir ihre Seele schenkt; das macht mich mit an. Und im ganzen Akt schwingt dann etwas von Tod, Mord und Eroberung. Vor allem aber erfüllen mich Zärtlichkeit und Liebe, und darüber komme ich nicht weg.

Ich erlag immer der Frau, die ich gerade gefickt hatte. Klug war das nicht, und ich musste oft dafür büßen, aber ich konnte nichts daran ändern. Die meisten Leute schütteln einen Fick genauso ab wie ein Picknick. Mir ist diese Einstellung fremd.

Der Wecker weckte uns, und Holly stellte ihn ab. »Hör mal«, sagte ich, »mach doch einen Tag blau. Lass uns schlafen. Nachher können wir vielleicht noch mal.«

»Nein«, sagte Holly, »krankfeiern kann ich nicht mehr, und außerdem brauchen mich die Kinder.«

Ich zog die Decke hoch und streckte mich aus.

Als ich aufwachte, war Holly weg. Ich stand auf und lief durch ihre Wohnung. Ein Kater macht mich immer geil. Trinken macht mich geil. Nicht trinken macht mich geil. Aber am geilsten macht mich immer der Kater. Ein Paar Schuhe von ihr stand nebeneinander vor einem Sessel. Eine merkwürdige Wärme und Einsamkeit ging davon aus – wie von Toast mit Butter oder den Schreien von Leuten, die in den Abgrund gestoßen werden. Absatz und Sohle der Schuhe bestanden aus Holz, und die (bedauerlich dicken) Absätze waren hoch. Die Schuhe machten mich heiß. Beine und Schuhe sind für mich alles. Brüste bedeuten mir nicht viel, ich sauge nur daran, weil's den Frauen gefällt. Aber Beine und Schuhe bringen mich in Fahrt, und ich wehre mich nicht dagegen.

Ich hatte einen Ständer, und ich griff mir einen Schuh und ließ meinen Schwanz rein und raus gleiten. Die Unterseite glitt über das Holz des Schuhs, die Oberseite an dem weichen Futterstoff entlang.

Eines Tages, dachte ich, heirate ich vielleicht mal einen Schuh.

»Willst du, Henry, diesen Schuh als deine ...«

Ich führte meinen Schwanz ein und aus, dann widerstand ich dem Drang. Ich musste mein Sperma aufheben. Ich ging wieder ins Schlafzimmer und sah in den Kleiderschrank. Ich fand ein fleckenloses blaues Höschen und massierte mir damit den Schwanz. Es war gut. Beinah hätte ich nachgegeben.

Manche Leute, dachte ich, halten mich für den größten Dichter Amerikas. Was, wenn der Scheiß hier rauskommt? Es wäre das Ende. Ich warf das Höschen wieder in den Schrank. Dann sah ich den Schuh. Einen einzelnen Schuh mit hohem Pfennigabsatz. Der Schuh war *heiß*. Ich hob ihn auf und fing an, ihn zu ficken. Ich wanderte durch das Zimmer und gab's dem Schuh. Ein paarmal lief ich sogar im Kreis und gab es ihm. Im letzten Moment riss ich ihn dann runter und warf ihn wieder in den Schrank.

Dann musste ich dringend scheißen. Ich brachte es hinter mich. Das ganze Bier. An Verstopfung sterbe ich mal bestimmt nicht. Wenn ein Mensch seine Scheiße sieht, denkt er als Erstes ganz ohne Zweifel: Ich habe eine Chance zu leben, *ah!* Jedenfalls geht's mir so. Und wenn man Hämorrhoiden hat, ist man doppelt erleichtert. Ich hatte Hämorrhoiden. Und ich sah auf den Klopapierhalter, und es war kein Papier dran. Ich lief in die Küche, fand eine Schachtel Papiertücher, und ich nahm acht oder zehn raus und fing an, mir mit viel Geächze den Arsch abzuwischen. Bald war ich blank und wund gewienert, und der Kack und das Papier verstopften beim Spülen die Schüssel. Ein Teil ging runter, dann stieg das Wasser und brachte die Kackwürste und das Papier wieder mit.

Es stieg bis zur Klobrille hoch und blieb stehen. Wider besseres Wissen spülte ich noch mal, und Würste, Papier, Wasser, alles ergoss sich auf den Boden vor der Schüssel. Ich nahm den Deckel vom Spülkasten und fing an, mit dem großen Schwimmer, der Kette, dem schwarzen Gummistopper zu spielen.

Ich zog noch einmal ab. Wie gehabt – Kackwürste, Papier, Wasser, Ohnmacht. Ich nahm die Bademaße weg und fing an, die Bescherung aufzuwischen. Weitgehend mit Erfolg. Ich nahm Zeitungspapier, klaubte Kackreste auf und stopfte sie in eine Papiertüte, die ich auf der Spüle in der Küche fand. Als ich zurückkam, sah ich, dass die Bademaße Kackflecke hatte. Ich drehte sie um. Das sah besser aus. Wie indische Webarbeit.

Ich hatte Clydes Telefonnummer. Er war zu Hause. »Hör mal, Clyde, ich hab Hollys Klo verstopft. Der Bierschiss umschwimmt mich, als wäre alles zu spät. Mein Gott, tausend kleine Arschkriecher.«

»Hat sie keinen Pümpel?«

»Weder in Grün noch Schwarz noch Blau noch Rot.«

»Ich schicke dir Hilfe.«

Clyde kam nicht. Tommy kam. Tommy sagte, Clyde habe ihn geschickt. Er hatte einen roten Pümpel dabei. Wir setzten uns und zogen noch etwas von seinem kolumbianischen Gras durch.

»Ich fühle mich geehrt, Tommy. Ich glaube, das hier ist die erste von den Vereinigten Drogenhändlern Amerikas gesponserte Dichterlesung.«

»Gutes Gefühl«, meinte Tommy.

Ich nahm den Pümpel und versuchte mein Glück an der Kloschüssel. Das Rohr wurde tatsächlich wieder frei. Ich spülte mehrmals nach, und alles lief ab. Wir unterhielten uns noch eine Weile, dann fuhr Tommy mich zu Clyde, wo sechs oder sieben Leute auf dem Boden lagen, rauchten, tranken und vielleicht auch Heroin drückten.

Die erste Lesung lief nicht schlecht, weil ich nur mäßig getankt hatte und man das Publikum ja nicht *völlig* verarschen will. Aber anschließend stieg eine Party bei einer anderen Lehrerin für zurückgebliebene Kinder. Es war die Dicke, die mir am Flughafen aufgefallen war und die etwas sehr schön Verwegenes an sich hatte. Sie hieß Kali und besaß enorme Schenkel. Sie hätte es mit drei Pferden aufnehmen können. Ich war kein Pferd, aber ich wettete auf Pferde wie verrückt. Was soll man mit seiner Freizeit sonst anfangen, kaputte Glühbirnen kauen vielleicht? Also küsste ich sie und schob ihr meine Hand unters Kleid. 35 Leute waren im Haus, aber die Ansage war klar: Amerikas größter Dichter wollte Kalis Pferdefick sein. Man akzeptierte es, und Holly saß angepisst da und sah mich an. Aber ich war wütend auf sie, weil sie kein Papier auf der Rolle gehabt hatte.

Sie gingen also, und ich war mit Kali allein. Ich legte mich ins Bett und sah zu, wie sie sich auszog.

»Das war eine tolle Lesung«, sagte sie. »Bei dir hören sich Gedichte so einfach, echt und leicht an.«

»Genie«, sagte ich, »könnte die Fähigkeit sein, Tiefschürfendes einfach zu sagen.«

»Erzähl mir mehr«, sagte sie.

»Ausdauer ist wichtiger als Wahrheit«, erwiderte ich.

»Erzähl doch mal, was eigentlich los ist.«

»Ich schöpfe eine Glückssträhne bis zum Letzten aus, weiter nichts. Solange sie anhält, lasse ich mich von ihr tragen, wohin sie will. Ich bin zwar stark, aber im Prinzip ist mein Glück mehr wert als meine Psyche.«

Kali stand nackt da. Sie war üppig – volle Fülle, gut verteilt. Sie kam ins Bett. Ich grabschte und grabschte. Alles fest. Sie war gebaut, wie die Norweger ihre Frauen mögen, wie auch die Isländer sie mögen; Weib, Weib, Weib, die Sorte Frau, die die wenigen echten Männer hervorbringt; das Fleisch, der wahre Schoß, der Brennofen, die Vagina, die das Wunder austrägt, und der breite Hintern und die enge Möse, die es bewirken und empfangen.

Kali lachte immer wieder und sagte: »Nein, nein, ich kann erst, wenn mich die Leidenschaft packt, so nicht ...«

Ich versuchte es mit fast allen Tricks. Am besten gefiel ihr das Küssen, und mir war es recht. Ich weiß selbst nicht, ob mich Muschilecken oder Küssen mehr anmacht. Aber das Küssen war gut, und plötzlich hatte ich dann ihr Ohr zwischen den Zähnen und hielt es gepackt und riss ihr dabei fast die Haare aus, und sie gab nach.

Ich bestieg sie – buchstäblich –, und anfangs war es schwierig. Ich setzte zu hoch an oder zu tief, und schließlich führte sie mich mit der Hand ein. Ganz steif war ich nicht, dafür hatte ich zu viel getrunken, aber als ich erst mal drin war, hatte ich Glück – der Stahl kam nach. Es war eine gute Nummer, doch einmal fiel ich raus, verlor sie, und sie fing an, mit mir zu spielen. Besonders mit meinen Eiern. Sie ließ die Zunge an der Unterseite meines Schwanzes rauf und runter gleiten, dann nahm sie ihn plötzlich ganz in den Mund, und ich riss ihn raus, bestieg sie und kam innerhalb von 15 Stößen – nicht gerade rücksichtsvoll, aber das war mir egal; Lesungen schlauchten mich, und ich mochte Holly immer noch lieber.

Kali kam nicht rechtzeitig zur Arbeit, und um Viertel vor neun klingelte das Telefon. Kali reichte es mir.

»Ja?«, meldete ich mich.

»Hier ist Zana«, sagte sie.

Zana war meine Freundin aus Texas. Ihr lag wahrscheinlich mehr an mir als jeder anderen Frau. Sie war prima, kein Miststück (außer an schlechten Tagen manchmal), und sie hatte die schönsten Augen, die ich je bei einem Menschen gesehen habe. Sie war gut, aber arm dran, vor allem mit mir. Wobei sie es mit Würde trug und ich sie wohl auch liebte. Aber ich war mir nicht sicher.

»Hey, Baby, mir ist schlecht, aber ich freu mich, von dir zu hören.«

»Ich setz mich ins Flugzeug und komm zu dir.«

»Gut, gut«, sagte ich, »das ist toll. Ich bin auch brav gewesen.«

Zana nannte mir ihre Ankunftszeit, irgendwann in zwei Tagen – nach der zweiten Lesung. Bis dahin konnte ich meine Spermavorräte noch aufstocken. Die Telefonnummer hatte ihr Clyde gegeben, der Blödmann. Sie fragte nicht nach der Frau, die sich am Telefon gemeldet hatte. Das war Stil. Zana hatte Stil. Sie hatte es auch drauf, mich umzubringen. Konnte sich ein Mann noch mehr wünschen?

An die zweite Lesung erinnere ich mich nicht, weil ich zu früh am Tag mit dem Trinken anfing. Mitten im letzten Gedicht kam ich allerdings zu mir. Ich las es zu Ende und sagte, das war's. Da sie laut nach Zugaben riefen, hatte wohl wieder keiner was gemerkt. Ich ging hinten raus und fuhr zu Clyde, wo wieder eine Party stieg. Wir rauchten Kolumbianisches und tranken Bier.

Immer neue Leute kamen, aber sie kümmerten mich nicht. Dann kreuzte ein Typ auf, dem ich auf den ersten Blick ansah, dass er ein Arsch war. Tadellos gestutzter Bart und Baskenmütze, orange. Sein Gesicht war tiefste, gnadenlose Leere. Seine Ausstrahlung flog einem um die Ohren – muffige Schmuddelstrahlen, die es einem schwermachten, ihn anzusehen.

Er hockte sich zu meinen Füßen und stellte sich vor.

»Ich bin Dichter«, sagte er. »Genau wie Sie.«

»Dichter vielleicht«, sagte ich, »aber ein Dichter genau wie ich sind Sie nicht.«

»Na egal, ich würd Sie gern was fragen.«

»Bitte sehr.«

»Also, Mr Chinaski, ich hab was über Sie gelesen. Sie hatten lange keinen Erfolg mit dem Schreiben. Was haben Sie in der Zeit gemacht, als Sie noch nicht gedruckt wurden?«

»Ich hab gesüffelt und die anderen in Ruhe gelassen.«

»Also ich bin auch Drucker und Schauspieler. Da ich das Gefühl habe, dass meine Texte reif für die Veröffentlichung sind, will ich mein Buch im Selbstverlag rausbringen. Dann geh ich auf Lesereise und verkaufe mein Buch bei den Lesungen. Als Schauspieler kann ich meine Gedichte natürlich auch gut vortragen.«

»Okay«, sagte ich.

»Das Dumme ist nur, dass zu meinen Lesungen kein Mensch kommt«, sagte er.

»Entschuldigen Sie mich«, sagte ich. Ich stand auf und ging aufs Klo. Als ich wieder rauskam, setzte ich mich woandershin. Die Party ging immer weiter, und nach und nach hatten die Leute ein Einsehen und verschwanden. Auf einmal saß ich neben einem jungen Mädchen, Alacia, etwa 18. Sie wohnte mit einem Typ bei Clyde zur Untermiete, und die Miete zahlte wahrscheinlich der Typ, aber ich wusste nicht, wo er steckte. Jedenfalls saß ich da und unterhielt mich mit Alacia und strich immer wieder mit meinem Fuß über ihren Rist und sagte: »Komm, wir vögeln.«

»Nein.«

»Doch, komm, irgendwas«, sagte ich.
»Was denn zum Beispiel?«, fragte Alacia.
»Mach's mir mit der Hand.«
»Also ich weiß nicht!«
»Das kann dir ja nun nicht schaden, Alacia.«
»Sagst du so. Ich find es aber irgendwie doof.«
»Nicht doofer, als wenn man sich übers Leben und Dichten unterhält.«
»Na, ich weiß nicht«, sagte sie.

Ich zog meine Hose aus und legte mich auf der Couch lang. Ich holte ihn aus der Unterhose. Alacia saß in ihrem Sessel und starrte ihn an. Sie guckte immer weiter, und das erregte mich. Es war doof; das Doofe daran erregte mich. Das Ding wurde größer und richtete sich auf. Es spiegelte sich in ihren Augen wider.

»Läuft es nur darauf raus?«, fragte sie.
»Was denn?«
»Deine Romane, Storys und Gedichte – läuft das alles nur darauf raus?«
»Auf einen steifen Schwanz, ja. Fass ihn an, Baby, massier ihn, küss ihn. Sonst werd ich verrückt. Sieh zu, wie er vor deinen Augen wächst und abspritzt! Vergiss Kunst und Schreiben! Fast alle männlichen Schriftsteller haben ja einen Schwanz. Hol mir einen runter, du Hexe mit den blauen Augen!«

Alacia nahm ihn in die Hand.
»Uuuh«, sagte sie.
»Spuck dir in die Finger. Massier mich.«
Sie hob die Hand zum Mund.
»Richtig reinspucken«, sagte ich. Mein Schwanz pulsierte wie ein Cello beim Erdbeben, einem großen Beben, das alles durcheinanderwirbelt und 800 Menschenleben kostet. Ihre

Hand schloss sich wieder um meinen Schwanz. Ich hatte eine Menge Bier intus, aber der Glaube war da. 55 Lenze und geil wie ein Messdiener.

»Uuuh«, sagte sie.

»Er wird größer«, sagte ich. »Guck.«

»Ja.«

»Er ist dunkelrot. Siehst du die vielen Adern? Das kommt vom Stress und dem Versuch, mir das Ding in den Arsch zu stecken. Ich hab Hämorrhoiden. Mach fester. Bleib oben an der Eichel, und ab und zu streichst du lang und fest runter. Siehst du, wie er sich aufbäumt? Gott, ist der Vogel hässlich!«

Alacia hörte auf zu reden. Sie massierte nur und schaute. Ihr Blick war starr wie bei einem von einer Klapperschlange hypnotisierten Tier. Ihre Lippen öffneten sich, und ich konnte ihre Zähne sehen. Alacias weiße, ebenmäßige Zähne hinter den sich öffnenden Lippen. Ich beobachtete ihre Lippen und ihre Augen, und es erregte mich sehr. Sie machte schneller und beugte sich weiter vor. Ich merkte, wie mir der Saft hochstieg. Ich legte ihr beide Hände ins Genick und zog ihren Kopf zu meiner Schwanzspitze runter. Sie wehrte sich und wich zurück. Verärgert zog ich mit der einen Hand ihren Kopf wieder ran und hielt mit der anderen ihren Mund auf, während ich den Schwanz nach oben stieß. Ich zielte vorbei und spritzte ihr die Wangen voll.

Alacia sprang auf. Ich sah das Sperma an ihrer linken Gesichtshälfte runterlaufen. Nicht gerade viel, aber ich sah es. Sie spürte es und wischte es mit dem Handrücken ab. Dann lief sie ins Bad. Ich griff nach meiner Hose, zog sie wieder an, wartete, stand schließlich auf und holte mir ein Bier aus dem Kühlschrank.

Da sie sich Zeit ließ, legte ich mich lang und dachte: Erobert, erobert, erobert.

Alacia sah jünger und schöner denn je aus, als sie aus dem Bad kam. *Unberührt*, seltsam unberührt und jungfräulich sah sie aus, aber eigentlich hatte das auch seine Richtigkeit, denn *penetriert* hatte ich sie nur auf die schlimmstmögliche Weise – geistig. Für Frauen ist es immer besser, einfach gefickt statt verarscht zu werden.

Sie anzusehen machte mich fast schon wieder geil, aber ich wusste, das hatte ich jetzt ausgereizt.

Sie baute sich vor mir auf und sagte: »Der größte Dichter Amerikas. Soll ich dir sagen, was du bist? Was du wirklich bist?«

»Was denn?«

»Ein Arschloch, ein Arschloch, ein ARSCHLOCH bist du!«

»Nun mal langsam, Baby. Dichten tut man ja mit dem Kopf.«

»Damit du klarsiehst, Arschloch – ich sag Marty, was du hier mit mir gemacht hast! Du Arschloch, du Arschloch, du *Arschloch*!«

»Wer ist Marty?«

»Der Mann, der mich liebt.«

»Tatsache?«

»Er bringt dich um!«

»Na dann.«

»Du kommst dir sehr schlau vor, was?«

»Ja.«

Alacia ging abrupt aus dem Zimmer. Ich drehte mich von der Seite auf den Rücken und dachte, ah, Junge, so hält man sich schadlos. Du vögelst, du leckst, fickst Ärsche und Gesichter. Du musst der King sein.

Alacia kam wieder rein, ich hörte ihre langsamen Schritte.

»Hier ist ein Souvenir von mir für dich.«

»Danke, Baby.«

Es klatschte voll auf mich. Eine Spülschüsselladung kaltes Wasser. Es war eine große Schüssel. Kaltes Wasser satt.

Alicia lachte lauthals, und ich lag begossen da.

»Du Miststück«, sagte ich, »wenn ich noch Saft hätte, würde ich dich dafür vergewaltigen!«

Lachend ging sie in ihr Schlafzimmer. Schloss die Tür und lachte weiter. Ab und zu hörte sie auf, dann fing sie wieder an. Ich zog die nassen Sachen aus, drehte das Sofakissen um und schlief bald ein.

Am nächsten Tag holte ich Zana am Flughafen ab. Sie sah gut und gesund aus, wie texanische Frauen das so an sich haben. Tommy hatte den Wagen und fuhr uns zu Holly. Holly hatte sich bereit erklärt, Zana und mir fürs Wochenende ihre Wohnung zu überlassen. Sie wollte verreisen. Wir kauften Bier und Zigaretten. Tommy gab uns etwas kolumbianisches Gras, und Toilettenpapier hatten wir auch besorgt. Tommy rauchte eine mit uns und fuhr dann. Ich sah den Schuh von Holly, den ich gebumst hatte, und dachte, Herrgott, wie soll ich Zana ficken? Mein Sperma wird alle sein, dabei liebe ich sie mehr als alle anderen. Sie hat Stil und Klasse, und sie mag mich sehr – liebt mich vielleicht sogar. Verdammt, warum konnte ich nicht warten? Aber eins blieb ja immer noch, und das sollte mir auch recht sein. Wir tranken was und unterhielten uns.

»Ich bin brav gewesen«, sagte ich ihr.

»Freut mich riesig, das zu hören. Die Welt ist ja voller Groupies. Kannst du dir vorstellen, was Elvis alles zu bewältigen hat? Der kann wahrscheinlich froh sein, wenn er überhaupt noch einen hochkriegt«, sagte sie.

»Läuft es nur darauf hinaus?«, fragte ich.

»Bitte?«

»Meine Romane, Storys, Gedichte – geht's da nur um eins: den steifen Schwanz?«

»Baby«, sagte sie, »ich weiß nicht, was ich lieber mag, deine Schreiberei oder deinen Schwanz. Und wenn eins von beiden nicht mehr zieht, dann sag ich dir das schon.«

Drei oder vier Stunden später gingen wir ins Bett. Sie war Tausende von Meilen geflogen, um mich zu sehen. Das schmeichelte mir und machte mir Angst. Ich hielt sie fest und fing an, mit ihren Haaren zu spielen. Komischerweise stellte sich mein Schwanz auf, aber das Gefühl, kein Sperma mehr zu haben, blieb. Ich gab ihr meine Zehntelküsse, nur kurz den Mund streifen oder antippen und wieder weg. Ich riss an ihren Haaren, saugte an ihren Ohrläppchen, biss sie in den Hals.

Dann wanderte ich zu ihren Brüsten, zu ihrem Bauchnabel, dann war ich da, wo über der Möse die Haare anfangen. Ich nahm ein paar Löckchen zwischen die Zähne. Dann war ich plötzlich mit der Nase dran, vom Hintern aufwärts und einmal durch. Sie stöhnte, und ich wiederholte die Nasenfahrt. Dann kam ich mit der Zunge, aber ganz sanft. Ich fing weit weg an, umkreiste den ganzen Bereich und zog die Kreise immer enger. Dann bewegte ich die Zunge sachte auf und ab und spürte ihre Klitoris unter der Zungenspitze. Ich stieß die Zunge einmal direkt in die Möse, dann hielt ich mich leicht und kontinuierlich an die Klitoris. Ich stellte mir vor, sie sei eine Fremde auf dem Rücksitz meines Wagens, die mir vergebens zu widerstehen versuchte; sie wollte, aber sie wusste nicht, wie. Ich erhöhte den Druck und schlug rhythmisch mit der Zunge an ihre Klit, schnell eins, zwei, drei, halt, schnell eins, zwei, drei, halt. »JA«, sagte sie, »JA, JA, JA, JA.« Dann furzte sie und sagte: »Tut mir leid.« Ich fing wieder an. Sie furzte erneut. Dann saugte ich die Klitoris mit dem Mund an, und sie wand sich und kam wirklich in Fahrt. Ich ging rauf und runter, brachte ab und zu meine Zungenspitze dahinter und ließ sie mehrmals fast los, nur um sie wieder anzusaugen. Sie umklammerte meinen Kopf mit den Beinen, und wir hüpften herum. Ich versuchte immer noch den Zauber zu wirken, aber es war nicht einfach. Sie gab meinen Kopf frei, und ich ließ los.

»Hör mal, Baby«, sagte ich, »Ich glaub, ich kann heute Abend nicht ficken. Das Lesen, die ganze Sauferei. Ich bin ausgebrannt.«

»Hey, Daddy«, sagte Zana, »das macht gar nichts. Es geht schon.«

Danach schliefen wir ein, und beim Aufwachen entschlossen wir uns, schon an diesem Samstag, nicht erst am Sonntag zurückzufliegen. Wir hatten Glück mit den Flugreservierungen und hinterließen Holly eine Nachricht: »Danke, dass wir deine Badewanne, dein Waschbecken, dein Federbett, deinen Mülleimer und deinen Topf benutzen durften. Wir lassen dir ein bisschen Kolumbianer und eine Kapsel Meskalin da und grüßen lieb: Zana und Chinaski.« Zwei Steaks und vier Rollen Klopapier ließen wir auch noch da.

Clyde brachte uns zum Flughafen, gab mir die $ 500 in bar, vorwiegend in 20ern und 50ern, und mir wurde klar, was Whitman mit seinem Ausspruch meinte: »Für große Dichter braucht's ein großes Publikum.« Obwohl es meiner Meinung nach andersherum besser funktionierte. Ich spendierte in der Flughafenbar noch zwei Runden, dann stiegen wir ins Flugzeug. Bei einer Zwischenlandung in Houston wurde ein Triebwerkschaden festgestellt. Sämtliche Passagiere wackelten am Schalterbeamten vorbei, als wäre er ein für letzte Wahrheiten zuständiger Gott. Flug Nummer 72.

Zana und ich gingen in die kilometerweit entfernte Bar.

Wir setzten uns an einen Ecktisch und entschieden uns für Wodka: Wodka und 7-Up für mich, Wodka-Tonic für sie. Ich musste daran denken, wie ich wegen einer Tornado-Warnung mal am O'Hare festsaß. Sechseinhalb Stunden hingen wir auf dem Flughafen herum. So viele Betrunkene sieht man sonst höchstens in New York in der Neujahrsnacht. Ein armer Kerl trat aus der Bar, blieb stehen und wankte hin und her. Alle beobachteten ihn. Als er umfiel, legte er den schlimmstmöglichen Sturz hin, knallte mit dem Hinterkopf auf den Beton und blieb liegen, nachdem sein Kopf noch ein paarmal hochgewippt war. Ich gehörte zu den Ersten, die zu ihm hinliefen, aber andere waren schneller. Als Erster war ein netter alter Herr mit einem gelb verschmierten, langen weißen Bart und einer Baseballkappe der Chicago White Sox bei ihm. »Hey, Kumpel«, sagte er, »alles in Ordnung? Ich hol Ihnen Hilfe!« Er zog dem Mann die Brieftasche aus dem Jackett, stopfte sie sich ins Hemd und rief im Davonlaufen: »Hilfe! Hilfe! Da hinten ist jemand verletzt!« Dann verschwand er um die Ecke.

Zana und ich saßen da, tranken und warteten darauf, dass sie das Triebwerk reparierten. Irgendwie bekamen wir uns in die Wolle, wenn ich auch nicht genau wusste, weshalb. Zana wusste es besser, und schließlich verfiel ich in Schweigen. Sie redete weiter, und der Wodka schmeckte uns beiden. Ich weiß nicht genau, wie viel Zeit verging, aber dann betraten zwei Leute die Bar, ein Mann und eine Frau, und sie kamen zu uns an den Tisch und fragten: »Sind Sie die beiden fehlenden Passagiere von Flug 72?«

»Ja«, sagte ich.

»Der Flug ist startbereit. Beeilung bitte!«

Ich warf Geld für die Drinks auf den Tisch, und wir liefen hinter den beiden her. »Komm«, sagte Zana, »überschlag dich nicht. Die sind noch nicht startbereit; die tun nur so.«

»Doch, doch«, sagte ich, »die sind startklar!«

Ich zog sie an der Hand mit. »BEEILUNG! BEEILUNG!«, riefen die beiden vor uns. Wir waren beschickert; in dem Zustand läuft sich's schlechter. Wir rannten raus aufs Rollfeld. Alle Passagiere warteten. Durch die Fenster sahen sie uns nicht gerade liebevoll an. Der Pilot stand am Kanzeleingang. »BEEILUNG! BEEILUNG!«, rief er, und wir rannten die Stufen hinauf und an Bord. Hinten waren zwei Plätze frei. Wir schnallten uns an, und sie zogen die Landetreppe weg, und das Flugzeug setzte sich in Bewegung. Schon waren wir in der Luft. Wir bekamen Gratisgetränke, und Zana fing an zu heulen, die Tränen strömten ohne Ende. Und das war's so ungefähr, was es über die vom Drogenhandel gesponserte Dichterlesung zu berichten gibt. Zana hörte schließlich doch auf zu heulen, und bei der Landung auf dem Flughafen ihrer Heimatstadt gingen wir als Letzte von Bord. Als ich mit Zana an ihr vorbeikam, fragte mich eine der Stewardessen: »Haben Sie beide jetzt Ihre Probleme gelöst?« Und ich sagte: »Aber wo denken Sie hin? Davon sind wir himmelweit entfernt.«

Das hat sich seither als zunehmend wahr erwiesen, auch wenn wir noch Freunde sind.

East Hollywood, das neue Paris

East Hollywood liegt im Smog unterhalb der violetten Berge. Es beginnt am Hollywood Boulevard, verläuft östlich der Western Avenue bis zur Alvarado Street und endet im Süden am Santa Monica Boulevard. Ein größeres Aufkommen an Pennern, Säufern, Tablettenschluckern und Prostituierten pro Quadratmeter findet man in ganz Südkalifornien nicht.

Ich habe da gewohnt. Mittags saß ich in der Unterwäsche an meiner Schreibmaschine, trank Bier, sah aus dem Fenster und onanierte, wenn die jungen Mädchen vorbeiliefen. Mit 50 war das normale Leben für mich vorbei. Ich gab meinen Job auf und entschloss mich, Schriftsteller zu werden. Ich wollte mein Geld mit Schreiben verdienen, weil ich gern abends trank und morgens ungern aufstand. Ich konnte gut dreckige Geschichten von Vergewaltigung und Mord schreiben, von Sachen, die viele gern gemacht hätten, nur dass ihnen der Mumm dazu fehlte, also brachte ich das glaubwürdig für sie zu Papier, und ihnen lief der weiße Glibber an den Beinen runter, und ich bekam mein Geld. Ich mochte Wörter. Ich konnte sie wie Revuegirls tanzen lassen, aber auch als MG-Feuer einsetzen. Ich hab mich also prostituiert, das tun ja viele Leute, Ihre Mutter beispielsweise hat sich wahrscheinlich gegen Bares in irgendeiner Dreckgasse von Hundeviechern in den Arsch ficken lassen, bloß hat sie Ihnen nichts davon erzählt.

Das Problem mit meiner Schreibe war, dass mir das Saufen in die Quere kam. Ich wichste ein- oder zweimal, trank 5, 6 Dosen Bier, machte eine Flasche Scotch auf und setzte mich an die Maschine. Nach 1 oder 2 Stunden Tippen saß ich nur noch vor der Maschine und süffelte. Ich bekam es mit der Angst. Was, wenn die Redakteure zu blöd waren, um gut und schlecht Geschriebenes auseinanderzuhalten? Was war denn schon so ein Redakteur? Doch bloß einer, dessen Mutter es sich in irgendeiner Dreckgasse von 3 ungewaschenen Arabern in Mund, Arsch und Möse gleichzeitig hatte besorgen lassen. Denken Sie dran, wie es Céline ergangen ist. Man hat ihm das Fahrrad gestohlen, ihm auf die Schuhe gespuckt und ihm Büchsen mit Ziegenpisse vors Fenster gehängt.

Wenn man jeden Tag bechert, kommen die Spinner vorbei, die Irren. Der Erste war Rolph, ein Deutscher. Er klopfte einfach so an. Seine schwarze Begleiterin hieß Bonnie. Er fragte: »Hey, was treibst du?«, und ich sagte: »Ich warte darauf, dass Jesus als Chinese mit Holzbein wiederkehrt.« Sie kamen rein. Ihr sah ich an, dass sie in Ordnung war. Aber er hatte etwas ganz Verqueres an sich. Ich trank einen Schluck von meinem Bier.

»Du warst zweimal im Irrenhaus«, sagte ich ihm.

Er lachte und machte ein paar Luftsprünge. Dann Schluss. Beide setzten sich. »Hey, hol uns ein Bier«, sagte Rolph.

Ich stand auf und ging Richtung Küche. Ich hatte etwa 5 oder 6 Schritte gemacht, da sprang er mir auf den Rücken, legte mir den linken Arm um den Hals und schlug mit rechts auf mich ein. Er lachte. Er schrie irgendwas, was ich nicht verstand. Seine Faust trommelte und drosch auf mir herum. Der Angriff hatte nichts Harmloses.

»Rolph«, sagte ich, »deine Mutter ist eine verstunkene Nutte!«

Er schlug weiter auf mich ein.

»Rolph«, sagte ich, »lass das. Du fängst an, mich zu ärgern. Ich soll dir und deiner Freundin ein Bier holen, und du juckelst auf mir rum wie der letzte Arsch!«

Er prügelte weiter. Ich kriegte ihn am Genick zu fassen, drehte mich um, peilte die Couch an und schleuderte ihn durch die Luft. Bonnie sprang zur Seite, und Rolph flog auf die Couch und von der Couch auf den Boden. Er setzte sich aufrecht und sah mich an. Sein Blick verschleierte sich.

»Das war unfair«, sagte er. »Ich hab nur Spaß gemacht. Wir sind in guter Absicht hergekommen.«

Ich sah Bonnie an. »Was willst du denn mit so einem Hampelmann?«

»Ich liebe ihn«, sagte Bonnie.

»Du liebst Kacke im Teigmantel«, sagte ich.

Dann sah ich Rolph an. »Steh auf, Mann, ich mach dich alle!«

»Immer langsam«, sagte er. »Du bist uns ein Begriff.«

»Echt?«

»Echt. Ich hab einen Buchladen am Kingsley Drive, *The Marmelade Switch*. Wir möchten, dass du eine Lesung machst.«

»Wie viel?«

»Die Hälfte der Einnahmen.«

»Die Hälfte der Einnahmen und zu trinken, so viel ich will.«

»Abgemacht ...«

Am Freitag um acht fuhr ich dann hin. Der Laden war rappelvoll. Ich hatte noch nie eine Lesung gemacht, war aber in der Stadt bekannt für meine dreckigen Storys und Gedichte und für irgendwelche unberechenbaren Sachen, die ich angeblich draufhatte. Einiges davon stimmte zwar, aber das Interessanteste nicht. In Wahrheit war ich schlicht ein verzweifelter und unglücklicher Mensch. Ich war konfus, krank und einsam, zugleich aber ein ausgesprochener Dickkopf. Es widerte mich an, immer und ewig nur vor die Wahl gestellt zu sein, zu flüchten, zu kämpfen oder Selbstmord zu begehen. Und die schönen Frauen hielten sich nur an die Reichen und Berühmten, und bald würden die schönen Frauen auch nicht mehr so schön sein. Alles war ein einziger großer Sack Truthahnscheiße.

Da ich keine Parklücke fand, parkte ich auf dem Parkplatz des Supermarkts auf der anderen Straßenseite. Abzuschließen brauchte ich den 1962er Comet nicht. Außer mir bekam ihn keiner flott.

Ich stieg mit einem Schwung Gedichte an einem Klemmbrett aus. Dann hörte ich Geschrei:

»DA IST DIE DRECKSAU! AUF IHN!«

Ich sah Rolph und irgendeinen Fettwanst über die dunkle Straße auf mich zurennen. Diese elenden Arschkriecher dachten immer, ich wäre wie Ernest Hemingway nur an einem interessiert: Krieg. Sie stürzten sich auf mich. Sie packten mich und hätten mich gern auf den Boden befördert. Der Dicke schwitzte schon. Er rammte mir seinen Ellbogen in die Magengrube.

»DEIN VATER WAR EIN HOMO!«, schrie er.

Ich warf meine Gedichte hin. Der Dicke hatte eine Brille auf, und da ich ihm nicht das Augenlicht nehmen wollte, knallte ich ihm eine hinters Ohr. Er kniff die Glubscher zusammen, ließ einen fahren und lief davon. Ich beschloss, Rolph fertigzumachen. Ich legte ihn über die Haube eines Autos auf dem Parkplatz und drückte ihm die Gurgel zu. Die Augen quollen ihm ordentlich raus. Sogar im Dunkeln sah ich, wie sein Gesicht blaurot anlief. Dann zerrten mich irgendwelche Leute weg, Leute, die zu der Lesung wollten. Ich raffte meine Gedichte auf und ging rein, um zu lesen. Das Publikum war nett; sie mochten dreckige Gedichte. Anschließend sagte ich: »Danke. Jetzt wird bei mir noch gefeiert.«

Fast jeden Abend wurde bei mir gefeiert. Wann ich eigentlich schrieb, weiß ich auch nicht, aber ich schrieb eine Menge und gar nicht mal schlecht. Eines Abends saß ich da also mitten auf dem Teppich und war von Leuten umzingelt. Die meisten kannte ich nicht, aber sie waren überall – im Schlafzimmer, auf dem Lokus, in der Badewanne, in der Küche, sie kotzten, schissen, fraßen, soffen, redeten, kloppten sich, fickten. Ich saß nur da und trank. Die Frauen waren fürchterlich, zeigten ihre ungewaschenen, fleckigen Slips, ihre bis zum Bauchnabel hängenden Titten. Die Männer waren nicht besser: Hyänen, Kojoten, Blutegel, Schießhunde, Möchtegern-Schriftsteller. Ich pennte vom Alkohol und von ihrem Stumpfsinn ein ...

Dann wurde ich geweckt. Irgendwer schüttelte mich.

»Hank! Hank! Die Bullen sind da!«

Ich sah hoch. 2 Cops standen im Eingang. Nebst einem Bürger mit Schrotflinte. Ich lag in der Zimmermitte auf dem Bauch. Ich hob den Kopf.

»Was wünschen die Herren?«

Der kleinere Cop hatte ein Oberlippenbärtchen. Zigarre im Mund. Keck aufgesetzte Mütze.

»Sind Sie der Wohnungsinhaber?«

»Nein, ich bin der Mieter.«

Er schaute sich um. Sein Blick fiel auf fleckige und ungewaschene Höschen. Dann sah er wieder mich an.

»Hör zu, Freundchen, hier war ich schon mal! Ich kenne dich! Und ich hab's satt, hierherzukommen! Ich möchte, dass hier halbwegs Ruhe herrscht! Sollte ich heute Abend noch mal herkommen müssen, wanderst du in den Bau!«

Dann ergriff der Bürger mit der Flinte das Wort. Es war ein älterer Bursche, dem eine kleine Tomate oder sonst was links aus dem Hals wuchs. Aus der Tomate tropfte es auf seinen Hemdkragen.

»Dieser Typ«, dabei sah er mich an, »ist schuld an allem. Seit er vor zwei Monaten hierhergezogen ist, haben die unbescholtenen Bürger dieser Gemeinde noch keine Nacht durchschlafen können! Da wird gefeiert und geflucht und Glas zerdeppert, und man vergnügt sich mit Musik und liederlichen Frauenzimmern! Ich brauche meinen Schlaf! ICH BESTEHE AUF MEINEM SCHLAF!«

Dann nahm er das Gewehr hoch und legte auf mich an. Die Cops standen daneben. Ich fasste es nicht. Ich hörte die Sicherung klicken.

Ich hob die rechte Hand, formte sie zur Pistole, zielte auf den Bürger und machte: »Peng.«

Eine Nutte lachte. Der Bürger nahm die Flinte runter. Der Cop mit der kecken Mütze sagte: »Denk dran, eine Beschwerde noch, und du wanderst in den Bau!«

»Und wenn ich noch mal was höre«, sagte der Bürger mit der Tomate am Hals, »dann komme ich vorbei, ohne erst jemanden zu rufen, und bereinige die Sache selbst ...«

Sie verschwanden, und ich bemühte mich ein wenig, die Lautstärke zu dämpfen. Weder die Cops noch der Bürger kehrten an dem Abend zurück. Andere Partys folgten, aber ich bekam sie nie mehr zu Gesicht. Als hätten sie uns eine kleine exklusive Nachtvorstellung gegeben und wären danach weitergezogen ...

Mein zweite Lesung gab ich in Venice, das zwar nicht zu East Hollywood gehört, aber gut dazugehören könnte. In einer Kneipe direkt am Meer. Ich fuhr zeitig hin, allein, mit einem Viertelliter Whiskey, setzte mich ans Wasser und trank. Als die Flasche leer war, ging ich den Strand hoch und in die Kneipe. Sie warteten schon. Ein kleiner Tisch mit Mikro auf einem Podest und 2 Sechserpacks Bier standen für mich bereit. Ich ging zwischen den Leuten durch.

»Bukowski!«

»Hey, Bukowski-Baby!«

Dann kam ein verschwitzter junger Mann in einem blauen Handwerkerhemd angerannt und drückte mir die Hand: »Kennst du mich noch, Mann? Ronnie heiß ich ... Kennst du mich noch?«

»Ronnie«, sagte ich, »friss einen Korb voll getrockneter Kacke.«

Ich stieg aufs Podium und knackte eine Dose Bier. Sie johlten, während ich sie austrank. Es waren Arschlöcher, Leser meiner Sachen. Ich hatte für mich selbst geschrieben. Jetzt stand ich als Opfer da. Ich blickte in die Runde und sah die vielen jungen Mädchen. Etliche fauchten und schrien mich an, nannten mich einen Chauvi, dabei wollten die meisten nur eins, mit mir ins Bett. Sie wollten mit mir ficken, sie wollten die Saat meiner verschrumpelten Seele, als käme die vorne aus meinem Schwanz. Die jungen Dinger wollten mir ihre Art von Tod aufzwingen, der ein Spiel für sich war: rein ins Bett mit ihnen und wieder raus und gucken, wer am meisten davon hat.

... Ich las ihnen was und kam damit durch, schnappte mir das Geld und sagte, in der nahegelegenen Wohnung des Dichters würde noch gefeiert. Ich lief zu meinem Wagen, sprang rein und brauste davon, so gut ein 1962er Comet eben davonbrausen kann. Betrunken, Radio an, Vollgas. Ich düste die dunklen Straßen von Venice rauf und runter, die Rattenmeute hinter mir. Dann jagte ich den Comet eine Einfahrt rauf, lenkte ihn auf den Gehsteig und genoss das Fahren auf dem Gehsteig. Ich beschleunigte auf 60 Meilen die Stunde, und sie folgten mir auf der Straße. Plötzlich war ein Haus im Weg. Ich riss den Wagen scharf nach links, erwischte aber einen Zaun und nahm ein Stück davon mit. Wieder auf der Straße, wippten die weißen Zaunlatten auf der Haube wie

Knochen aus dem Jenseits, bis sie klappernd runterfielen. Ich fuhr zum Haus des Dichters, stieg aus, und die Meute kam hinter mir her ...

Zu Hause wusste ich schon, wie ich Leute davon abhalten konnte, mich zu oft zu beehren, aber es kamen doch immer wieder neue. Robbie schien mir ganz in Ordnung, sanfte Augen, Bart; er war ernst, aber er konnte auch lachen. Er hatte einen kleinen Gedichtband von mir verlegt, *Fühl mich erst gut, wenn ich böse bin*. Er verkaufte sich sogar, und das Geld vertranken wir. Robbie schrieb selbst Gedichte, eher mäßig, und dann fing er an, seine Freunde mitzubringen – alles Männer. Wir tranken Wein und Bier und unterhielten uns. Aber sie waren politisch. Genau unterbringen kann ich sie nicht. Anarchisten, Revolutionäre oder etwas in der Art.

Ich war unpolitisch. Ich sagte ihnen, sie sollten Ernst machen mit dem, was sie vorhatten. Sie waren gut organisiert und engagiert. Sie hatten Nahrungsmittel, Waffen und Frauen in den Bergen von Oregon gebunkert.

Edward, ein Mitglied, meinte zu mir: »Entweder bist du Teil der Geschichte, oder du bist ein nutzloses Glied der Gesellschaft. Du lässt dich benutzen, und wenn du dich benutzen lässt, erschwerst du anderen, die eine Wende zum Besseren anstreben, die Arbeit.«

»Ich will nichts weiter als Sachen auf weißes Papier tippen«, sagte ich.

»Du denkst ichbezogen«, sagte ein junger Rothaariger. »Schließ dich deinen Menschenbrüdern an.«

»Ich halte nichts von Bruderschaften«, antwortete ich. »Mir geht's gut, wenn ich allein bin.«

»Jetzt trinkst du ja auch mit uns.«

»Ich trink mit Anarchisten genauso wie mit jedem anderen.«

»Wir sind keine Anarchisten«, sagte ein Bruder namens

Jack. »Anarchie bedeutet politisches und gesellschaftliches Chaos sowie den Willen, alles zu zerstören. Wir wollen nur das Schlechte und Verrottete zerstören.«

»Sie mich nicht so an«, sagte ich ihm.

»LECK MICH!«, schrie Bruder Jack.

Wir tranken bis in die Nacht, und die Brüder erörterten ihre Pläne in meiner Anwesenheit. Ihr Vertrauen ehrte mich. Und es war gerechtfertigt, denn sowenig sie mich überzeugten – es gab auch keinen anderen Standpunkt, von dem ich überzeugt gewesen wäre. Sie waren nette Jungs, sie hielten beim Bechern mit mir mit, und sie hatten ihr eigenes Gesöff mitgebracht, was sie von den meisten meiner Gäste unterschied.

Gegen 2 fasste mich Bruder Jack plötzlich ins Auge. Da war er schon mächtig breit und hatte Sabber am Kinn hängen. »Du bist also nicht von uns überzeugt?«, fragte er.

»Nicht so richtig.«

»Na«, sagte Bruder Jack, »dann leck mich! LECK MICH, LECK MICH, LECK MICH!«

Es war ein bisschen still, dann redeten die anderen Brüder weiter. Bruder Jack starrte mich bloß an. Ich war der Feind. Dafür oder dagegen. Mach mit oder verpiss dich ins Dunkel der Nacht.

»LECK MICH!«, schrie er noch einmal.

Er sackte ein wenig auf der Couch zusammen, kippte leicht nach rechts und fiel vornüber auf den Teppich. Weg war er.

»Wo steht dein Wagen?«, fragte ich Robbie.

Ich ging zu Bruder Jack und raffte ihn auf. Ich folgte Robbie zur Tür hinaus und in die Dunkelheit. Bis zum Wagen war es nicht weit. Robbie machte hinten auf, und ich warf Bruder Jack auf dem Rücksitz. Dort angekommen, schlug er die Augen auf und sah mich an.

»LECK MICH!«, schrie er.

Robbie und ich gingen wieder rein, und wir tranken noch eine Runde mit den Brüdern, dann fuhren sie …

Zwei oder 3 Abende später klopfte Robbie bei mir an. Ich ließ ihn rein und riss zwei Dosen Bier auf. Robbie trank einen Schluck.

»Also«, sagte er, »die Brüder haben abgestimmt, ob sie dich killen sollen oder nicht …«

»Aha?«

»Ja, und du bist mit einer Stimme davongekommen. 4 zu 3 dagegen.«

»Super. Wofür hast du gestimmt?«

»Ich habe dafür gestimmt, dass sie dich nicht umbringen.«

»Nimm dir noch ein Bier.«

»Danke. Aber eigentlich wollte ich dir sagen, es kann losgehn.«

»Was kann losgehn?«

»Die Verteilung der Literatur.«

»Was für Literatur?«

»Das hab ich dir doch erzählt, Hank.«

»Wahrscheinlich war ich voll. Erzähl's mir noch mal.«

»Okay«, sagte Robbie, »ich hab das Ultimatum verfasst. 40 Stück hab ich jetzt im Wagen. Du musst mir beim Verteilen helfen. Hast du versprochen.«

»Was für ein Ultimatum?«

»An Richard Nixon, ans *Time*-Magazin, an die Fernsehsender, an etliche Gouverneure, Mitglieder des Senats und des Repräsentantenhauses, an die *New York Times*, den *Christian Science Monitor*, an alle, die es wissen sollen.«

»Was sollen sie wissen?«

»Dass wir, wenn die Luftverschmutzung nicht aufhört, eine Großstadt nach der anderen hochjagen. Wir sprengen die

Staudämme, wir sprengen die Abwasserkanäle, wir zerstören Stadt für Stadt, Stück für Stück, bis die Luftverschmutzung aufhört.«

»Hör mal, wenn ihr bei East Hollywood ankommt, kannst du mir dann ein paar Tage vorher Bescheid sagen? In Scheiße ertrinken will ich nun wirklich nicht.«

»Wir sagen dir Bescheid. Wir sorgen wieder für reine Luft.«

»Und ihr bringt Scheiße auf die Straßen?«

»Einige müssen geopfert werden zum Wohl der vielen.«

»Und ich hab dir versprochen, dieses Rundschreiben zu verteilen?«

»Irgendwann abends, ja. Und jetzt steckt das Ultimatum versandfertig in großen Umschlägen, Eilbrief 1. Klasse. Das hat die Brüder echt was gekostet. Du und ich müssen die Briefe jetzt auf 40 Briefkästen in der Stadt verteilen. Wenn wir sie alle in denselben werfen, besteht die Gefahr, dass man uns auf die Spur kommt.«

»Herrgott, Robbie, das kann ich nicht! Ich glaube nicht an euer Programm! Es ist hirnrissig und verbohrt. Ihr ertränkt doch mehr Leute in Wasser und Scheiße, als die Luftverschmutzung in zehn Jahren umbringt!«

»Du hast es mir versprochen, Hank.«

»Was ist denn mit den anderen Brüdern?«

»Ich bewundere dich, Hank. Das ist ein großes Ding für mich. Ich will dich dabeihaben, wenn wir's durchziehen.«

»Nichts zu machen, Knalltüte ...«

Der arme Irre saß da und guckte auf seine Schuhe. Ich ging eine Flasche Wodka und zwei Gläser holen.

»Hier«, sagte ich, »trinken wir das erst mal. Du kannst heute Nacht auf der Couch schlafen, und morgen früh fahren wir mit deinem Wagen zur Müllkippe und laden euer Ultimatum da ab, wo es hingehört.«

Ich goss uns zwei volle Gläser ein.

»Du kennst die Fabriken und kommst von der Straße«, sagte er. »An deiner Schreibe habe ich gleich gesehen, dass du ein Ausnahmemensch, dass du einer von uns bist.«

»Geh mir nicht um den Bart, Knallkopf. Ich hab Scheiße gern da, wo sie sein soll. Die Kanalisation ist für mich eine der größten Errungenschaften der Menschheit.«

»Wir haben gegen deinen Tod gestimmt, Hank.«

»Das bringt mir nichts. Ich bin lebensmüde ...«

... Wir tranken also den Wodka, wir leerten die Flasche, und ich stand auf und sagte: »Na, dann komm.«

»Heißt das, du hilfst mir doch?«, fragte Robbie.

»Kleiner Nervenkitzel ...«

»Ich wusste, dass du mitmachst!«

Wir gingen raus und stiegen in seinen Pick-up. Die Brüder hatten irgendein Gehäuse auf die Ladefläche gesetzt, eine runde Metallspirale, an die noch ein Blechhaufen geschweißt war, und hinter unseren Sitzen lagen die 40 Ultimaten.

Robbie fuhr. Wir hielten am nächsten Schnapsladen und kauften eine 4-Liter-Henkelflasche billigen Wein. Weiter ging's.

»So«, sagte Robbie, »hier ist unser erster Briefkasten.«

Es war Ecke Hollywood und Vine. Robbie hielt an, ich griff mir ein Ultimatum von hinten, stieg aus und warf es in den Kasten. Ich sprang wieder an Bord, und wir düsten davon.

Ich fühlte etwas. Ich kam mir vor wie ein Kinderschänder. Wir ließen die Flasche rumgehen.

»Was für ein schöner Abend«, sagte Robbie. »Hast du die Adresse gelesen?«

»Ja.«

»An wen geht das erste Ultimatum?«

»Richard Nixon.«

Von da an ging es Schlag auf Schlag. Robbie hatte eine Karte, die Briefkastenaktion war sorgfältig geplant. Dann waren wir in Watts, zu Ehren unserer schwarzen Brüder. Ich warf ein Ultimatum in einen Briefkasten in Watts und sprang wieder in den Pick-up.

»Man fasst es nicht«, sagte ich, »da hopse ich von einem Briefkasten zum anderen und verteile einen Schrieb, an den ich noch nicht mal *glaube*. Ich bin noch verrückter als du.«

Nachdem das letzte Ultimatum eingeworfen war, fuhr Robbie mich zurück zu mir. Wir gingen rein und tranken den Wein aus. Ich bot ihm die Couch als Schlafplatz an. Er sagte danke, aber er müsse los; er müsse den Brüdern noch vom glorreichen Abend der Versendung des Ultimatums erzählen. Er fuhr, und ich schloss ab und setzte mich im Dunkeln auf die Couch und zischte eine Dose Bier. Ich stand auf, ging ins Schlafzimmer, zog meine Schuhe aus, fiel aufs Bett und schlief in sämtlichen Klamotten ein ...

Etwa 2 Monate später, mittags gegen eins, klopfte Robbie wieder bei mir an. Er sah sehr traurig aus.

»Setz dich«, sagte ich. »Ich hol dir ein Bier.«

»Hol dir eins«, sagte er. »Mir nicht.«

Ich kam mit dem Bier wieder und setzte mich Robbie gegenüber.

»Es hat nicht geklappt«, sagte er.

»Was denn?«

»Das mit dem Ultimatum an den Präsidenten, Presse, Fernsehen, die Zeitschriften, die Gouverneure, es hat nicht geklappt. Nichts ist davon an die Öffentlichkeit gedrungen, kein Wort, keine Silbe.«

»Hattet ihr wirklich den Sprengstoff, das Know-how, um es durchzuziehen?«

»Ja, wir wussten, was zu tun war. Dann kam was dazwischen.«

»Und was?«

»Frauen. In den Bergen von Oregon, wo wir uns mit den Lebensmitteln, den Waffen, dem Dynamit versteckt hielten. Einige Brüder hatten Frauen dabei, und ein paar andere Brüder fingen an, mit den Frauen rumzumachen. Und die betrogenen Brüder machten mit den anderen Frauen rum. Jedes Vertrauen ging flöten, alle hassten und zofften sich nur noch. Das Ganze hat sich zerschlagen, einfach zerschlagen.«

»Robbie, so was passiert in den besten Familien, es ist normal.«

»Mag sein, aber es hat uns auseinandergebracht.«

»Du brauchst was zu trinken.«

»Ich bin nicht wie du. Alkohol behebt den Kummer nicht.«

»Es behebt ihn nicht, es rückt ihn nur in eine andere Stratosphäre.«

»Ich geh ihn lieber direkt an.«

»Viel Glück.«

Robbie stand auf, und wir gaben uns die Hand. Er ging. Ich saß da und hörte den Motor starten. Dann war er fort …

Drei oder vier Wochen später kam ich eines Abends nach Hause, und auf meiner Veranda stapelten sich die Lebensmittelvorräte aus Oregon: Säcke voll Mehl und Zucker, Säcke mit Bohnen, hunderte Dosensuppen, Salz, Kaffee, Trockenfleisch, Dosentomaten, Dosenmilch, H-Milch, Tabak, Zigarettenpapier. Keine Nachricht, nur das und verschmutzte Luft …

Der nächste schräge Vogel, der vorbeikam, war etwa 10 Jahre jünger als ich, ein gewisser Martin Johnson, der sich rühmte, der nächste Maxwell Perkins zu werden. Er war kahl bis auf ein paar kleine rote Haarbüschel hinter den Ohren. Ein peinlich sauberer, geschniegelter Kerl mit einem, wie ich fand, netten und gefährlichen Lächeln im Gesicht.

»Sie zählen zu unseren besseren Schriftstellern«, sagte er.

»Freut mich, Sie kennenzulernen.«

»Nehmen Sie Platz«, sagte ich. »Möchten Sie ein Bier?«

Er setzte sich. »Nein, danke. Ich mache mir nicht so viel aus Alkohol. Gerade habe ich Robert Creeley 18 Cocktails spendiert.«

»Wir können gern in eine Bar gehen.«

Das überhörte er. »Ich starte einen Kleinverlag, die *Red Vulture Press*, und ich will mit einem Gedichtposter anfangen. Haben Sie ein Gedicht, das ich mir mal ansehen könnte?«

»Machen Sie mal die Tür da auf.« Ich zeigte auf den Schrank.

Martin Johnson stand auf und öffnete die Tür. Ein Berg von Loseblattgedichten schwankte einen Moment und ergoss sich dann auf den Teppich.

»Haben Sie die alle geschrieben?«, fragte er.

»Ja.«

»Was machen die denn im Schrank?«

»Na, wenn ich 3 oder 4 Gedichte fertig hab, mach ich die Tür einen Spaltweit auf und steck sie rein.«

»Warum verschicken Sie sie denn nicht?«, fragte er.

»Das bringt keine Kohle. Ich schreibe Schmuddelstorys.«

»Kann ich mir die Gedichte mal ansehen?«

»Nur zu.«

Ich ging mir noch ein Bier holen. Vom Küchenfenster aus sah ich zu, wie sich ein junges Mädchen auf der Eingangstreppe nebenan Rollschuhe anschnallte. Sie saß mit dem Gesicht zu mir und trug einen winzigen Rock. Sie war vielleicht 8. Eine erstaunliche kleine Dame. Als sie aufstand und davonschnurrte, ging ich wieder nach nebenan. Martin Johnson hockte auf dem Fußboden und las die Gedichte. Zu jedem einzelnen gab er einen Kommentar ab:

»Das ist gut ...«

»Das ist großartig ...«

»Das ist nicht so gut ...«

»Das ist unsterblich ...«

»Das ist gut ...«

Er las immer weiter. Dann hörte er auf. »Alle kann ich sie jetzt leider nicht lesen, aber ich würd gern noch mal wiederkommen ...«

»Okay.«

»Das hier würde ich gern als Gedichtposter rausbringen«, sagte er. Es hieß »Ein Nachmittagsspaziergang auf der Avenue des Todes.«

»Bitte sehr«, sagte ich.

Der nächste schräge Vogel, der vorbeikam, nannte sich Red Hand. Er war 22, ein Junge von der Straße, schmächtig, drahtig, redelustig.

»Bin zufällig auf deine Sachen gestoßen, Mann. So was von Klartext hab ich noch nie gesehen. Ich musste dich einfach besuchen.«

»Schon okay. Trinkst du ein Bier?«

»Klar.«

Ich ging ihm eins holen. Als ich wiederkam, drehte er sich gerade einhändig eine Zigarette. Mit der anderen Hand nahm er das Bier.

»Siehst du die Jacke, die ich anhab?«

»Ja.«

»Ist doch wie neu, oder? Und wo hab ich sie her? Von der Müllkippe! Man glaubt nicht, was die Leute alles wegwerfen!

An der Jacke ist nichts dran. Ein kleiner Riss an der Schulter. Ein Risschen, und schon wirft der Besitzer sie weg. Ich hab sie gesehn und anprobiert. Nix dran, außer ein bisschen Ungeziefer. Die Müllkippe ist voll guter Sachen. Die Leute werfen astreines Zeug weg. Apfelsinen, an denen überhaupt nichts dran ist ...«

»Setz dich mal, trink dein Bier ...«

»Deine Sachen sind echt, Mann. Es gibt so viele Pseudos. Kennst du Bob Dylan? Das Oklahoma-Quengeln, das er draufhat? Das ist nicht echt, Mann. Das ist pseudo. Komm, ich geb dir in der Kneipe einen aus.«

»Okay, Red.«

Wir liefen mit unseren Bierdosen raus auf die Straße. Wir gingen zum *Gored Matador* an der nächsten Ecke. Nachmittags um halb drei war da noch Platz. Wir setzten uns.

»Wodka-7«, sagte ich dem Barmann.

»Whisky Soda«, sagte Red.

Der Barmann brachte uns die Drinks, und Red zahlte. »Ich hab deine Sachen zuerst in der *L. A. Free Press* gesehen«, sagte er. »Das einzig Gute da drin, die Kolumne ...«

»Aufzeichnungen eines Dirty Old Man.«

»Sind die Storys wahr?«

»Zu 95 Prozent.«

»Dachte ich mir.«

Genau in dem Moment kam ein ziemlich abgefüllter dicker Süffel aus dem Herrenklo. Als er an Red vorbeikam, taumelte er und fiel ihm ins Kreuz. Dann richtete er sich auf und wankte weiter.

Red sprang vom Hocker auf. »Hey, Mann!«

Der Süffel drehte sich um. »Ja?«

»Komm her.«

»Verpiss dich!«

»Du sollst herkommen!«

Der Süffel kam zurück und blieb vor Red stehen.

»So«, sagte Red, »ich möchte, dass du dich entschuldigst.«

»Wofür?«

»*Frag* nicht! Entschuldige dich!«

»Nein«, sagte der Süffel.

Reds Hand schnellte in seine Tasche, und das Schnappmesser war draußen. Ein Finger lag auf dem Blatt, und die Finger- und die Messerspitze berührten den Bauch des Mannes.

»Also«, sagte Red, »entschuldige dich! Sonst hast du vorne gleich genauso eine lange, tiefe Ritze wie in dem Ding hinten, das sich dein Arsch nennt!«

»Ich entschuldige mich«, sagte der Süffel. Dann kehrte er zu seinem Platz zurück. Es war ganz still geworden. Red und ich tranken aus und gingen.

Auf dem Heimweg lief ein kräftiger Typ in Stiefeln etwa 15 Meter vor uns her.

»Ist das nicht ein Vollidiot?«, sagte Red. »Wie kann man solche Stiefel anziehn? Die schweren Lederabsätze machen viel zu viel Krach! Der hört nicht, was hinter ihm abgeht. Er ist so gut wie tot! Pass auf!«

Red lief leise zu dem Typ hin. Er hielt sich unmittelbar hinter ihm und machte Handbewegungen, als wollte er ihn erwürgen. Gut 20 oder 30 Sekunden lang blieb er an ihm dran. Dann ließ er sich zurückfallen.

»Siehst du? Ich hatte ihn. Der Blödmann war geliefert.«

»Du hast recht, Red.«

Wir tranken noch ein paar Bier bei mir. Red erzählte von seinen Abenteuern auf der Straße. Er war ein guter Geschichtenerzähler. Zwei oder drei seiner Storys verwendete ich später.

»So«, sagte er, »ich muss gehen. Die Mexikanerin, mit der

ich zusammenwohne, macht mir das Leben schwer! Sie will in einer Tour gevögelt werden, und das ist Arbeit. Sie sitzt rum und sagt: ›Du fickst mich gar nicht mehr, was bist du, eine gottverdammte Schwuchtel?‹ Ich hab sie in der Fußgängerunterführung an der 3rd Street kennengelernt, sie war bildschön. Wir haben uns zusammengetan, sind zusammengezogen. Ab und zu schiebe ich eine gute, schweißtreibende Nummer mit ihr, aber sie kriegt nie genug; immer muss sie zetern. Bald geh ich wieder auf Trebe, ich halt das nicht aus …«

»Hier kannst du immer vorbeikommen, Red.«

»Das schenk ich dir«, sagte er und zog das Schnappmesser aus der Tasche.

»Freut mich riesig, Red, vielen Dank.«

Dann war er draußen und lief an meinem Fenster vorbei in westlicher Richtung den Gehsteig entlang. Seine Schritte waren nicht zu hören …

Eines Abends kam Martin Johnson wieder an. Er hatte eine Ladung Poster mit meinem Gedicht auf dem Arm.

»Können Sie mir die irgendwo signieren?«, fragte er.

»Auf dem Küchentisch …«

Wir gingen rein.

»Der ist ja voller Bierdosen«, sagte er.

»Einen Moment.« Ich schaffte die Bierdosen raus zu den Mülltonnen. Dann versuchte ich mit einem nassen Lappen die Aschereste, die Bierflecken, die Kotzflecken abzuwischen. Das dauerte seine Zeit. Es war fast unmöglich.

»Müssen Sie so viel trinken?«, fragte er. »Das schadet doch Ihrer Gesundheit.«

»Es schadet meinem Gemüt, wenn ich's sein lasse. Ich schreibe im Suff.«

Martin legte die Gedichtposter ab, und ich machte mich ans Signieren.

»Ich würde mir inzwischen gern noch mehr von Ihren Gedichten ansehen«, sagte er.

»Nur zu ...«

Als ich so gut wie fertig war, kam er mit einem anderen Gedicht wieder und sagte, das würde er gern als Poster drucken, und ich war einverstanden. Er schrieb mir einen Scheck über $ 50. »Für das Gedicht, das Sie gerade signiert haben.«

»Danke, Martin.«

»Die 3 Gemälde da draußen. Sind die von Ihnen?«, fragte er.

»Ja.«

»Die gefallen mir. Meinen Sie, Sie können noch mehr malen?«

»Ja.«

»Ich glaube, ich kenne eine Galerie, die eine Ausstellung mit Ihnen machen würde.«

»Aufs Malen fahr ich nicht so furchtbar ab.«

»Tun Sie mir den Gefallen. Hier, für Farben und Papier.«

Er schrieb mir noch einen $ 50-Scheck.

»Wollen Sie wirklich nichts trinken?«, fragte ich.

»Nein, danke ...«

Dann verschwand er mit seinen Gedichtpostern ...

Ein Gutes hat das Malen. Es geht immer. Soll heißen, bei mir geht es immer. Um zu schreiben, muss man sich entweder sehr gut oder sauschlecht fühlen, aber malen kann man, wenn man sich gut, schlecht oder irgendwo dazwischen fühlt. Wobei für mich alles besser ist, wenn ich betrunken bin, Sex genauso wie das Schreiben, Malen und der Stierkampfbesuch. Bei anderen mag das anders sein. Aber Malen, Trinken, Ficken, Schreiben sind nicht alle eins, nur beinah. Ich malte also und trank, die Action war da, die Tanzmädchen; Radiogetöse und billige Zigarren, Farbe an den Fingern, Farbe an den Zigarren, im Eifer des Gefechts mitgerauchte, mitgeschluckte Farbe und Übelkeit am Morgen von Alkohol und Farbengift, erst der Weg ins Bad, dann in die Küche, wo du zugange bist, und du siehst 8 oder 9 Bilder auf dem Fußboden und 4 oder 5 auf dem Tisch und neben der Spüle. Ein einziger Affenzirkus ist das.

Ich malte also. Und ich erinnerte mich an meine 2 Tage an der Kunstschule, die fehlende Begeisterung überall; der ganze Verein, Lehrer wie Schüler, schien auf das ungeschriebene Gesetz zu hören, dass man nichts zustande bringen muss, solange man nur miteinander auskommt. Sie waren alle sehr nett zueinander, kumpelhaft; es war eher ein Picknick, eine gesellige Veranstaltung als ein Exkurs in den Wahnsinn und die Hoffnungslosigkeit.

Ich trank also und malte, ich malte und trank. Ich malte direkt aus der Tube, der Pinsel war zu langsam für die Musik. Und da ich direkt aus der Tube malte, dick die Farbe drauf und gut verteilt, brauchten die Bilder mehrere Tage zum Trocknen. Sie lagen überall: Küche, Schlafzimmer, Bad, Wohnzimmerboden.

Die Feiersäue kamen, und ich schickte sie weg:

»Ihr zertrampelt mir meine Bilder ...«

Ich nahm das Telefon auseinander und stopfte Klopapier zwischen Glocke und Klöppel. Ich stopfte Klopapier in den Klingelmechanismus über der Küchentür.

Ich besorgte mir Abdeckband und klebte die Bilder an die Wände, überall, und als die Wände voll waren, klebte ich die Bilder an die Decke. Meistens malte ich Tiere und Menschen, und jetzt hingen sie rings um mich und über mir. Eines Abends schleppte ich in einer Bar am Sunset Boulevard eine ziemlich tolle Frau ab, und als wir zu mir kamen, sagte sie: »Großer Gott, was ist das denn? Du bist verrückt, oder?«

»Manchmal komme ich mir verrückt vor und manchmal nicht«, antwortete ich ihr.

»Ich geh mal wieder«, sagte sie und ging ...

Martin und seine Frau Clara kamen vorbei. Ich hörte es klopfen, erkannte ihn durch die Türjalousie und ließ sie rein. Martin und Clara liefen umher und sahen sich meine Bilder an.

»Sie waren fleißig«, sagte Martin.

»Klar«, sagte ich.

»Kann ich das hier mitnehmen?«, fragte Martin bei einem Bild.

»Gern«, sagte ich.

»Kann ich das hier mitnehmen?«, fragte Clara.

»Gern.«

»Kann ich das hier mitnehmen?«, fragte Martin.

»Nein, das behalte ich.«

Beide tranken ein Bier mit mir. »Bleiben Sie dran«, sagte Martin. »Ich organisiere eine Ausstellung für Sie.«

»Okay«, sagte ich. Martin schrieb mir einen Scheck über $150 für die Bilder und einen über $50 für neuen Malbedarf. Sie gingen ...

Am nächsten Tag saß ich da und sah mir die Gemälde an. Sie fingen an, mir zu missfallen. Sie waren mir zu plump; primitiv ist gut, aber wenn man's übertreibt, kommt Las-Vegas-Neon dabei heraus. Ich wusste noch, wie der Kunstdozent meine Arbeit vor der Klasse kommentiert hatte: »Hier sehen wir einen Mann, der keine Angst vor Farbe hat.«

Farbe allein reicht nicht. Ich sah mir die Bilder an, und sie gefielen mir immer weniger. Ich fing an zu trinken und nahm die Gemälde runter, von denen ich nichts hielt. Ich ging von einem Zimmer zum nächsten und nahm die Bilder runter. Bald hingen nur noch 5 oder 6. Dann nahm ich auch die weg. Ich hatte nichts mehr. Es wurde Abend. Ich trank weiter.

Dann kam mir eine Idee. Wenn ich die Bilder in heißes Wasser legte, würde das vielleicht die allzu starken Farben dämpfen. Ich ließ die Wanne volllaufen und holte ein großes Bild. Ich legte es rein. Sah, dass es klappte. Ich zog das Bild raus und legte es auf den Tisch in der Frühstücksecke. Machte ein paar Tuben auf und brachte hier und da noch einen Hauch Farbe an. Prima.

Nacheinander schleppte ich meine Bilder zur Badewanne und warf sie rein. Zog sie raus, legte bei einigen etwas Farbe nach, ließ die anderen, wie sie waren. Bald hatten sie alle ihr Wasserbad bekommen. Niemand würde meine Technik erraten. Jetzt konnte ich viel besser schlafen ...

Am nächsten Morgen stand ich auf, betrachtete mein Werk und kriegte es am Magen. Ich kotzte. Dann machte ich mich daran, die Bilder zusammenzuknüllen und sie raus in meine beiden Mülltonnen zu schaffen. Die waren bald voll, aber den Rest meiner Werke stopfte ich in die anderen Mülltonnen der Bungalowanlage, in denen noch Platz war.

Dann schraubte ich das Telefon auf und nahm das Klopapier raus, und auch die Türklingel setzte ich wieder instand.

Aus mir würde nie ein van Gogh werden, nicht mal ein Dalí. Zurück zur Schreibmaschine am Fenster, hieß das, und zusehen, wie draußen die Mädchen vorbeilaufen. An dem Tag fuhr ich zur Rennbahn und verlor $80. Ich ging schlafen, ohne Alkohol zu trinken, und normalerweise kriege ich nach dem ersten alkoholfreien Abend kein Auge zu, aber in dieser Nacht schlief ich durch. Der Abscheu hatte mich erschöpft. Als ich aufwachte, blieb ich einfach im Bett. Ich blieb liegen und starrte an die Decke. Am Nachmittag gegen drei klingelte das Telefon. Es war Martin Johnson.

»Hey, Ihr Telefon geht ja wieder.«

»Ja.«

»Was macht die Malerei?«

»Nichts mehr.«

»Wie meinen Sie das?«

»Ich hab den Bildern ein Heißwasserbad verpasst.«

»Aha. Und dann?«

»Dann hab ich sie in den Müll geschmissen.«

»Bitte? Das ist nicht Ihr Ernst.«

»Doch, sie liegen jetzt bei den Bierdosen und alten *Racing Forms*.«

»Dann haben Sie gerade $ 2000 weggeschmissen!«

»Die Bilder haben mir nicht mehr gefallen.«

»Die meisten waren sehr gut. Hören Sie, wann kommt denn bei Ihnen die Müllabfuhr?«

»Mittwochmorgens gegen neun. Wir haben Mittwochnachmittag.«

»Tun Sie mir einen Gefallen? Sehen Sie mal nach, ob die Mülltonnen noch voll sind.«

Ich stand auf und ging raus. Die Mülltonnen waren leer. Ich ging wieder ans Telefon.

»Der Müll ist schon abgeholt. Alles weg.«

»Mir ist schlecht«, sagte Martin, »und ich muss sagen, es ärgert mich, was Sie da gemacht haben.«

»Okay, Baby«, sagte ich und legte auf.

Martin kam drüber weg und holte sich noch mehr Gedichte. Red Hand kam wieder und erzählte mir neue Storys von der Straße. Auch andere kamen, Männer wie Frauen, und wir tranken.

Es war eine krasse Zeit, die große Zeit des Wagens und Gewinnens, und hauptsächlich fanden damals diejenigen zu mir nach East Hollywood, die zu mir finden sollten, und ich war stark und schwach und alkoholkrank, und sie vergeudeten viele Stunden meiner Lebenszeit, bescherten mir aber auch Material und Licht, Stimmen, Gesichter, ihre Ängste und ihre üblen Dummheiten, und manchmal brachten sie eine erstaunliche Phantasie mit. Sie brachten mir mehr, als ich ohne sie gehabt hätte, auch wenn ich mich allein am wohlsten fühlte ...

Bald darauf bin ich weg aus East Hollywood. Ich habe mich schlicht abgreifen lassen. Man verliert den Halt, wird wankelmütig, und schon ist es passiert. Ich war mit einer hübschen, 20 Jahre jüngeren Frau zusammen. Einer Frau, die auf der Straße, im Café und überall die Blicke der Männer auf sich zog. »Die Schöne und das Tier« nannte sie uns. Ein paar Mängel hatte sie auch: Sie war verrückt und besaß dicke Fußgelenke, die sie in Stiefeln versteckte, und sie vergaß nicht eine Sekunde lang, was die Welt alles an ihr schön fand. Ich blieb bei ihr; sie quälte mich und ich quälte sie. Aber sie war eher die Jägerin. Das liebe Kind sah Potential in mir. Sie dachte, ich hätte so was wie eine Seele, und ihre Seele könnte meine schnappen, sie gefangensetzen und die Scheiße aus ihr rausprügeln. Und bis es so weit war, könnte ich ihr und ihren Lieben die Zeit vertreiben.

So jemand versteht nicht, dass man als künstlerisch Tätiger normalerweise sein Bestes für die Kunst aufhebt. Ich blendete also ihre Mutter, ihren Stiefvater, ihre Schwestern und ihre Bekannten nicht gerade mit meinem Charme. »Er kann reizend sein, wenn er will«, sagte sie. »Er will bloß meistens nicht.«

Sie hatte ein großes Haus, und oben schliefen ihre beiden Kinder. Mit den Kindern kam ich besser aus als mit ihr. Der Garten hinterm Haus stand voller Bambus, abertausend Bambusrohre, die in den Himmel ragten. »Die Scheißdinger müssen hier weg«, sagte sie. Es war mein Privatdschungel. Oft hockte ich da drin wie irgendein Idiot. Das letzte Mal saß ich da meiner Erinnerung nach morgens um 3, nackt und zitternd, und nuckelte an der x-ten Dose Bier. Sie kam im Nachthemd raus, sah schwer aus mit den dicken Knöcheln und trat auch so auf, krachte zum Schrecken der kleinen Nachttiere durch Gesträuch und Brombeeren.

Schwankend blieb sie vor mir stehen, und der Mond strahlte durch ihr Hemd ein wenig den Körper an, den so viele Männer begehrten. Was für ein Geschöpf, was für ein Weib, was für ein Bild. Ich hörte ihren Atem, als sie sagte:

»Was zum Teufel ist denn los mit dir?«

»Ich weiß es nicht«, antwortete ich.

Und ich weiß es immer noch nicht!

Der Zocker

Das Telefon klingelte morgens um halb fünf, und Stultz war am Apparat und sagte: »Jetzt ist es passiert, sie haben mein Geld kassiert.«
»Wer hat dein Geld kassiert?«
»Na, die.«
»Bist du überfallen worden?«
»Nein, ich war wieder am Roulette.«
»Alles verloren?«
»Ja, fünfzehntausend –«
»Herrgott, ich hab dir ja gesagt, bleib im Bett!«
»Die haben mir eine Frau hochgeschickt!«
»Ja, und?«
»Das war doch geplant. Das wollten die –«
»Wer?«
»Die Hotelleitung.«
»Wovon redest du?«
»Na, ich hab sie gefickt, dann konnte ich nicht mehr einschlafen und bin runter.«
»Du kannst ja *jetzt* schlafen –«
»Eben nicht, weil mein Geld alle ist.«
Ich sagte nichts dazu. Ich saß nur da auf der Bettkante, und das Neonlicht tanzte auf meinem hässlichen Wanst.
»Hast du Geld?«, fragte er.
»Acht Riesen hab ich.«
»Ich verkauf dir meinen Wagen. Ich brauch die Action.«
»Du hast keinen Wagen.«
»Ich verkauf dir meine Armbanduhr.«

»Hör mal, lass mich wieder schlafen; wir unterhalten uns gegen zehn oder elf.«

Ich legte auf. Mir tat der Kopf weh. Ich hasste Vegas. Stultz hatte mich hergelotst. Ganze $ 200 hatte ich mitgebracht. Ich spielte ein einfaches System an der Schüssel, nur Rot und Schwarz. Anscheinend funktionierte es.

Ich legte mich lang. Es klopfte an der Tür. Ich ging in der Unterhose hin, machte auf, ließ aber die Kette vor.

Es war eine Frau.

»Süßer«, sagte sie, »ich mach's dir mit dem Mund, dass dir –«

»Lutsch doch ein Stachelschwein«, sagte ich und drückte die Tür zu.

»Opi«, fauchte sie von draußen, »du bist ein wandelndes Stück Scheiße.«

Gegen halb sechs klingelte das Telefon wieder. Es war Stultz.

»Hey, eine Frau war da und hat's mir mit dem Mund gemacht. Absolute Spitze! Noch besser als der Blowjob, den ich mal in Tanger gekriegt hab.«

»Wie hast du sie bezahlt?«

»Mit einem Scheck.«

»Geh schlafen.«

»Die Schwarzrot-Tour bringt's nicht. Das ist bei jedem Lauf nur eine Fifty-fifty-Chance, minus den Hausanteil.«

»Mein System beruht auf Schwankungen.«

»Okay, dann gehen wir jetzt gleich runter. Ich will gar nicht spielen. Ich will dir nur zusehen.«

»Denk dir, du siehst mir beim Schlafen zu«, sagte ich und legte auf.

Sechs oder sieben Minuten später klingelte das Telefon erneut.

»Ich kann nicht schlafen«, sagte er.

»Kauf dir eine Zeitung«, sagte ich. »Dusch dich, geh ins Bett und lies die Zeitung. Die Kleinanzeigen, dann schnarchst du auch weg.«

»Ich weiß was Besseres.«

»Was denn?«

»Ich hol mir einen runter.«

»Ich denk, du hast schon gefickt und dir einen blasen lassen.«

»Ja, aber nur vom Wichsen schlaf ich ein.«

»Dann in Gottes Namen«, sagte ich, »leg los.«

Gegen halb zehn wurde heftig an die Tür geklopft. Vielleicht brennt's, dachte ich. Ich lief zur Tür und machte auf. Ich dachte nicht daran, dass ich nackt war.

»Soso«, sagte der Kraftkerl draußen, »wenn das mal nicht Conan der Barbar ist!«

Neben ihm stand noch ein Kraftkerl. Es kam mir vor, als hätten die Typen *Spaß* daran, so kräftig zu sein.

Untertreibung – sie bepissten sich beinah.

»Was ihr auch habt«, sagte ich, »ich kaufe nichts.«

Ich wollte die Tür schließen, aber der eine Kraftkerl tippte sie an, und sie flog mir ins Gesicht, und ich flog durchs Zimmer. Mit blutiger Nase stand ich auf. Ich nahm an, es ging ihnen um die acht Riesen, und das war zu viel Geld, um liegenzubleiben. Also hockte ich mich auf die Bettkante, wischte mir die Nase am Laken ab, langte in meinen Schuh, zog das Messer, klappte es aus und stand auf.

»Sachte, Conan«, sagte der Kräftigere der beiden, »wir sind vom Hotelwachdienst.«

»So? Wach gemacht habt ihr mich allerdings.«

Der Kräftigere zückte einen Ausweis, der Zweitkräftigste ebenso, und beide strahlten, weil sie so kräftig waren.

»So was kriegt man überall gedruckt«, sagte ich. »Woher soll ich wissen, dass ihr nicht rumlauft und die Zimmer plündert?«

»Machen wir nicht«, sagte der Kräftigere. »Aber wir wollen Sie hier raushaben.«

»Warum? Weil ich im Roulette gewinne?«

»Nein, weil Sie mit Stultz befreundet sind.«

»Was heißt das?«

»Das heißt, den haben wir vor 'ner Stunde beim Jetonklauen erwischt.«

»Und daran bin ich mit schuld?«

»Indirekt.«

»Wo ist er jetzt? Im Bau?«

»Ach was«, sagte der Kräftigere, »das ist bei dem nicht nötig.«

»Ganz und gar nicht«, sagte der Zweitkräftigste.

»Was haben Sie mit ihm gemacht?«

»Wir haben ein Wörtchen mit ihm geredet.«

»So?«

»Ja. Und wenn Sie in einer halben Stunde nicht aus dem Hotel verschwunden sind, reden wir ein Wörtchen mit *Ihnen*!«

»Verstehe.«

»Das trifft sich gut.«

Sie drehten sich um und gingen raus.

Ich packte und fuhr runter zu meinem Wagen. Warf meine Tasche in den Kofferraum, machte die Tür auf, und da saß Stultz und las die Rennsportergebnisse in der Zeitung.

»Wie bist du denn reingekommen?«, fragte ich.

»Anscheinend warst du blau. Du hast vergessen, die Beifahrertür abzuschließen.«

»Du siehst furchtbar aus.«

»Ich fühl mich noch viel furchtbarer.«

Stultz konnte mit seinen verquollenen Lippen nur schwer reden. Er hatte ein blaues Auge.

»Was gebrochen?«

»Glaub nicht. Aber wenn ich mich jemals wieder blicken lasse, wollen sie mir beide Beine brechen. Und das alles wegen drei blauer Jetons.«

»Warum hast du das gemacht?«

»Ich brauchte die Action, und du warst nicht aus dem Bett zu kriegen.«

»Okay«, sagte ich, »jetzt hast du die Action.«

Ich ließ den Wagen an und fuhr Richtung L. A.

Die Rückfahrt hatte es in sich, es wurde heiß, und Stultz klebte an der Zeitung, aber nur an den Rennergebnissen und den Startern vom Tage. So viel gab es da gar nicht zu lesen.

»Das Trabrennen läuft gerade«, sagte er.

Ich schwieg.

»Letztes Mal hab ich ein paar gute Zweierwetten erwischt.«

Ich wollte ihn von dem Thema wegbringen.

»Denkst du jemals an Frauen, Stultz?«

»Frauen? Was soll ich mit einer Frau?«

»Es lenkt einen vom Zocken ab.«

»Ich zocke gern. Ob ich gewinne oder verliere, ist mir egal, ich will nur zocken.«

»Das *schlaucht* doch so, und im Grunde ist es langweilig.«

»Was gibt's denn sonst? Alles ist langweilig.«

»Große Kunst auch?«

»Das ist doch alles Quatsch.«

»Da geb ich dir recht.«

»Ich hab öfter mal recht.«

»Aber wie oft?«

»Mit einer Wahrscheinlichkeit von rund zweiundvierzig Prozent, wenn die Chancen fifty-fifty stehen.«

»Du bist ein achtprozentiger Verlierer.«

»Wenn ich verliere, fühle ich den Schmerz. Wenn ich gewinne, ist mit mir nichts los.«

Ich fuhr weiter. Stultz behauptete zwar, er brauche keine Frauen, aber anscheinend hatte er immer welche. Und alle sahen sich ein bisschen ähnlich. Lauter hübsche, intelligente junge Frauen. Aber sie waren schnell wieder weg. Er pumpte sie an und konnte das Geld nicht zurückzahlen.

»Acht Riesen hast du gewonnen?«, fragte er mich.

»So ungefähr. Sind in meiner Tasche im Kofferraum.«

»Leih mir fünfhundert.«

»Leck mich.«

»Du hast deine Menschlichkeit verloren.«

»Zwangsläufig.«

Es war wirklich eine *lange* Fahrt … ein paarmal wäre ich fast am Steuer eingeschlafen. Nachdem ich dann auch noch beinah von der Straße abgekommen war, hob ich den Kopf vom Lenkrad und fragte Stultz: »Meinst du, du kannst die Kiste mal übernehmen?«

»Ich kann's versuchen, mein Guter.«

Wir hielten an, tauschten die Plätze und fuhren mit Stultz hinterm Steuer wieder los.

»Ach du Scheiße«, sagte er, »aua.«

»Was ist denn?«

»Ich glaub, meine Rippen sind kaputt! So kann ich nicht *fahren*!«

Der Wagen schoss Richtung Straßenrand. Ich packte das Steuer und zog ihn herum. Stellte den Fuß auf die Bremse. Mit einem Ruck blieben wir stehen.

Stultz saß da und hielt sich die Seite.

»Ich kann so nicht fahren, Mann!«

»Schon gut, Stultz, ich kann noch mal 'ne Weile. Setzen wir uns wieder um.«

»Dafür bin ich dir wirklich dankbar, Alter«, sagte er, »und eines Tages beweis ich dir das.«

Ich stieg aus, um auf die andere Seite zu gehen und mich ans Steuer zu setzen, und sowie ich draußen war, schoss er davon. Wie ein Pfeil.

Ich stand da mitten auf der Wüstenstraße und sah Stultz und meinen Wagen entschwinden, mitsamt den acht Riesen in der Tasche im Kofferraum.

Ich hatte keine Ahnung, ob im Umkreis von hundert Meilen eine Ortschaft lag.

Ich marschierte los. Dann hörte ich einen Wagen kommen. Ich stellte mich auf die Straße und winkte. Er fuhr glatt vorbei. Ich bekam nur einen dicken Kerl mit Zigarre zu sehen.

Ich lief weiter.

Als der nächste Wagen kam, drehte ich mich um und hielt den Daumen raus. Mit demselben Ergebnis. Nur war es diesmal ein Eis essender Liliputaner.

Ich lief weiter und dachte daran, dass ich vielleicht hier in der Wüste den Tod finden würde. An sich hatte ich nichts dagegen – sterben war nicht so schlimm. Der Weg dahin war mühsam.

Im Weitergehen dachte ich an die Sachen, die mir fehlen würden, eine komische Sammlung. Zum Beispiel morgens um zehn auf einem kühlen Klo zu scheißen, für meine Katze eine Dose Katzenfutter aufzumachen oder mir bei ein paar Bier die Übertragung eines guten Boxkampfs anzusehen. Mich auf dem Freeway gekonnt durch den Verkehr zu fädeln, Tempo und Entfernungen abzuschätzen, an anderen Wagen vorbeizugehen und dabei in den Rückspiegel zu schauen, ob Polizei auftaucht. Eine Kiste guten Wein zu kaufen und zum Auto zu tragen, immer im Gedanken an die Zeiten, als nichts zu trinken und nicht mal was zu essen da war.

Ein Wagen hielt an. Ich fasste es kaum.

Eine süße Kleine mit einem grünen Hut über den blauen Augen lächelte mich an.

»Auf Goldsuche, alter Mann?«

»Nicht direkt. Ich versuche nur nach L. A. zu kommen, bevor ich austrockne.«

»Steig ein, Opa, dein Problem ist gelöst. Ich fahr durch bis L. A.«

Ich stieg ein, und der Wagen schnurrte los. Es war kühl, die Klimaanlage machte ihre Arbeit, und die Kleine in dem kurzen grünen Kleid zeigte Bein.

»Ich kann's kaum glauben«, sagte ich zu ihr. »Das Leben ist doch nicht so verkehrt –«

Dann hörte ich ihn hinter mir. Vom Rücksitz:

»*Das Leben ist immer noch verkehrt, Armleuchter!*«

Ich wollte mich umdrehen.

»Nicht umdrehen! Sieh mich nicht an! Wenn du mich ansiehst, bist du *tot*, Armleuchter!«

Ich sah nach vorne.

»Okay«, sagte ich, »und was jetzt, Armleuchter?«

»Nenn du mich nicht *Armleuchter*! Das hier ist mein Spiel!«

»Ich passe«, gab ich zurück.

Die Kleine fuhr einfach weiter.

»Okay«, hörte ich ihn, »jetzt nimm *schön langsam*, ohne falsche Bewegung, deine Brieftasche hinten aus der Hosentasche, halt sie in die Luft, und dann schaun wir mal!«

Ich gehorchte ihm. Ich hielt die Brieftasche hoch, und er brach mir, als er sie mir abnahm, fast das Handgelenk.

Ich nahm die Hand runter.

»Hör mal«, sagte ich, »mir ist gerade erst mein Wagen geklaut worden, und der Typ hat mich um acht Riesen erleichtert –«

»Verschon mich damit –«

Er ging hinten meine Brieftasche durch, kassierte mein Geld und meine Kreditkarten. Jetzt hatte er meine Adresse. Wenn ich je wieder nach Hause kam, würde ich da nur noch eine Rolle Klopapier finden.

Dann hörte ich ihn lachen. »Nach dem Führerschein hier bist du dreiundsechzig. Du siehst eher aus wie *dreiundsiebzig*, Mann!«

»Ich bin wegen der Leute, die mir dauernd unterkommen, so schnell gealtert. Außerdem wurde mir gesagt, ich hätte meine Menschlichkeit verloren.«

»*Menschlichkeit*? Was soll denn *der* Scheiß?«

»Gar nichts.«

Die süße Kleine sah mich an. »Du dachtest wohl, du könntest mich ficken?«, fragte sie höhnisch.

»Ficken? Nein, ich hätte dir ein bisschen Alleskleber in die Muschi gespritzt.«

»*Hey, Mann! Hüte deine Zunge!*«, schrie der Typ.

Du süße Kleine zerquetschte die Zigarette, die sie gepafft hatte, im Aschenbecher.

»Sollen wir den Penner *allemachen*, Hayward?«

»Sag doch meinen *Namen* nicht, Nutte! Sag meinen *Namen* nicht, du dämliche Scheißnutte!«

Ich sagte: »Ich hab keinen Namen gehört! *Ehrlich nicht*, Hayward.«

Wir fuhren dahin, während Haywards Flüche das Automobil erschütterten. Schließlich beruhigte er sich.

Dann sagte er: »Okay, Blödmann!«

Meine Brieftasche kam geflogen. Sie landete auf dem Boden. Ich hob sie auf, sah hinein. Nichts. Nur das Leder.

Das Leben fing immer wieder neu an. Manchmal.

»So, Schnalle«, sagte Hayward, »halt an!«

Sie hielt an. Wir saßen da.

»Okay, Schnalle, steig aus und mach dein Ding.«

Sie öffnete die Tür und stieg aus. Im selben Moment fasste ich mit links nach dem Zündschlüssel.

Ich spürte die Knarre im Genick und hielt still.

»Nicht so viel *denken*«, sagte Hayward, »denn davon verstehst du nichts, sonst wärst du hier nicht gelandet.«

Die Süße stieg wieder ein.

»Okay«, sagte Hayward, »weiter geht's!«

Sie startete, und schon schnurrten wir wieder dahin.

»Okay, *Blödmann*«, sagte Hayward, »*raus!*«

»Ich denk, ich bleib noch –«

»Du *sollst* doch nicht denken! Los, Opa, ich zähl bis fünf!«

Ich spürte die Knarre im Genick.

»Wenn du bei fünf nicht draußen bist, sind deine Sorgen im Diesseits ausgestanden!«

Er fing an zu zählen.

»Eins!«

»Zwei!«

»Drei!«

Als er bei »vier« war, stieß ich die Tür auf, beugte mich vor und trat im letzten Moment noch der Kleinen vor den Kopf. Dann war ich in der Luft und rollte ab. Ich hörte den Wagen schlittern, als sie auf die Bremse stieg. Mit dem Gesicht im Sand blieb ich liegen.

Als ich hochsah, kam der Wagen langsam auf mich zu. Hayward reckte den Kopf aus dem Fenster, und ich sah die Kanone.

»*Armleuchter!*«

Die Schüsse blafften mich an. Fontänen aus dreckigem Sand stoben um mich hoch wie kleine Atompilze. Dann drehte der Wagen. Wieder brauste er mit Karacho an mir vorbei. Ich riss im wirbelnden Staub Nevadas die Augen auf, um das Nummernschild zu erkennen.

Das Nummernschild war von einem roten Höschen verdeckt.

Haywards Kugeln hatten mich verfehlt. Ich rappelte mich hoch, bürstete mich halbherzig ab und marschierte wieder in Richtung L. A.

Der Frauenheld von East Hollywood

Genau das war er. Todd Hudson knackte sie reihenweise, mit beinah schnöder Regelmäßigkeit. Kennengelernt hab ich ihn wohl bei einer Party in meinem Bungalow an der DeLongpre. »Party« trifft's nicht ganz. Ich hatte schlicht eine offene Tür. Jeden Abend kamen Leute zum Trinken vorbei. Die meisten kannte ich gar nicht. Ich redete mir ein, sie dienten mir als Studienmaterial. Das war natürlich Quatsch, ich suchte nur einen Vorwand, mich so oft wie möglich zu besaufen.

An dem Abend spazierten Todd und seine Freundin herein und setzten sich. Sie fielen mir auf, weil sie anders aussahen. Sie trugen saubere, gut sitzende Klamotten, und Todd hatte sein Getränk mitgebracht, eine Dreiviertelliterflasche *Old Grand-Dad*. Seine Lady trug Stöckelschuhe und Strumpfhose. Eine schmucke Blondine. Die meisten anderen Frauen hatten mehrere Nummern zu große, ungewaschene Hosen an. Runde, schrille Gesichter unter der Kurzhaarfrisur. Sie bezeichneten sich als Feministinnen und machten die Männer für ihr Versagen verantwortlich. Sie waren deprimiert, zornig und langweilig. Jede hatte einen kastrierten Typ dabei, der sich als Poet, Quasi-Revolutionär, Maler, Songschreiber, Sänger oder irgendwas in der Unrichtung ausgab. Die sahen alle in etwa gleich aus: dünn, dürrer Ziegenbart, strähnige lange Haare, sonst nur Ellbogen und schweißbeperlte Stirnen, Männer, die viel lächelten, ständig pissten und auf ihre Frauen hörten.

Ich ging zu Todd.

»Was ist, seid ihr Bullen?«

»Aber nein«, sagte er, »Schluck zu trinken?«

Ich kippte mein Bier mit Port runter und stellte mein Glas ab. *Grand-Dad* hatte ich schon seit Jahrzehnten nicht mehr getrunken. Todd schenkte mir ein.

»Das ist Rissy«, er nickte zu seiner Lady hin.

»Hallo«, sagte sie und schlug die Beine übereinander, als hätte sie's aus einem Zauberbuch.

»Achtung!«, schrie ich.

Irgendetwas war im Anzug. Dafür bekommt man ein Gespür, wenn man als Penner mit anderen Pennern herumhängt. Es ist wie ein Rückspiegel im Stressverkehr.

Ich hatte recht. Schleim rückte an. Mit fuchtelnden Armen dumpf und unkoordiniert rückwärts stolpernd, eine lichtschluckende, lästige Null. Ich blockte ihn mit der Schulter ab, um die Drinks zu schützen, und er segelte über den Couchtisch, um als mistiger Haufen Suff dahinter liegenzubleiben.

Ich kannte ihn. Er leitete eine Dichterwerkstatt und wohnte bei seiner Mutter.

Ich ging zu ihm, packte ihn am Hosenboden und am Kragen, schleifte ihn zur Veranda und warf ihn raus in die Dunkelheit. Fast jeden Abend machte ich das mit ein, zwei Leuten. Auf höfliche Aufforderung verschwanden sie nie. »Höflich« hieß bei denen zwecklos.

Ich setzte mich zu Todd und Rissy und trank mit ihnen. Ab und zu stand ich auf und schmiss jemanden raus. Das zog. Bald waren nur noch wir drei da. Todd hatte wenigstens nichts mit Kunst zu tun. Zu viele Leute, die an allem anderen scheitern, wenden sich den Künsten zu und scheitern nahtlos weiter. Damit hatte es Todd also nicht. Ein Punkt für Todd. Zweiter Punkt für Todd: Rissy. Ein Punkt gegen ihn: Er war *nichtssagend*. Falls er so etwas wie eine Ausstrahlung besaß, steckte sie zusammengefaltet hinterm Führerschein in seiner Brieftasche. Rissy allerdings – seit zehn Jahren war ich einem *Vollweib* nicht mehr so nah gewesen. Genau wie dem *Grand-Dad*.

Wir tranken und unterhielten uns. Die Unterhaltung war nicht besonders geistreich. Manchmal streiften wir sogar die Künste.

»Kennst du Henry Miller?«, fragte Todd.

»Wer ist das?«, fragte ich zurück.

Wir tranken den *Grand-Dad* aus und gingen zu meinem Billigwein über, und sie wurden beide etwas blass um die Nase.

»Wir müssen jetzt gehen«, sagte Todd.

Er gab mir seine Karte. Er hatte einen Pornobuchladen.

»Schau mal rein«, sagte er.

»Ausgeschlossen«, sagte ich. »Hohe Ideale.«

»Du wirst bestochen.«

»Womit?«

»Ich schick dir morgen Abend meine Frau vorbei.«

»Rissy?«

»Nein, Rissy ist nicht meine Frau.«

»Ich müsste mal aufs Klo«, sagte Rissy.

»Bitte sehr«, sagte ich.

Rissy ging.

»Deine Frau«, sagte ich, »hat sie was von Rissy?«

»Sie ist eigentlich noch besser.«

»Und wo liegt der Haken?«

»Sie ist verrückt. Rein in die Anstalt, raus aus der Anstalt. Sie weist sich selber ein.«

»So nötig hab ich's nicht. Ich war schon mit zu vielen Irren zusammen.«

»Sie ist schön. Wilde Augen. Lange Haare. Idealfigur.«

»Wie gesagt ...«

»Dass sie verrückt ist, merkst du gar nicht. Sie ist intelligent verrückt, wenn's sein muss. Kann das komplett überspielen. Für dich sieht es dann nach Gefühl aus. Mit Scheiß kommt sie dir erst, wenn sie dich besser kennt.«

»Na gut, schick sie vorbei.«

»Und du kommst in den Buchladen?«

»Klar ...«

Rissy war zurück.

»Mein Gott, das Klo sieht ja *furchtbar* aus! Da pappt alles mögliche Giftzeug!«

»Entschuldige«, sagte ich, »mein Hausmädchen ist mit dem Müllmann abgehauen.«

Darauf gingen sie, und ich trank zur guten Nacht noch ein Glas Bier mit Weißwein, während ich über meine Zukunft nachsann ...

Eigentlich dachte ich, es würde nichts passieren. Die Menschen haben viele Schwächen, aber zu den allergrößten gehören Unpünktlichkeit *und* die Tendenz, nicht Wort zu halten. Auch um die Treue war es verdammt schlecht bestellt, aber hier ging es um Versprechen und Verheißung. Die von Todd verheißene Erlösung des Fleisches.

Jedenfalls führte ich an diesem Abend die Politik der geschlossenen Tür ein. Ich schickte die eintreffenden Süffel, Blender, Krücken, Haie, Blutegel und Zombies ihres Wegs. Manche brauchten eine Sonderbehandlung, die sie auch prompt bekamen. Andere, die ihre einschlägigen Erfahrungen schon gemacht hatten, begaben sich still und leise auf die Suche nach einem Ersatzhafen.

Todd kam pünktlich. Auf die Sekunde. Ich sah seine Scheinwerfer auf und ab hüpfen, als er auf den Rasen vor meinem Bungalow fuhr und den Motor ausschaltete. Tür auf, Zigarette im Mundwinkel, und dann entstieg dem Gefährt das Fleisch – Stöckelschuhe, Fesseln, Knieblitz, ewig kopfverdrehender Schenkelblitz; steil stand sie im Mondlicht und schüttelte die herrliche Mähne. Schlank, rank, schmale Hüften ... zusammen mit Todd kam sie auf meine Haustür zu ...

Ein winziges Klopfen ... sie ... ich machte auf ... Todd verschwand in der Nacht. Ich hörte nur noch ...

»Das ist ... Ingrid ...«

Scheiße.

Sie kam herein. Goldener Glanz. Augenfunkeln in wilder Farbkomposition. Für so etwas töteten und starben Männer seit Jahrhunderten. Soll heißen, ich war wirklich überwältigt. Ich versuchte mit tristen Realitäten dagegenzuhalten – Eingeweidestränge, Exkremente, Schreckensbilder von Kindern ohne Arme, kaputte Mülltonnendeckel auf leeren Straßen. Im Zeitraffer. Dann nichts mehr. Sie war immer noch da, lebendiger denn je.

»Entschuldigung«, sagte ich, »es ist nicht schön hier.«

Ingrid lachte.

»Mir gefällt's.«

»Setzen Sie sich. Ich hol was zu trinken.«

Ich ging in die Küche. Ich spülte sogar sorgfältig zwei Gläser aus. Ich hatte Wodka. Ihn und die Gläser stellte ich auf den Couchtisch.

Ich hatte schon seit dem frühen Nachmittag getrunken, wenn auch hauptsächlich Bier. Ich öffnete die Flasche und schenkte zwei Drinks ein.

»Haben Sie zu Abend gegessen?«, fragte ich.

»Nein ...«

»Trinken wir das erst mal ... Ich kenne da ein Restaurant ...«

Ich fuhr mit ihr zum Sunset, zu *Antonio's*. »Seien Sie vorsichtig«, sagte ich der Parkhilfe. »Bitte nicht die Gänge reinwürgen.«

»Aber nein, Sir«, antwortete er mit einem Blick auf meine zwölf Jahre alte Kiste, »da würge ich gar nichts rein ...«

Und Trinkgeld gibt's auch keins, du Arsch, dachte ich ...

Im Lokal bekamen wir einen Tisch. Sie bestellte ein Porterhouse-Steak. Ich bestellte ein Porterhouse-Steak. Wir tranken was und unterhielten uns. Sie sprach leise, und ich verstand nicht alles, wollte ich auch gar nicht. Aber sie sah blendend aus. Trotz des Angstzustands, der die Klauen nach ihr auszustrecken schien. Ich war auch kaputt. Ich konnte ihr nicht helfen. Ich konnte mir selbst nicht helfen.

Dann verstand ich wieder einen Fitzel: »... und als ich schwanger war, holte Todd eine andere Frau dazu, und wir wohnten zu dritt ...«

»Hören Sie«, sagte ich, »ich habe Verständnis für Ihre Probleme. Aber eins wüsste ich gern. Wie kommt Todd zu all den schönen Frauen? Was hat er Besonderes?«

»Er hat nichts Besonderes.«

»Das kann ja wohl nicht sein. Ich meine, wie macht er das?«

»Er macht's einfach. Er hat keine Selbstzweifel, das ist alles. Die meisten Männer stehen sich mit der Befürchtung, etwas nicht kriegen zu können, selbst im Weg.«

Ich orderte noch zwei Drinks. Sie hob ihr Glas und sah mich an, während sie trank. Die Augen waren blau, und das Blau ging bis in ihr Innerstes. Ich war hypnotisiert. Ich fiel glatt aus mir raus und schwamm in diesem Blau.

»Ich hab das Baby bekommen, ein süßes Mädchen«, sagte Ingrid. »Ende des Monats ist meine Scheidung durch. Ich möchte, dass du mich heiratest.«

»Da fühl ich mich geehrt. Aber wir kennen uns erst eine halbe Stunde.«

»Ich kenne dich schon viele Leben lang. Einmal war ich ein Schwan und du ein Adler, und platschend und flatternd haben wir uns gepaart.«

Die Steaks kamen und standen vor uns. Ich hatte keinen Hunger. Ingrid wohl auch nicht. Sie nahm ihren Teller und schleuderte ihn in die Luft. »Ich will dieses elende Steak nicht! Ein ARMES TIER musste dafür sein Leben lassen! ICH HASSE DAS!«

»Ich auch, Baby ...«

Der Ober kam und guckte. Ich zwinkerte ihm zu und winkte. Als der Kellner kam, um die Schweinerei wegzumachen, steckte ich ihm einen Fünfer zu. Ich deponierte mein Steak auf einem anderen Tisch und setzte mich wieder hin. Bat den Ober mit einer Kopfbewegung, die Rechnung zu bringen. Das würde mich den letzten Cent kosten, und ich war schon drei Tage mit der Miete hinterher.

Es würde hoffentlich ein guter Fick, denn langsam war ich wirklich angeschissen.

In meiner Bude widmeten wir uns dem Wodka, und Ingrid schien sich einigermaßen beruhigt zu haben. Das war auch gut so, denn der Vermieter hatte mir gesagt, beim nächsten Polizeibesuch wäre ich draußen.

Nach einem halben Glas sagte Ingrid: »Wollen wir? Wo ist das Schlafzimmer?«

»Hm«, machte ich, »na gut ...«

Das Bett hatte Schlagseite nach links unten. Manchmal musste man sich festhalten, um nicht rauszufallen.

Ingrid schüttelte ihr Kleid und alles ab, und wir waren so weit ... Lieber Leser, was soll ich drumherumreden? Ich konnte nicht.

»Ich hab zu viel intus«, sagte ich ihr.

Wir kehrten ins Wohnzimmer zurück und tranken weiter Wodka. Dann wurde ich fies.

»Zieh dein Kleid und deine Stöckelschuhe wieder an!«, befahl ich.

Sie marschierte raus, um das zu tun, und kam wieder hereinmarschiert.

»Hinsetzen!«, befahl ich.

Ingrid setzte sich.

»Jetzt schlag die Beine übereinander und zieh dein Kleid bis zum Arsch hoch!«

Ingrid gehorchte.

»DU NUTTE!«, schrie ich.

»Ja«, sagte sie, »wahrscheinlich bin ich das.«

»NEIN! NEIN! NEIN!«

»Bitte?«

»Nicht *zugeben*, dass du eine Nutte bist. Das *verdirbt* alles. Du musst es *abstreiten*.«

»Okay, ich bin keine Nutte.«

»Doch, du bist eine Nutte!«

»Nein, ich bin keine Nutte!«

»Du Nutte, du Nutte, du NUTTE!«

Ich stand auf und zog sie an den Haaren von der Couch hoch. Ich gab ihr eine Ohrfeige. Und noch eine.

»LUTSCH MIR DEN SCHWANZ, DU NUTTE!«

Ich hatte ihn draußen, und sie beugte sich vor und holte ihn sich. Sie war gut. Der Wahnsinn ließ ihre Zunge wirbeln wie den Leib einer ins Feuer geworfenen Schlange. Ich stieß ihn ihr in den Rachen wie ein Eber.

Ich sah sie nie wieder.

Todd gegenüber hielt ich trotzdem Wort. Ich machte den Pornoladen ausfindig. Er war gar nicht weit weg von mir. Ich ging rein. Ein Schwuler saß in der erhöhten Kabine am Eingang. Er kam mir link und überheblich vor. Ich hab nichts gegen Schwule, solange sie mich nicht anbaggern. Bei meiner Hässlichkeit ist das selten ein Problem.

Der hier sagte: »Ein Dollar vorweg, Sir. Dann können Sie bleiben, bis wir zumachen.«

»Hören Sie, ich löse nur ein Versprechen ein. Todd wollte, dass ich herkomme.«

»Todd ist beschäftigt, Sir.«

Das war er allerdings. Todd hatte einen zerlumpten Typ am grindigen Kopf gepackt und bugsierte ihn ziemlich giftig und energisch Richtung Ausgang.

»DU BEKLOPPTES ARSCHLOCH!«, schrie Todd. »LASS DICH HIER NIE WIEDER BLICKEN! WENN ICH DICH AUCH NUR HIER IN DER GEGEND NOCH MAL SEHE, KNALL ICH DICH AB!«

Todd trat dem unseligen Kunden mit voller Wucht in den Arsch und holte mit einem Griff eine .45er aus dem Wachstand des Schwulen.

»ICH BLAS DIR DIE DRECKIGE VISAGE WEG!«

Der Typ hechtete zur Tür. Ich sah ihn nie wieder.

Todd legte die .45er zurück.

Dann ging er mit mir in den hinteren Teil des Ladens. Er zeigte mir die Filmapparate.

»Die Typen sehen sich den Scheiß an und WICHSEN direkt gegen den Bildschirm! Manchmal hab ich vorne zu tun. Wenn ich dann wiederkomme, stinkt alles nach SPERMA! Dagegen verblasst sogar der Geruch von Scheiße! Manchmal komme ich zurück und erwische sie. Aber nicht immer. Und was hab ich dann? Getrocknetes Sperma! Das hältst du im Kopf nicht aus.«

Das Ganze verlief sich. Ich sah Todd und seine Frauen eine ganze Weile nicht mehr. Ich konnte meine Miete zahlen, weil langsam die Schecks für die dreckigen Storys eintrafen. In der Melrose Avenue gab es einen ganzen Schwung Schmuddelheftverlage, und sie hatten einen ganzen Schwung Ableger. Ich bekam $375 für eine Leck-&-Fickstory, dann fragten sie an, ob sie das Ding für $75 oder $50 nachdrucken dürften, und ich sagte, bitte sehr. Das hat mich vor der Rückkehr in die Fabrik und dem nächsten Selbstmordversuch bewahrt. Ein Hoch auf die wunderbaren Dreckskerle.

Todd kam wieder an. Ich hatte mit den Partyabenden aufgehört und becherte konsequent nur noch allein. Dann stand er mit der nächsten schönen Frau vor meiner Tür.

»Oh, Mr Chinaski!«, sagte sie. »Ich bin ja ganz *weg*!«

»Ich auch, Liebes, was möchten Sie trinken?«

Todd der Frauenheld hatte mal wieder einen Griff getan.

»Das ist Mercedes«, sagte er mir.

Sie federte herein wie eine Schlange aus höheren Gefilden.

Beim Wein sagte mir Todd, was Sache war.

»In unserer Anlage ist eine Wohnung frei geworden, aber das weiß noch keiner. Der Typ zieht aus, und die Bude ist ein Schnäppchen. Er ist schon draußen, hat aber noch Zeug da. Ich kenn den Vermieter gut und hab 'nen Schlüssel. Willst du sie dir nicht mal ansehen?«

Ich also hin. Seh sie mir an. Viel besser als meine, dabei 50 Mäuse weniger im Monat. Und ab und zu ein Blick auf Mercedes.

»Okay«, sagte ich zu Todd. »Unter einer Bedingung. Du rückst mir nicht auf die Pelle, ja?«

»Klar, Mann ... Deine Wohnung gehört dir. Wenn du zu mir willst, bin ich da. Wir lassen dich hundertprozentig in Ruhe.«

»Gut«, sagte ich in der Annahme, dass ein Wort unter Männern gilt. Na ja, vielleicht nicht bis ins Kleinste, aber mehr oder weniger.

Ich zog in die Wohnanlage von Todd, dem Frauenheld …

Ungefähr eine Woche ging es gut. Er rückte mir nicht auf die Pelle. Ich ließ mein Telefon anschließen, suchte mir einen neuen Schnapsladen. Auf dem Tisch in der Frühstücksecke war Platz für die Schreibmaschine. Die niedrigere Miete ließ mir wieder Luft zum Dichten. Ich hatte es satt, Fickstorys zu schreiben, auch wenn ich es besser machte als jeder andere. Eine realistische Geschichte erzählen, eine Dosis Schleck und Fick rein, aber immer sehen, dass die Handlung vorangeht – so machte ich das. Ein Gedicht dagegen kann man schreiben, wie man will, denn niemand zahlt Geld dafür.

An einem Mittwochabend passierte es dann. Ich war gerade von der Rennbahn zurück, richtig müde. Ich trank jede Nacht bis um 2 oder 3. Aber das alles bekam mir gut, es straffte die Zeilen.

Ich stieg in die Wanne und lehnte mich zurück. Das Wasser muss kochend heiß sein, und Seife nehme ich selten. Ich trank eine Dose gekühltes Bier. In der heißen Brühe ließ ich es kalt in mich reinlaufen. Da klingelte das Telefon.

Ich war nicht mehr gebunden. Vielleicht 5 Frauen, die ich ein- oder zweimal gefickt hatte, hatten meine Nummer. Blöde Ficks. Sinnlos. Trotzdem bringt man gern ab und zu eine zum Jubeln, weil es so herrlich krank ist.

Mit schlingernden Eiern kletterte ich raus und fragte mich, welche dieser Blindschleichen da jetzt anrief.

»Ja, Chinaski«, meldete ich mich.

»Hey, Mann, hier ist Todd. Was machst du?«

»Bin grad heimgekommen, Todd. Fix und fertig. Bin echt geschafft.«

»Komm mal runter. Ich will mit dir reden.«

»Hey, Mann, was meinst du eigentlich, wann ich *schreibe*?«

»Komm mir nicht mit dem Scheiß, Alter. Schreiben kannst du *immer*.«

»Man schreibt, wenn's einen überkommt. Mich überkommt es gerade.«

»Ich hab lauter gute Sachen hier. Mach blau heute. Ich will dir meine Mitbewohnerin Laura vorstellen. Für die musste ich Mercedes sausen lassen. Bei Laura geht dir schon einer ab, wenn du ihre Kurven nur siehst. Sie möchte dich kennenlernen.«

»Okay, Todd, ich kann das Band wohl auch erst morgen tanzen lassen. Bin in zehn Minuten da ...« Wenn kümmert schon dieser Eunuch, die Unsterblichkeit?, dachte ich beim Auflegen.

Und da war sie: Laura. Todd hatte es schon wieder geschafft. Eine toller als die andere. Und intelligent. Alle seine Frauen hatten Humor, mochten sie auch etwas materialistisch sein, ein bisschen hart vielleicht, aber nicht zu sehr, nicht so hart, dass die Begeisterung trotz der Figur abflaute. Todd hielt sich an eine gute Mischung. Wo *fand* er sie bloß immer? Ich lernte nur einsame Keifzangen kennen, die darunter litten, nicht so gut gebaut zu sein wie ein paar andere. Ich bin selbst ein denkbar hässlicher Erdenbürger, und mir gefällt's. Frauen haben es in Amerika allerdings schwerer: Eine hässliche Frau wird verächtlich angesehen; sieht man einen hässlichen Kerl verächtlich an, muss man damit rechnen, Dresche zu bekommen, und bekommt sie auch meistens.

Todd hatte einen Plattenspieler laufen. Laura trippelte durchs Zimmer, lächelte ein wenig, sang mit, sah toll aus. Sie schien leicht angedröhnt zu sein. Aber sie wucherte nicht mit ihren Reizen. Reizte nicht mit ihrer Wucht. Wie würde

Hemingway das ausdrücken? Nicht allzu gut, nehme ich an. Bleiben Sie bei mir.

Todd verteilte den Koks auf dem gläsernen Couchtisch. Den Schnee umgab ein Kreis von Dildos aus dem Pornoladen.

Er lachte. »Kannst du dir vorstellen, dass es Mädchen, weiße Mädchen gibt, die bei uns nur schwarze Dildos haben wollen? Die verkaufen wir ihnen dann auch.«

»Große?«

»Ja. Dem Mythos entsprechend.«

»Ist es denn ein Mythos?«

»Das will ich doch hoffen ...«

Laura setzte sich hin, und wir schnupften das Coke. Daraus hatte ich mir noch nie viel gemacht. Dass Strohfeurige daran störte mich. Coke war etwas für Feiglinge, die schnell drauf- und wieder runterkommen wollten, um nicht gekascht zu werden. Ein Unding wie 8 oder 10 Ficks die Nacht ohne Orgasmus. *Richtiges* Koks war vielleicht wieder was anderes, aber da würde ich nie rankommen.

Todd sah mich an.

»Ich deale. Dir als Freund lass ich's zum halben Preis.«

»Abgemacht.«

»Todd liebt dich«, sagte Laura. »Im Geiste, meine ich. Er hat deine sämtlichen Bücher.«

»So?«

»Ja.«

»Genau, Mann, kannst du sie mir signieren?«

»Was krieg ich?«

»Du darfst Laura ans Knie fassen ...«

»Echt?«

Todd ging ins Schlafzimmer und kam mit 6 oder 7 Taschenbüchern wieder. *Die Nacht, als ich bei Muttern im Bett ein Huhn fickte. Deine wasserfeste Muschi und ihre Bierrülpser. Schlaff im Nirwana mit Greta Garbo. Leck mich, schleck dich, schleckerleck.* Und ähnlich Gelagertes. Geschriebenes.

»Den Scheiß kann ich nicht signieren. Ich meine, Shakespeare hat zwar auch lausig geschrieben, aber er wusste es nicht. Wenn ich schlecht bin, weiß ich's.«

»Lass dich bestechen. Ich deale Gras ...«

Er warf mir ein Päckchen hin, hauptsächlich Samen und Stengel.

Ich machte mich ans Signieren.

Wir zogen noch 3 oder 4 Nasen Koks, dann ging ich wieder in meine Bude. Ich setzte mich an die Maschine, und die Tasten sahen mich bloß an, und ich sah sie an. Verdammt sei Todd, der Frauenheld. Was hatte ich? Er hatte Koks. Ich zog mich bis auf die Unterwäsche aus und drehte mir einen Joint aus Grassamen und Stengeln. Lustig. Die Samen wurden glutrot und fielen aus dem Papier, landeten auf meinem Unterhemd und verbrannten mich. Ich zupfte sie raus. Ich musste 5 oder 6 Dosen Bier trinken, um mich ins Bett zu schaffen und zu schlafen ... Am nächsten Morgen hatte ich lauter kleine rote Brandmale auf Bauch und Brust ...

Dann hockte ich mal abends mit einer meiner Schnallen zusammen, Ursella. Ursella hatte lange rote Haare bis zum Hintern. Sie war ein Tablettenfreak. Scharfer Verstand, aber brutal. Ich sah mir einfach gern die wallende rote Mähne an und trank. Wir hatten zwar auch Sex, aber das war nicht berühmt. Bei Ursella lehnte ich mich lieber zurück und machte mir Gedanken, wie sie so verdammt *hart* geworden war. So hart wollte ich im Leben nicht werden, und ich dachte, an ihrem Beispiel kann ich lernen, wie man's nicht macht. Statt jemand zu werden, der dem bisschen Freude auf der Welt kaum was hinzufügt.

Sie hatte Todd Hudson, den Frauenheld von East Hollywood, kennengelernt, als der eines Abends mit Laura vorbeikam. Damals wurde mir bewusst, wie perfekt seine Klamotten saßen. Jeder Zentimeter Stoff schmiegte sich an seinen kleinen Arsch. Und das Strickhemdchen wie angegossen. Der Gürtel schön in der Schlaufe. Mein Gürtel war verdreht, und das Ende hing runter. An meinen Hemden fehlten Knöpfe. Dafür hatten sie Brandlöcher. Meine Haare waren selten gekämmt, mein Bart ungepflegt. Die Hosenbeine entweder zu kurz oder zu lang. Meine Unterhosen verklemmten sich in der Arschritze, mein Gesicht war rot und aufgedunsen vom Suff. Todd war wie aus dem Ei gepellt. Wahrscheinlich dufteten sogar seine Fürze nach Vanille.

Das Telefon klingelte. Es war Todd. Ein Donnerstagabend. Dienstags, donnerstags und samstags trat Laura als Nacktänzerin in einem Nachtclub auf. Wir hatten, wie gesagt, Donnerstag. Todd war einsam.

»Was machst du, Mann?«, fragte er.

»Ich bin müde.«

»Komm doch vorbei.«

»Nein, Mann, ich will nicht.«

»Komm schon, Alter!«

»Nein, Mann ...«

»Ach, LECK MICH DOCH!«, sagte er und legte auf.

Ich ging wieder rein zu Ursella.

»Das war Todd, oder?«

»Ja.«

»Er wollte dich sehn, stimmt's?«

»Ja.«

»Du hast seine *Gefühle* verletzt!«

»Herrgott nochmal, seine Frau arbeitet heute Abend. Damit kommt er nicht klar ...«

»Bis wann arbeitet sie?«

»Bis um zwei.«

»Du hast seine *Gefühle* verletzt! Ich geh *zu* ihm!«

»Wie du meinst.«

Sie schnappte sich ihre Handtasche, riss die Tür auf und knallte sie hinter sich zu.

Was ist mit *meinen* Gefühlen?, dachte ich.

Dann sagte ich mir, dass das kein vernünftiger Gedanke war, und goss mir einen großen Scotch aus der im Wandschrank versteckten Flasche ein. So ein Ass im Ärmel zahlte sich doch immer aus. Manchmal war man ohne so ein Ass geliefert.

Ich trank aus, stieg aus meinen Schuhen und tippelte auf Zehenspitzen rüber zu Todd. Ich lunzte durch die Jalousie und sah den Berg Koks zwischen den Dildos. Der Frauenheld würde Ursella ficken. Ehrlich gesagt, das kränkte mich. Dann fiel mir ein, dass heute im Olympic Auditorium ein paar Boxkämpfe liefen. Ich ging wieder in meine Bude, trank noch ein halbes Glas Scotch, kippte ein Bier hinterher und fuhr los ...

Ein paar Abende drauf holte ich mir bei Todd meinen Koks zum Freundschaftspreis. Dazu kaufte ich die übliche Tüte Gras, vorwiegend Stängel und Samen. Todd hatte die üblichen sauberen, perfekt sitzenden Klamotten an. Der Junge hatte niemals Dreck an sich, kein Stäubchen. Nie war er unrasiert, nie guckte ihm ein Haar aus der Nase. Mr Cool. Nur als der Typ ihm damals auf den Bildschirm gewichst hatte, war er in meinem Beisein mal aus der Haut gefahren. Jetzt las er gerade in der Zeitschrift *New York*. Laura übte ihre Tänze ein. Sie tanzte ins Nebenzimmer, um ihr Kostüm zu wechseln.

Todd sah mich an. »Hey, Mann, neulich Abend hast du echt

was verpasst. Wir waren bei ein paar Comiczeichnern. Ich hab dich angerufen, aber du warst nicht da oder bist nicht rangegangen ... Diese Comiczeichner sind grandios. Praktisch alle außer Crumb waren da. Jedenfalls hab ich was verkauft. Sie fingen an zu schnobern. Dann bin ich mit der Frau von dem Typ, bei dem wir waren, spazieren gegangen. Ich bin mit ihr zu mir, hab sie gefickt und wieder heimgebracht.«

»Kanntest du sie überhaupt?«

»Ich hatte schon mal so fünf Minuten mit ihr geredet ...«

»Wie machst du das?«

»Was denn?«

»So hopplahopp eine flachlegen?«

Todd grinste. »Hey, Mann das ist doch kein Problem ...«

Da ungefähr kam Laura wieder hereingetanzt, und Todd legte ein paar Lines. Da er immer großzügiger legte, als er verkaufte, entschloss ich mich zu bleiben. Bier und Gin waren auch da. Außerdem beschäftigte mich sein Erfolg bei den Frauen. Eins wusste ich: Mit dem, was er redete, hatte es nichts zu tun, das war ziemlich langweilig. Vielleicht lag es eher an dem, was er *nicht* sagte. Ich hatte die Angewohnheit, mit einem einzigen schlichten Satz Leute für immer zu vergrätzen. Allzu viel machte mir das zwar nicht aus, aber es hatte mich schon eine Menge Frauen gekostet. Was vielleicht auch gar nicht so verkehrt war. Andererseits redeten Typen wie ich sich das vielleicht bloß ein.

Die Nacht ging weiter. Ohne viel Worte. Todd meinte, ich solle eine Lesung machen, eine Dichterlesung in seinem Pornoladen.

Während wir die Zeit verbrieten, dachte ich über Todd nach. Von den ganzen Ficks, von denen er mir erzählte, hatte er nie einen besonders hervorgehoben oder gesagt, dass einer schlecht war, und nie ließ er durchblicken, dass ihm an einer Frau etwas lag. Vielleicht war es sein Stil, darüber nicht zu reden. Manche Frauen fuhren auf Gleichgültigkeit ab; sie hielten das für Abgeklärtheit. Aber egal, was er Besonderes hatte oder machte, es kam an. Er war der Meisterficker von Hollywood. Dabei war er gar nicht so toll bestückt. Behauptete jedenfalls Ursella, als ich sie aus Neugier anrief und danach fragte. »Der hätte 'n Dildo nehmen sollen«, meinte sie zu mir.

Die Nacht ging weiter. Gin, Schnee und Bier, Gras. Laura erzählte von den Kerlen in der Nackttanzbar. Wichser seien das, sie gäben dickes Trinkgeld, und sie *verliebten* sich. Ich erzählte ein bisschen von der Rennbahn. Was dann kam, kam unverhofft. Todd beugte sich mit höhnischem Gesichtsausdruck vor und sagte: »Hey, Mann, du redest doch immer davon, wie gut du Muschi lecken kannst!«

»Lass mal, Todd ...«

»Nein, Mann, jedes Mal, wenn du high bist, gibst du damit an, wie gut du Mösen leckst!«

»Da hat er recht, Hank«, sagte Laura.

Ich musste immer daran denken, was ein Kleiderschrank namens Tommy mal gesagt hatte, als ich noch in der Fabrik an der Alameda arbeitete und die Jungs mit ihrer Muschileckkunst prahlten: »Hey, wer Mösen leckt, der lutscht auch Schwänze!«

Irgendwie hallte das in meinem Kopf nach. Zum Mösenlecken war ich wegen einer jungen Schnitte gekommen, die sagte, wenn ich's nicht täte, würde sie mich verlassen. Vier Jahre später verließ sie mich zwar, aber bis dahin hatte ich meine Technik perfektioniert, und wenn ich high war, gab ich irgendwie immer mit meinem Können auf dem Gebiet an, obwohl ich mir eigentlich gar nicht so viel daraus machte.

»Du könntest doch mal zusehn«, sagte Todd, »wie ich eine Muschi lecke, und mir sagen, ob ich das gut mache oder nicht.«

»Hör schon auf, Mann ...«

»Nein, ich mein's ernst.«

Laura marschierte ins Schlafzimmer. Todd folgte ihr. Ich goss mir einen Gin mit Selters ein. Der *Marsch zum Galgen* kam aus dem Lautsprecher.

»Hey«, rief Todd, »komm rein, Mann!«

Ich ging rein. Sie waren beide nackt. Laura mit gespreizten Beinen. Todd hob den Kopf. »Jetzt sieh zu, Mann!«

Er legte los. Es war hohl, wie er selbst.

»Herrgott«, sagte ich, »mehr *Leidenschaft*! Flipp *aus*! Lass dich gehn!«

Todd versuchte es. Es war kläglich. Wie ein abgeschmackter Witz. Die Verschwendung tat mir in der Seele weh. Laura lag da ausgestreckt wie eine Pappfigur.

»Herr Jesus, komm, ich mach es dir mal vor!«

Todd kam hoch. »Okay, mach!«

Ich kippte meinen Gin runter und sprang in die Bresche. Ich kramte meine alten van-Gogh-Striche aus dem Gedächtnis hervor. Ich neckte, tauchte ein, wartete, griff wieder an, ließ ab, machte weiter, blieb schließlich da und säte Zerstörung. Laura war außer sich. Ich wollte aufhören und Todd Platz machen, merkte aber, dass ich es nicht konnte, und ehe ich mich's versah, war der eine Kopf draußen und der andere drin, mein Schwanz drang in sie ein, Laura grub mir ihre Nägel ins Kreuz, dann hörte ich Todd:

»OKAY, DU DRECKSAU! RAUS HIER! LOS!«

Ich sah hoch. Todd stand nackt da und zielte mit der .45er auf mich.

»MACH, DASS DU RAUSKOMMST!«

Ich hörte, wie er entsicherte. Die .45er zielte auf meinen Bauchnabel. Ich stieg aus dem Bett.

»Nur die Ruhe, Daddy Todd! Wer wird denn gleich ausrasten?«

»DU SOLLST VERSCHWINDEN, HAB ICH GESAGT! LOS!«

Ich hob meine Sachen auf und legte sie mir über den Arm. Todd folgte mir mit der .45er aus dem Schlafzimmer. Ich öffnete die Haustür und trat in die Nacht hinaus. Kein Blick zurück. Ich ging nach hinten zu meiner Hütte. So früh am Morgen war kein Mensch zu sehen. Mein Schwanz hing schlaff zwischen meinen Beinen. Ich wollte die Schlüssel aus der Tasche holen, und sie waren nicht da. Mist. Sie mussten unterwegs rausgefallen sein. Ich zog meine Unterhose an und suchte den Gehweg ab. Ging noch mal ganz zurück, fand aber die Schlüssel nicht. Es wurde kühl draußen. Ich ging zu Todds Bungalow und klopfte an die Tür. Nichts. Wahrscheinlich fickten sie gerade. Gut warmgemacht hatte ich sie ihm ja.

Ich klopfte noch mal an.

Ich hörte Todd: »GIB DEM DRECKSACK SEINE SCHLÜSSEL!«

Die Tür ging auf. Laura stand nackt vor mir. Sie drückte mir die Schlüssel in die Hand. Dann schloss sie die Tür.

Ich ging mit baumelnden Schlüsseln, baumelnden Eiern zu meiner Bude. Trank zwei Dosen Bier und legte mich schlafen ...

Über den Abend wurde nie wieder gesprochen. Es war, als wäre nie etwas passiert. Unterdessen ging meine Kokserei trotz Sonderrabatten ins Geld. Ich vergaß das Dichten und kehrte zur Schmuddelstory zurück. Meine Schmuddelstorys waren meistens witzig, zum Beispiel die von dem Kerl mit der männerhassenden Freundin, die seine Eier ans Kopfbrett vom Bett nagelt und ihn langsam mit Kakerlakengift zu Tode sprüht, während sie ihren Freundinnen am Telefon erklärt, dass sie sich nie wieder von einem Mann verarschen lässt.

Eines Abends saß ich dann jedenfalls wieder bei Todd. Laura war in ihrer Nackttanzbar. Wir machten langsam. Wir tranken Bier. Todd sagte, er wolle eine Pornoladenkette eröffnen, und einen dieser Läden sollte ich managen. Ich sei einer der wenigen Leute, denen er trauen könne. Ich sagte ihm, ich würde drüber nachdenken. Dann klopfte es an der Tür. Ein Klopfen kann viel aussagen, wenn man es zu lesen versteht. Hier hatten wir ein *hässliches* Klopfen, als ob schwarze Finsternis anklopft. Soll heißen, es hörte sich nicht gut an. Überhaupt nicht.

Todd ging an die Tür. Er hatte zwei Ketten davor. Er nahm eine weg und sah durch den Türspalt. Dann drehte er sich zu mir um.

»Mein Lieferant ist da. Mein Hauptlieferant.«
»Dann geh ich am besten mal.«
»Nein, bleib, das macht nichts.«
»Herr Jesus«, sagte ich.

Todd öffnete die Tür. Als Erstes kam ein dünner Typ rein. Seine kleinen Rattenaugen checkten das Zimmer. Er huschte ins Schlafzimmer. Kontrollierte das Klo. Die Wände, den Boden unter den Teppichen. Er nahm Lampenschirme ab. Sogar im Kühlschrank sah er nach. Anschließend kam der Dicke rein. Groß und fett. Schmuddliger, billiger schwarzer Anzug. Er schwitzte. Vermutlich gibt es so etwas wie *das Böse* nicht, aber wenn doch, dann war er es in Person. Er stank nach Mord. Es war, als müsste er töten, um ein nervöses Zucken loszuwerden. Ich spürte das ganz stark. Und es machte mir Angst, weil es ansteckend war: Er verströmte es in Wellen. So ein Typ war mir weder im Film noch im Leben oder sonstwo je begegnet. Erfinden konnte man den nicht. Er war einfach da.

Er sah Todd an. »WER IST DER TYP?«

»Er ist okay ...«

»Was will er? Was macht er?«

»Er ist Schriftsteller. Er wollte nur ein Bier trinken.«

»Sag ihm, er soll abhauen!«

Der Schweiß lief dem Dicken von der Stirn und am Gesicht runter. Der Dünne kam dazu und stellte sich neben ihn. Was würde Clint Eastwood tun?

Ich trank mein Bier aus, sah Todd an: »Ich brauch ein Ale.«

Todd ging Richtung Küche.

»Hey, was soll das denn?«, fragte der Dicke. »Er braucht ein *ALE*? Was soll der Scheiß?«

Todd kam mit meinem Ale an, meine Lieblingsmarke in der grünen Dose. Ich riss sie auf und trank einen Schluck.

»Wer ist der Typ? Scheiße, was will er?«, hakte der Dicke nach.

»Wie gesagt«, antwortete Todd, »kein Problem.« Er lächelte schief. »Ich hab ihn sogar Lauras Muschi lecken lassen.«

»Das juckt mich überhaupt nicht! Ein Sack Scheiße, der genauso aussah wie der da, hat meinen Bruder gekillt!«

Ich trank noch einen guten Schluck von dem Ale. Dabei hatte ich wirklich Angst, nicht vor dem Tod, aber vor dem Dicken. Auf die meisten Leute konnte ich mir einen Reim machen, egal wie unsympathisch sie mir waren. Nicht so auf den Dicken. Da lief jeder Reim ins Leere. Man sollte ja meinen, wenn man 5 bis 6 Jahrzehnte auf dem Buckel hat, kennt man sie alle. Aber dann kriegt man's doch mit einer Ausnahme zu tun, bei der einem die gesammelte Lebenserfahrung rein gar nichts hilft.

»Ich geh ja schon«, sagte ich, »nur ein Schluck noch.«

»Mach hin«, sagte der Dicke.

»Aber echt«, meldete sich endlich auch der Dünne zu Wort.

Das stank mir ein bisschen, nicht sehr, aber doch so, dass ich das Ale etwas langsamer als beabsichtigt trank. Todd, der Dünne und der Dicke standen nur da und sahen zu, wie ich die Dose leerte.

»Okay«, sagte ich, »ich gehe.«

Dann stand ich auf, holte eine Zigarette raus und steckte sie mir zwischen die Lippen. »Hat mal einer Feuer?«, fragte ich.

Der Dicke kam an, nahm mir die Kippe aus dem Mund und zerquetschte sie, griff mir mit der anderen Pranke ins Gesicht, so dass mein Kinn runterklappte, stopfte mir die Zigarettenbrösel in den Mund und klappte ihn zu. Dabei geriet meine Zunge zwischen die Zähne, und schon fing es an zu bluten. Und weh zu tun.

»Du gehst jetzt mal, ja?«, sagte der Dicke.

Ich ging. Vom Fußweg aus hörte ich, wie er Todd fragte: »Scheiße noch mal, wer war das?«

Todd und ich, wir unterhielten uns später noch darüber, aber nicht lang und breit. Unterdessen knackte Todd wieder eine Bekannte von mir, doch damit hatte ich fast gerechnet. Eine andere, bei der er abblitzte, sagte mir: »Der Typ erinnert mich an einen Wackelpudding.« Für mich blieb er trotzdem der Meisterficker von East Hollywood, und man konnte nicht sagen, die Girls wären alle bloß wild auf Koks gewesen. Ich meine, das brachte mich wirklich ins Grübeln: Gefielen ihnen die im kleinen Schritt so eng sitzenden Hosen? Waren es die stets blitzblanken spitzen Schuhe? Die Sockenhalter? Die großen Augen mit dem vielen Weiß, die windzerzausten Haare, deren Blond von der Sonne hätte geklaut sein können? Liebten sie ihn, weil er wie ein Mann roch, der nicht altert? Weil er immer so cool war, so lässig, so weise? Wusste er etwas, hinter das wir anderen nie kommen würden? Äußerlich war er für mich alles in allem ein Musterbild des Frauenhelden. Und er war nicht dumm; er war nichtssagend, aber nicht dumm. Auf vieles, was andere schluckten, fiel er nicht rein. Er konnte verdammt klar denken. Von den 5 oder 6 Männern, die mir als Erstes einfielen, war er zumindest manchmal der anregendste Gesprächspartner. So weit, so gut. Mich regte nur auf, wie *schnell* er praktisch jede fremde Frau, die er begehrte, ins Bett bekam. Es kam mir vor, als ob es da ein Passwort gab, bestimmte Sprüche, und wie ein Möchtegern-Schriftsteller hätte ich mich da gern eingeklinkt. Ich wollte hinter den Kern seines Fick-Geheimnisses kommen; da schien mir mehr dran zu sein, als das Auge sah. Vielleicht konnte ich etwas davon übernehmen, oder wir konnten gemeinsam darüber lachen ...

Dann an einem Donnerstagabend, vielleicht auch an einem Freitag, kam ich ziemlich angetütert vom Trabrennen nach Hause. Obwohl ich auf der Rennbahn selten trinke. Eine meiner Liebsten hatte mir Druck gemacht und verlangt, dass wir nach Vegas fahren und heiraten. Völlig unerwartet kam das, und sie hörte gar nicht mehr auf. Ein Irrsinn. Es setzte mir zu. Um mein Geld konnte es ihr nicht gehen. Und sie war eine von denen, die mit dem Frauenhelden von East Hollywood gefickt hatten. »Komm wir heiraten, bevor wir es uns anders überlegen!«, sagte sie immer wieder. Dabei schlief die Frau mit jedem: Pizzaboten, religiösen Fanatikern, Orchestergeigern, Kammerjägern, Bürgermeistern, Autowäschern. Mein Leben war sowieso schon die Hölle, die reinste Hölle. Ich hatte 5 oder 6 Selbstmordversuche hinter mir und trotzdem noch Hoffnung. Die Ehe mit dieser Frau wäre Dantes Hölle hoch drei gewesen. Also war ich zur Trabrennbahn geflüchtet.

Und hatte in der Rennbahnbar gebechert, um ihr Gesülze auszulöschen, und bei den Rennen selbst noch rund zwei Hunderter verspielt ...

Ich fuhr langsam nach Hause. Ich sann darüber nach, wo ich im Leben stand, und berauschend war es nicht. Hätte ich wenigstens noch Zigaretten gehabt! Manchmal lief es schlecht, und wenn es schlecht lief, konnte man nirgends hin. Ging man zum Therapeuten, bekam man eine Deutung aus dem Lehrbuch zu hören, aber wenn man ihn ansah, merkte man, dass er nicht wusste, wovon man redete. Man unterhielt sich mit einem, dem's gutging. Wenn man verrückt zu werden droht, braucht man aber einen anderen Verrückten, der genau weiß, wovon die Rede ist, und zwar nicht aus Büchern, sondern aus dem Leben.

An der Wohnanlage einen Parkplatz zu finden war immer schwierig, aber an diesem Abend noch schwieriger. Ein großer Menschenauflauf hatte sich vor dem Areal gebildet, und ich dachte: Oh-oh, Scheiße.

Ich musste an der nächsten Ecke parken und ging zu Fuß zurück. Die Leute waren immer noch da, sogar noch mehr. Ich mochte keine Menschenmengen. Menschen waren nie vernünftig, und je mehr sich auf einem Fleck versammelten, desto unvernünftiger waren sie. Menschenmengen sind schlicht der Tod mit massenhaft Füßen und Köpfen und so weiter.

Ich musste zu meiner Hütte. Die, wie gesagt, hinten stand. Im Näherkommen hörte ich, wie ein Typ zu einem anderen sagte: »Jemand hat ihn zusammengeschossen. Dann nichts wie raus und weg. Keiner weiß, wo der Kerl hin ist. Die wohl auch nicht.«

Die Lichter der Streifenwagen rotierten. Ein Krankenwagen war auch da. Die Polizei drängte die Leute zurück.

»Zurück, Junge, sonst gibt's was auf die Eier!«
»Stoßen Sie mich nicht! Wir leben in einer Demokratie!«
»Zurückbleiben! Noch ein Wort, und du brauchst neue Zähne!«

Kriminalbeamte gingen am vorderen Bungalow ein und aus. Drinnen blitzten Kameras. Dann zerrten sie Laura aus der Tür. In Handschellen, Herrgott nochmal. Einen Moment blieben sie mit ihr vor der Tür stehen. Mond und Rotlicht erfassten ihr Gesicht. Sie schwieg, aber ihr Gesicht war tränenüberströmt. Selbst vor den Samstagabendwichsern im Nachtclub hatte sie sich wohl noch nie so *nackt* gefühlt. Ich wusste, sie hätte mich jetzt gebrauchen können. Sie brauchte Hilfe. Aber ich war hackedicht. Sie hätten mich in die Ausnüchterungszelle gesteckt oder Schlimmeres. Ich sah zu, wie sie sie zu einem Streifenwagen schleiften.

Dann kamen sie mit der Leiche raus. Die Zuschauer waren begeistert. So was Gutes hatten sie seit der Einführung des Fernsehens nicht gesehen.

Er steckte in einem schwarzen Sack, und auch darin sah er fast noch gut aus: Füße zusammen, Kopf geradeaus, noch immer elegant. Das war's. Sie brachten ihn zum Krankenwagen, schoben ihn durch die offene Tür und fuhren mit heulender Sirene davon, als ob es noch eilte. Dass sie das bei einer Leiche machten, war mir neu. Wieder was dazugelernt. Für jede Sache, die ich im Alltag lernte, vergaß ich zwei.

Die Leute blieben noch, waren jetzt gesprächiger, tauschten Meinungen und Nervenkitzel aus. »Mensch, ich hab mir gerade Johnny Carson angehört, als ...«

Ich lief hinten um die Anlage herum, die Zufahrt des nächsten Wohnblocks hinunter, kletterte über den kleinen Maschendrahtzaun, ging vielleicht 10 Meter und stand vor meiner Haustür.

Drinnen zog ich mich bis auf die Unterhose aus und ging zum Kühlschrank, wo noch anderthalb Sechserpacks Ale standen. Ich holte eine Dose raus, riss sie auf, fand eine alte Zigarre im Aschenbecher und steckte sie mir an. Mir ging durch den Kopf, dass der Dicke nur so zum Spaß auf meinen Arsch aus sein könnte. Was bei meiner alten Selbstmordneigung ja nicht so schlimm war. Oder doch. Ich inszeniere meinen Abgang lieber selbst. Es war beschämend, von jemandem umgebracht zu werden, den man nicht leiden konnte, außer man übernahm es selbst, weil man sich selbst nicht leiden konnte.

Durch Todds Ermordung fühlte ich mich betrogen. Auch wenn ich vielleicht nie hinter sein Geheimnis gekommen wäre – wie es ihm gelang, die Frauen so leicht zu bestricken. Das *war* eine Kunst, wenn auch nur wenige Männer auf dem Gebiet Künstler sind. Todd fickte einfach unverdrossen und geradezu öde drauflos. Wieso die Frauen reihenweise vor ihm auf den Rücken fielen und die Beine für ihn breit machten, würde ich nie verstehen.

Ich trank vier Dosen Bier da in der Unterhose, trank fünf. Hörte erst auf, als kein Bier mehr da war. Mittlerweile war die Sonne aufgegangen und drang durch die verschmutzten Jalousien.

Todd, dachte ich, du Saukerl, warum hast du mich nicht eingeweiht? Ein Mitwisser hätte deine Quote doch kaum verringert. Weißt du nicht, dass es Millionen Menschen auf der Welt gibt, die beerdigt werden, ohne auch nur einmal im Leben gefickt zu haben? Und du ziehst Höschen aus und spreizt Mösen, als wäre überhaupt nichts dabei, immer und immer wieder ... Wahrscheinlich fickst du auch das Erstbeste, was dir in der Hölle über den Weg läuft ... Warum hast du mich nicht eingeweiht? Oder gibt's da kein Geheimnis?

Ich ging pissen, ließ mir etwas Wasser über die Hände laufen, übers Gesicht und über die Haare. Ich griff zur Zahnbürste, sah sie an, warf sie ins Waschbecken. Ich ging ins Schlafzimmer, ließ mich mit dem Gesicht nach oben lang aufs Bett fallen und hörte das Bettgestell mit der vertrauten Ausführlichkeit rattern und knattern, aber wie das Weltall würde es vermutlich noch bis zum nächsten Morgen halten.

Bis ich verkatert und unwissend wie eh und je erwachte.

Der Schläger

Einen Drink bekam Harry vor der Landung noch runter. Er freute sich nicht gerade auf das Wiedersehen mit Tina. Nach ihrer Trennung war sie in dieses Wüstenkaff gezogen. Sie wohnte bei ihrer Schwester Ann, die von Harry nicht allzu viel hielt. Ann war gescheiterte Schriftstellerin, Harry dagegen hatte Glück gehabt. Und auch Glück, dass er Tina nicht geheiratet hatte. Tina war Nymphomanin, sie dachte immer dran; Sex war für sie das einzig Absolute, und Harry hatte alles Erdenkliche und auch manches Unerdenkliche getan, um ihre andauernde Lust zu befriedigen. Aber sein Trinken und sein Zocken kam ihren Bedürfnissen oft in die Quere, und eines Tages sagte sie ihm klipp und klar: »Entweder du lässt das Saufen und das Zocken sein, oder du bist mich los.«

Da nur ein Vollidiot das Saufen *und* das Zocken sein lassen würde, war ihre Beziehung damit zu Ende gewesen.

Allerdings sah Tina toll aus: klasse Arsch, Beine, Haare, Brüste, und nun war Harry auf dem Weg zu ihr. Sie hatte ihn am Telefon bedrängt und bearbeitet, bis er schließlich dachte, flieg ich halt hin, bleib für vier oder fünf Nummern (zwei Tage?) und bin wieder weg. Außerdem brauchte er mal Ruhe vor der anderen Frau, der Frau zu Hause, die keine Nymphomanin war, aber seinen Verstand und seine Gefühle anfraß mit ihrem nicht nachlassenden, ständigen Bedürfnis, ihn gegen andere Männer auszuspielen. So gesehen, konnten die anderen sie gern für sich haben. Und indem er ausflog, ließ er ihr die Wahl. Das Problem mit den Frauen war, sobald man mit einer Schluss hatte, nahm auch schon eine andere ihren Platz ein. Nie gaben sie einem Gelegenheit, sich neu zu formieren ...

Wie üblich ging Harry als Letzter von Bord. Über diese Angewohnheit hatte er sich noch nie Gedanken gemacht. Wahrscheinlich hing sie aber mit Ichbezogenheit, mit Überempfindlichkeit zusammen, und er stand auch nicht gern im Flugzeuggang, wenn sich vor ihm die Hinterköpfe, die Ohren, die Ellbogen, die Ärsche und so weiter reihten.

Verglichen mit LA International war es ein kleiner Flughafen; als er den Runway runterkam, sah er Tina hinter einem Absperrzaun auf dem Parkplatz stehen. Er ging mit seiner Umhängetasche zum Ausgang hinaus, und da war sie. Harry grinste, Tina kam zu ihm gelaufen, sie umarmten sich, küssten sich, und schon spitzte sie ihm die Zunge in den Mund und wieder raus. Unverfängliche Begrüßungen waren nichts für Tina. Die Cowboys hielten sie offenbar auf Touren. Es war fünf nach halb zehn in der Wüstenstadt.

Und im Wagen wartete der Hund. Tina wusste, dass er Jock gernhatte. Und der Hund kannte ihn noch und fiel wild wedelnd, hüpfend und sich verbiegend auf dem Beifahrersitz über ihn her. Harry redete mit Jock, drückte ihn, streichelte ihn, dann verfrachtete er ihn mitsamt seiner Tasche nach hinten.

Sie fuhren los und waren auf dem Weg zum Haus der Schwester. Tina hatte ein kleines Lächeln auf den Lippen. Harry kam es vor wie ein Siegeslächeln.

»Du siehst gut aus, Harry. Bestimmt hast du deinen Alkoholkonsum reduziert.«

»Du siehst auch gut aus, Tina, vielleicht besser denn je. Aber ich trinke eigentlich so viel wie immer ...«

»Ich wünschte, du würdest darauf verzichten, solange du hier bist.«

»Dreh um, Tina, fahr mich zurück zum Flughafen!«

»Was ist denn?«, fragte sie.

»Ja, mein Gott, du fängst doch schon wieder an!«

»Ich meine es doch nur gut mit dir, Harry; du bist nicht mehr der Jüngste. Die Trinkerei bringt dich noch um.«

»*Nicht* zu trinken wäre mein Tod! Jetzt dreh um und bring mich wieder zum Flughafen!«

»Nein.«

»Scheiß auf dein nein!«, brüllte Harry. Er riss den Schlüssel aus der Zündung und zog die Handbremse. Der Wagen kam von der Straße ab, krachte durch eine Menge hohes Gestrüpp und blieb stehen.

Tina sah eine Zeitlang vor sich hin, dann sagte sie: »Okay, Harry, im Handschuhfach ist ein halber Liter Scotch.«

Harry klappte das Fach auf, sah die Flasche, zog die Folie ab, öffnete sie und nahm einen guten Schluck.

Er sah, dass die Scheinwerfer noch an waren, langte rüber und schaltete sie aus. »Du bist ein Schatz, Baby.«

»Hör mal, Harry, lass uns doch wieder zusammenleben.«

»Man lebt nicht zusammen; man stirbt zusammen, und gleichzeitig stirbt man getrennt.«

»Du bist ein mieser Zyniker, Harry ...«

»Die Realität ist eine zynische Veranstaltung.«

»Und dein *Humor* erst ...«

»Ich hab nichts Witziges an mir, Tina. Du überschätzt mich. Ich weiß wirklich nicht, wie du ...«

»Du machst mich an, Harry ...«

Harry nahm noch einen Schluck Scotch.

Eins hatte das Trinken für sich: Mit der Flasche musste man nicht reden.

Dann machte sie auf einmal den Reißverschluss seiner Hose auf.

»Was soll das denn werden?«
»He, guck mal, mein *kleiner* Freund!«
»Sei nicht nett zu mir, Tina ...«
»Was macht er denn noch so?«
»Er versucht neue Wege zu gehen.«

Harry spürte, wie ihre Zunge über die wachsende Hilflosigkeit seines Penis' glitt, einmal *schleck*, noch mal *schleck*. Er nahm noch einen Zug aus der Flasche.

Das war das Schlimmste an Tina: Westlich und südlich von Boston lutschte ihr keine was vor. Sie griff ihm in die Hose und holte alles raus. Er spürte, wie die Zunge von den Eiern nach oben kam, über die Adern der irren Schlange rollte und bis zum Kopf wirbelte, den sie mit ungeahnter und letztlich unwiderstehlicher Raffinesse immer wieder umkreiste.

Harry entschloss sich, nicht darauf zu achten.

Er schaute durchs Wagenfenster auf die niedrigen, kahlen Berge. Trotzdem drang sie zu ihm durch. Er versuchte sich vorzustellen, wie er Löffel für Löffel einen Eimer Scheiße leerte.

Zwecklos. Er spürte sie.

Jock hatte beide Vorderpfoten auf die Rückenlehne gelegt und schaute winselnd zu. Der gute Kerl bekam die Hitze mit. Harry schubste ihn runter und griff noch mal zur Flasche. Beim Blick aus dem Fenster danach sah er, dass der Mond ebenfalls zuschaute.

Dann fing Harry an zu stöhnen, und auf einmal biss sie ihn fest mitten in den Schwanz –

»Du dreckige Nutte!«

Er schlug ihr von oben voll auf den Kopf, und das wirkte: Sie machte sich mit ungeteilter, letzter Inbrunst wieder an die Arbeit. Harry konnte nicht mehr an sich halten: Mitten in der Wüste, zwischen 412 Kaninchen, 672 Schlangen und 10 687 Wasnichtnochs spritzte er ab.

Tina kam hoch, knipste das Innenlicht an und bemalte sich vorm Rückspiegel die Lippen, die wieder das kleine Siegeslächeln zeigten.

Dann startete sie den Wagen, schaltete die Scheinwerfer an und brauste los, ohne sich um den dicht beblätterten dicken Buschzweig zu kümmern, der quer über der Haube hing. Sie schaute einfach hindurch. Mit 22 hatte sie eine Elektroschocktherapie bekommen ...

Als sie vor der Ranch anhielten, sah Harry, dass noch Licht brannte. Ann und ihr Mann Reddough erwarteten ihn. Harry kannte Reddough nicht. Tina informierte ihn mit einiger Verspätung.

»Du hast ja schon den einen oder andern guten Kampf verloren, Harry, aber Reddough ist ein Kapitel für sich. Er ist der größte Schläger hier am Ort. Er hat schon mehr Leute ins Krankenhaus befördert als der Krebs.«

»Ich will keinen Ärger, Tina; ich bin an einem Kurzroman, und den würd ich gern zu Ende bringen.«

»Dem Kerl ist jeder Vorwand recht. Ich will nicht, dass du zusammengehauen wirst, bevor wir's ein paarmal gemacht haben.«

Harry trank noch einen Schluck. »Ich weiß deine Sorge um mein Wohlergehen zu schätzen, Tina.«

Sie stiegen aus und gingen rein.

Reddough und Ann warteten am Küchentisch auf sie. Anscheinend hatten sie schon einiges gebechert. Und eine Flasche Whiskey stand auf dem Tisch. Im Radio lief Country & Western Musik. Reddough knipste das Radio aus. »Setz dich, Cityboy.«

Harry streckte die Hand aus. Reddough tat, als wolle

er einschlagen, und drückte Harry einen Bierdeckel in die Hand.

»Was soll ich denn damit?«, fragte Harry.

»Keine Ahnung. Von mir aus schieb ihn dir in den Arsch.«

Harry drehte sich nach Tina um, die noch hinter ihm stand. »Ich weiß, ich wiederhole mich, aber bringst du mich bitte wieder zum Flughafen?«

»Was ist los?«, fragte Reddough. »Angst?«

»Nur ein bisschen.«

Reddough schob ihm die Flasche Whiskey hin: »Was zu trinken?«

Harry setzte sich. »Gern.«

»Harry«, sagte Tina, »trink bitte *nicht* mit ihm!«

»Für mich schmeckt's immer gleich, ganz egal mit wem ich trinke.«

Ann stand auf und kam mit einem Wasserglas wieder.

»Wie viel?«, fragte Reddough.

»Randvoll.«

»Bier dazu?«

»Danke.«

Harry trank das Glas Whiskey halb aus und kippte einen Schluck Dosenbier hinterher.

Reddough sah zu: »Wer trinkt, ist noch kein Mann.«

»Wer denn?«

»Manche Sachen sind einfach angeboren, und fertig.«

»Wie beim Stinktier, meinst du?«

»He!« Reddough unterbrach sich beim Anzünden seiner Zigarre. »Was ist denn jetzt los? Der Junge will sich kloppen, ja?«

Besonders groß war Reddough gar nicht, knapp eins achtzig vielleicht, dafür aber sehr stämmig, man musste an den berühmten Schrank denken. Jedenfalls war er breit und mit Muskeln bepackt, wohl auch mit Fett, aber das Fett saß quasi an den richtigen Stellen, falls man das sagen kann. Und sein Kopf war zu klein.

Wie soll man denn so einen Kopf treffen?, dachte Harry. Das ist ja, als ob man mit der Faust auf eine Walnuss losgeht. Einfach unfair. Und Ann, seine Angetraute, saß da übergewichtig und überfrustriert, voller Hass auf sich und die Welt, weil die dicken Romane, die sie alle paar Jahre an die New Yorker Verlage schickte, durchweg abgelehnt wurden.

Harry hoffte immer, dass sie einen unterbrachte, damit sie ihn in Ruhe ließ. Und er hatte mal in ihre Sachen reingelesen – lange, humorlose Reisen ins Ich und verlogene Sex-Abenteuer. Der Wunsch, eine große Schriftstellerin zu sein, schien sie geradewegs in die Mittelmäßigkeit zu treiben.

Jetzt sah sie Harry böse an: »Schreibst du immer noch deinen Scheiß und kassierst dafür?«

»Ja, regelmäßig.«

»Ein Buch von dir ham wir da«, sagte Reddough. »Es hängt im Hühnerstall von der Decke. In einer Story vergewaltigt ein Mann ein kleines Mädchen. Das nennst du schreiben?«

»Ja.«

Tina kam und setzte sich zu ihnen. Sie goss Pepsi-Cola in ein halb mit Eis gefülltes Glas.

»Lass uns schlafen gehen, Harry. Wir können uns morgen früh unterhalten.«

»Ich bin ein Nachtmensch, Tina. Morgens komm ich nicht auf die Beine.«

»Ich will nicht, dass es Ärger zwischen dir und Reddough gibt.«

»Wenn ich noch was zu trinken krieg, lass ich's drauf ankommen ...«

Reddough schickte einen Schwall Zigarrenrauch über den Tisch zu Hary.

»Meinst du nicht, du bist ein bisschen zu *alt* für Tina?«

»›Alt‹ ist nur ein Wort aus dem Wörterbuch.«

»Nein, ›alt‹ ist manches auch in Wirklichkeit.«

»Da könntest du recht haben.«

Ann war rausgegangen. Jetzt kam sie wieder. Sie hatte einen Stoß Blätter in der Hand. Die hielt sie Harry hin.

»Das erste Kapitel meines neuen Romans. Lies mal.«

Einfach so. Aber so kamen sie alle an.

Harry trank sein Glas aus, blickte zu Reddough: »Krieg ich noch eins?«

»Aber immer!«, sagte Reddough und schenkte nach.

Harry fing an zu lesen und hoffte das Beste. Vergebens. Wo kam bloß dieser Drang zu langweilen her? Jeder Schriftsteller bildete sich ein, schreiben zu können. Bloß konnte man das nicht allein entscheiden. Und viele beschissene Schreiber wurden auch gedruckt. Vielleicht war er selbst so einer. Aber Anns Schreibe gefiel Harry nicht. Das waberte, triefte und zickte nur so dahin – ein zähes, nichtsnutziges Getrommel.

Er gab Ann die Blätter zurück. »Manche Passagen sind gelungen, aber insgesamt spricht mich das nicht an.«

»Was hast du denn daran auszusetzen?«, fragte Ann.

»Ich weiß nicht. Es ist so eine Mischung aus Faulkner, Thomas Wolfe und nullachtfünfzehn Seifenoper.«

»Vielleicht«, Reddough beugte sich über den Tisch vor, »sollte sie lieber über einen schreiben, der ein kleines Mädchen vergewaltigt.«

»Sie kann schreiben, worüber sie will, wenn es nur wahrhaftig ist.«

»*Wahrhaftig?* Was für ein Wort ist das denn? Meinst du, du hast die Wahrheit gepachtet? Würd ich bestreiten.«

»Trink und reg dich ab.«

»Sag mir in meinem eigenen Haus nicht, was ich tun soll!«

»Pass auf, Red, wir können doch miteinander auskommen. Immer mit der Ruhe. Der Atomkrieg könnte jeden Augenblick losgehen. Wir sitzen doch alle in derselben Scheiße. Müssen wir uns da noch gegenseitig kaputtmachen? Wir sollten unsere letzten Sekunden genießen und lustig sein. Wäre das nicht besser?«

»He, Knallkopf«, sagte Reddough, »falls du noch nichts davon gehört hast: Gott beschützt die *Seinen*!«

»Red, vielleicht gibt es keinen Gott.«

Reddough stand auf. »DAS WAR'S!«

»Was ist denn?«

»NIEMAND LÄSST IN MEINEM HAUS SO EINEN SPRUCH AB!«

Damit kam er über den Tisch geflogen, ein besoffener Koloss ohne Flügel. Harry tauchte nach links ab, und der (fettgarnierte) Muskelberg segelte mit dem Gesicht voran über den Fußboden, gebremst von der Wand, um schnaufend mit rausgestreckter Brust und verdrehten Augenbrauen wieder aufzustehen. Er hielt auf Harry zu, der unter dem Tisch durchgerollt und auf der anderen Seite herausgekommen war.

»Das sollte ein Scherz sein, Red. Gott ist bestimmt irgendwo. Okay?«

Reddough zauderte. »Du bist ein Feigling!«

»Stimmt. Und falls du dich dann besser fühlst, sollst du wissen, dass ich deine Schwägerin überhaupt nicht ficken will. Sie will mich ficken.«

Tina schrie auf und warf ihre Pepsiflasche nach Harry. Sie knallte ihm gegen den Kopf und fiel auf den Boden. In Harrys Schädel klingelte es leise.

Reddough machte Anstalten, um den Tisch herumzukommen.

»Hör mal, Red, alle Menschen sind Brüder. Gleiches Blut, gleiche Finger, gleiche Spundlöcher, gleicher Kummer. Denk mal drüber nach!«

»Hä?«

Reddough wusste anscheinend nicht genau, was er tun sollte und warum. Er wankte vor, wankte zurück, dann setzte er sich wieder an den Tisch. Harry setzte sich ihm gegenüber. Ann und Tina standen da und beobachteten sie.

»Schenk mir ordentlich was ein, Red.«

»Klar.«

Er füllte beide Gläser bis zum Rand. Die Flasche war leer. Harry hob sein Glas. »Auf uns beide!«

Sie stießen an und tranken ungefähr halb aus.

Red sah Harry an. »Weißt du, Cityboy, irgendwie mag ich dich. Du sagst, was du denkst, auch wenn's daneben ist.«

»Du sagst auch, was du denkst, Red.«

»Das ist wichtig.«

»Ja.«

»Du willst meine Frau nicht vögeln, oder?«

»Nein, Red.«

»Du bist sowieso hässlich. Da mach ich mir keine Sorgen.«

»Danke, Red.«

Plötzlich ließ Red den Kopf auf die Tischplatte sinken und stieß dabei sein Glas um. Weg war er.

Harry trank aus, stand auf, blickte um sich, sah Ann.

»Gute Nacht, Ann.«

Dann nahm Tina ihn bei der Hand. Schon waren sie im Gästezimmer. Hübsches Plätzchen.

Harry hockte sich auf die Bettkante und zog seine Schuhe aus. Tina entkleidete sich vor dem Wandschrank.

»Du hattest Glück heute Abend, Harry.«

»Davon zehre ich. Ich lebe vom Glück.«

»Weiß ich. Auch mit mir hast du Glück, Harry.«
»Klar, Tina.«

Harry zog seine Sachen aus und schlüpfte unter die Decke, zwischen die sauberen Laken. Das Leben war gar nicht so schlecht. Wenn er jetzt noch die Schnalle in L. A. loswurde, konnte er einen Neuanfang machen. Er entglitt in den Schlaf ...

Es mochte gegen 3, 4 Uhr früh sein – jedenfalls wachte er davon auf, dass Tina auf ihm ritt. Zu seiner Verblüffung war er steif. Sie warf den Kopf zurück und stöhnte. Er spielte mit.

»Okay, Baby, reit den Bronco!«

Dabei wollte er eigentlich nur wieder in L.A. sein und Johnny Carson bei seinem Sologeschwätz im Fernsehen zuhören, so wenig er davon hielt. Da ließ sich's aushalten. Es war ein Zuckerwattetraum besinnungsloser Isoliertheit. Keine Sorgen, kein Kummer, gar nichts.

Harry packte Tinas Hinterbacken und sagte: »Gib's mir, Baby, du schöne Fickmaschine ...«

Der Eindringling

Es war ein warmer Samstagabend, spät. Im Kabelfernsehen gab es nichts Besonderes, aber sie hatten es sich trotzdem angesehen, unbeirrt und ohne Hoffnung. Harry hatte eine Flasche Rotwein getrunken und Ann ungefähr eine halbe.

Jetzt lagen sie im Schlafzimmer und versuchten zu schlafen, doch das war schwierig: schlechtes Fernsehen lullt nur beim Zuschauen ein. Ihr Hund Redeye schlief allerdings tief. Er schnarchte sogar. Auf dem Bettvorleger. Keine bösen Erinnerungen an mieses Fernsehen für Redeye.

Aus den Minuten wurde eine halbe Stunde ... eine ganze fast ... und langsam aber sicher hatte Harry das Gefühl einzuschlafen ...

Schlafen ... aah, schlafen ...

Da schüttelte ihn Ann. »HARRY! HARRY!«

»Hm? Was ist denn?«

»AUGEN!«

»Was?«

»AUGEN! JEMAND HAT ZUM FENSTER REINGEGLOTZT!«

»Welches Fenster?«

»DAS DA! DAS RECHTE! MIT DEM GEBÜSCH DAVOR! DIE AUGEN HABEN MICH ÜBERS GEBÜSCH WEG ANGESTARRT!«

»Sind sie noch da?«

»Nein ...«

»Dann lass uns schlafen.«

»HARRY, SIEH NACH, WAS DAS FÜR AUGEN WAREN. ICH HAB ANGST!«

»Okay, okay ...«

Harry ging in Schlappen, Schlafanzug und Bademantel raus, bewaffnet mit Taschenlampe und Baseballschläger. Ann sah ihm vom Fenster aus zu. Er schob das Gebüsch mit dem Schläger auseinander und leuchtete rein.

»So, Spanner, komm raus! Du hast nicht viel zu befürchten! Stell dich, und wir bereden das Ganze. Ich war früher selbst ein Spanner. Komm raus, und wir unterhalten uns über 'n paar gute Sachen, die ich gesehen habe!«

»Harry«, zischte Ann vom Fenster aus, »das ist nicht lustig! Sei vorsichtig!«

Harry stocherte weiter im Gebüsch und leuchtete ringsum.

»Komm schon, Junge! Wir gehn rein und sehen uns ein paar Pornos an!«

Es schien keiner da zu sein. Er drehte sich um und wollte wieder ins Haus gehen.

Genau in dem Moment hörte er schnelle Schritte hinter sich.

»SCHEISSE!«, rief Harry.

Er holte mit dem Schläger aus, schlug aber vorbei. Das Ding sprang in die Luft, ziemlich hoch, und landete auf einem schmalen Sims über der Hintertür. Viel Platz war da nicht, aber dem Ding genügte es.

Harry ging näher ran und leuchtete hoch. Da sah er die AUGEN ...

FURCHTERREGEND WILDE, IRRE AUGEN.

»Harry, Harry ... was ist denn das? Sei vorsichtig! ...«

Harry strahlte das Ding voll mit der Lampe an.

»Ann, das ist ein gottverfluchter AFFE!«

»Ein Affe?«

»Ja, ein Affe ...«

»Dann komm ich gleich mal raus.«

»Nicht durch die Hintertür ... er hockt da oben auf dem schmalen Sims ...«

»Ich komm durchs Fenster ...«

»Bleib mal drin ... womöglich beißt er ...«

»Nein, ich komm jetzt ...«

Harry hörte, wie das Fliegengitter aufgeklappt wurde, und schon kletterte Ann durch das Gebüsch nach draußen ...

»Oh, jetzt hab ich mein Nachthemd zerrissen ...«, und sie war bei ihm.

»Wo ist er?«

Harry leuchtete. »Da oben ... guck ...«

»Ach, der Ärmste ... der vergeht ja vor Angst!«

»Ich ruf den Zoo, die Feuerwehr, die Tierfänger oder irgendsojemanden!«

»Aber Harry, doch nicht so spät am Abend!«

»Mir scheint, das ist die beste Zeit.«

»Er hat Todesangst, Harry! Sieh ihn dir doch an!«

»Jaja.«

»Er möchte nur Verständnis ... Liebe.«

»Die Geborgenheit des Käfigs braucht er ... dann kommt er wieder zu sich.«

»Bitte nicht, Harry ... warte ... Ich bin gleich wieder da ...«

Ann stieg durchs Fenster ins Haus.

Harry leuchtete den Affen an. Eigentlich war ihm das Tier etwas unheimlich. Es war zu flink und sah aus, als hätte es nicht viel im Kopf. So ein Vieh war zu allem fähig. Es konnte aus dem Nichts auf einen losgehen.

Die AUGEN behielten ihn im Blick. Erst waren sie rot. Dann hellorange. Bis sie langsam eine stille gelbe Glut erfüllte, fast wie Strom. Alles Farben, die Gefahr signalisierten.

Dann war Ann wieder da.

»Ich hab ein paar Bananen ...«

»Bananen?«

»Ja, der Ärmste ist doch sicher am VERHUNGERN!«

Ann trat auf ihn zu. Sie hatte zwei Bananen. Die eine warf sie auf den Boden, die andere hielt sie halb geschält dem Affen hin.

»Komm runter ... komm, du Armer ... Komm und hol dir deine Banane!«

»Das Scheißvieh kommt nicht runter, Ann! Ich ruf die Polizei!«

»Na, komm schon, Bozo, hol dir dein Banänchen! Hol's dir, Bozo!«

»Bozo?«

»Bozo frisst gern Bananen, stimmt's, Bozo?«

»Ann, der denkt gar nicht dran –«

Mit einem mächtigen Satz kam Bozo herunter. Einen Moment stand er reglos da. Dann schnellte er blitzartig vorwärts. Aber er nahm nicht die Banane, die Ann ihm hinhielt. Er schnappte sich die andere, lief ein Stück weg, schälte sie und schlang sie runter.

»Armer Bozo, was er für einen Hunger hat!«

»Okay, Ann, lassen wir ihm die andere Banane da und gehen wieder rein.«

»*Was?* Wir können das Kerlchen doch nicht die ganze Nacht draußen lassen!«

»Wieso nicht? Er kommt aus dem Dschungel! Die lieben die Nacht!«

»Harry, ich krieg kein Auge zu bei dem Gedanken, dass er die ganze Nacht allein hier draußen ist.«

»Und ich krieg erst recht keins zu, wenn er im Haus ist!«

Der Affe saß still auf dem Rasen und beobachtete sie.

»Außerdem«, sagte Harry, »wird er sowieso nicht mit reinkommen. Er ist wild.«

»Ach, der Ärmste ... der kommt schon ... pass auf ...«

Ann öffnete die Hintertür und ging mit der halbgeschälten Banane in der ausgestreckten Hand auf Bozo zu.

»Komm, Bozo, komm mit rein. Da sind lauter Bananen für dich, Bozo. Komm ...«

Bozo näherte sich der Banane. Ann ging rückwärts. Bozo hinterher. Rückwärts ging Ann die Eingangsstufen hoch, die Banane in der Hand. Bozo folgte ihr.

»Komm, Bozo. Brav, Bozo ...«

Ann trat ins Haus und nach ihr der Affe.

Als Harry reinkam, verputzte Bozo gerade die Banane. Dann sah er auf die Schale, stieß einen fiesen Laut aus und warf sie hinter sich.

Mit ein paar Schritten war er bei Redeyes Futternapf. Der enthielt noch etwas Hundefutter. Bozo bückte sich, steckte den Kopf rein und fing an zu fressen. Sein in die Luft gestreckter Hintern war hässlich, rot und voll blutiger Kratzer.

»Ich dachte, die fressen kein Fleisch«, bemerkte Harry.

»Wenn er so ausgehungert ist ...«

»Morgen früh hol ich Hilfe. Der muss doch jemandem gehören ...«

»Hierher gehört er, Harry. Das Schicksal hat ihn zu uns geführt.«

»Da hat das Schicksal aber Pech ...«

»Ich wollte doch schon immer ein Kind, Harry ...«

»Ach du lieber Gott! ...«

Bozo fraß den Napf leer und schlenderte nach nebenan ins Wohnzimmer. Ann und Harry folgten ihm.

»Siehst du, Harry? Er fühlt sich ganz wie zu Hause!«

»Vollgestopft mit Bananen und Hundefutter ...«

Bozo sprang auf die Sofalehne. Dort ließ er den Kopf auf die Brust sinken und schloss die Augen.

»Da, Harry, er schläft ein!«

Irrtum ... Bozo ließ es laufen: er kackte auf die Sofalehne. Ein dünnpfiffartiger, großer nasser Fleck aus faserigem Zeug entstand. Es roch nach verbranntem Gummi und Ammoniak.

Bozo fasste rein, zog die Finger durch und strich sich mit den Fingern um den Mund.

Mit einem Jauchzer sprang er vom Sofa auf den Teppich.

»Das Vieh muss weg!«, sagte Harry.

»Ich mach das schon sauber, Harry! Das arme Tier konnte nicht anders!«

Ann lief in die Küche, um ihre Putzsachen zu holen.

Genau in diesem Moment kam Redeye ins Zimmer. Der Hund. Redeye war ein alter Straßenköter mit Senkrücken. In jungen Jahren war er brutaler als verkorkste Liebe gewesen, aber die Zeit kannte kein Erbarmen: Als der Hund den Affen sah, entfernte er sich wimmernd im Rückwärtsgang. Langsam tapste, nein kroch er davon, bäuchlings, unterwürfig wie nur was verschwand er von der Bildfläche.

Bozo stieß einen kleinen Siegesschrei à la Tarzan aus und schlug sich mit einer Hand auf die Brust. Dann stutzte er, sah auf seine Hand, erspähte etwas zwischen den Fingern: Ein Floh war in dem Siegestaumel zum Vorschein gekommen, und da er sich unter einem Fingernagel verkeilt hatte, beugte sich Bozo vor und verspeiste einen seiner ewigen Feinde.

So, dachte Harry, jetzt steh ich allein gegen den Affen.

Am nächsten Tag, einem Sonntag, sah Harry sich beim Bier ein Profi-Footballspiel im Fernsehen an. Ann und Bozo spielten abwechselnd draußen und im Haus. Nichts allzu Schlimmes war mehr passiert ... na ja, Bozo hatte auf den Kühlschrank geschissen.

Das Footballspiel war so gut, dass Harry kaum noch an den Affen dachte. Redeye lag neben ihm, tatterig aber treu, auf der Suche nach seiner verlorenen Vergangenheit. Harry streichelte den alten Köter ...

»Keine Sorge, das Scheißvieh werden wir schon los ...«

Und er trank sein Bier aus.

Wenigstens versuchte Ann nicht, ihn in irgendein Kino zu schleifen. Sie hatte ihren Film zu Hause: den hirnlosen Waldschrat mit dem roten Arsch.

Harry ging pinkeln.

Ein schreckliches Gekläffe und Geschnatter rief ihn zurück ins Wohnzimmer. Bozo hatte sich in Redeyes Rücken verkrallt und ritt auf ihm. Der Hund raste wie von Sinnen durchs Zimmer.

Harry warf sich im Hechtsprung auf sie, und Mann, Affe und Hund landeten auf dem Boden.

Redeye rettete sich nach nebenan.

Der Affe sprang auf den Beistelltisch, schnappte sich eine Banane, schälte sie und schlang sie runter ...

Später am Abend lagen Harry und Ann zusammen im Bett.

Sie hatten seit rund drei Wochen nicht miteinander geschlafen. Jetzt ergab es sich irgendwie.

Harry pumpte drauflos. Zum ersten Mal seit langem fühlte er sich wieder normal. Sex war überhaupt nicht schlimm. Er war sogar interessant.

Früher hatte er Liebe machen können wie der Teufel. Zumindest dem Gefühl nach.

Jetzt lief es jedenfalls gut.

Dann fing Ann wie blöd zu kichern an.

»Was ist los?«, fragte Harry.

Er rutschte raus.

»Da! Guck!«, sagte Ann.

Harry drehte den Kopf.

Bozo hatte ihnen zugesehen.

Er saß auf der Kommode und onanierte.

Er hatte ein steckendünnes, langes rotes Ding, mit dem er wie wild zugange war. Seine Augen waren dabei stumpf und leer.

Bozo schrie kurz auf. Er war fertig. Er sprang von der Kommode und lief aus dem Zimmer.

Ann kicherte immer noch.

»Das fand ich wirklich lustig!«

»So? Baby, das Scheißvieh muss weg!«

Als er am Morgen aufwachte, griff Harry zum Telefon und meldete sich krank.

»Ich weiß nicht, was ich habe«, erläuterte er, »aber irgendwas bahnt sich an, und es scheint was Schlimmes zu sein.«

Nachdenklich legte er auf.

»Was ist denn?«, fragte Ann. »Was bahnt sich an, Harry? Kann ich was für dich tun?«

»Nein. Wo ist der verdammte Affe?«

»Irgendwo im Haus. Ich hab überall abgeschlossen, damit er nicht raus kann.«

»Den schaff ich schon raus! Wir halten hier ein Wildtier! Dafür ist die Wohnung nicht geeignet! Er muss weg!«

»Bitte, Harry! Er ist doch so *süß*! Er braucht nichts als Liebe!«

»Einen Käfig und einen Pfleger braucht er!«

Ann stand auf und ging ins Bad. Schloss sich ein. Nach einer Weile hörte er sie schluchzen.

Harry ging zum Bad und sprach durch die Tür: »Es tut mir leid, Ann. Ich weiß, er hat einen gewissen Charme ... aber ... er zerstört unser Leben! Ich muss ihn loswerden ...«

Ein Klagelaut kam von der anderen Seite. Harry bekam ein schlechtes Gewissen, aber er ging wieder ins Schlafzimmer und zog sich an. Erst mal musste er den Affen finden. Er würde ihn in den Transportkorb stecken, in dem sie Redeye immer zum Tierarzt brachten. Dann würde er die Tierfänger rufen.

Harry ging raus und holte den Transportkorb aus der Garage. Ein stabiles Sperrholzteil mit großen Gitterfenstern. Der reichte für Bozo. Er brachte ihn ins Haus und stellte ihn in die Küche.

Bozo war nirgends zu sehen.

Harry holte ein paar Bananen.

»Bozo-Baby, komm raus aus deinem Versteck! Es gibt Frühstück, Bozo! Leckere Bananen! Reife, leckere Bananen!«

Wo war der Saukerl?

Dann fand er ihn. Er schlief oben auf dem Fernseher. Ein kleines, fellbedecktes Männchen. Dem man einen gewissen Charme, die Unschuld einer niedrigen Lebensform wirklich nicht absprechen konnte.

Im Schlaf machte Bozo Boden gut.

Harry ging zu ihm und berührte ihn am Ohr. Bozo schlug ein Auge auf und sah Harry an. Der Affe schien beinah zu lächeln.

»Lust auf eine Banane, Junge?«

Bozo kam langsam hoch, hockte sich auf den Hintern und ließ die Beine über den Bildschirm baumeln. Er schlief immer noch halb.

Harry schälte eine Banane.

»Komm, Junge, probier mal ...«

Bozo nahm einen kleinen Bissen, kaute, schluckte, kratzte sich im Genick und sah Harry erwartungsvoll an. Harry gab ihm die Banane ganz. Dann schälte er die zweite Banane und ließ ihn sie fressen.

Der Affe wirkte ganz entspannt.

»Komm zu Papa, Bozo ...«

Harry ergriff das Tier, und Bozo schlang die Arme um seinen Hals.

Langsam ging Harry mit dem Affen zur Küche, Richtung Tragekorb.

Vielleicht sollten wir ihn doch behalten, dachte Harry.

Nein, bleib standhaft. Da ist im Dunkel der Nacht was reingeschneit, das uns beiden das Herz rausreißen will. Es kann unser Leben zerstören. Nicht mit Absicht zwar ... aber ...

Er setzte Bozo vor dem Korb ab. Die Korbtür stand offen.

»Na los, Bozo. Geh mal da rein und schau's dir an. Ein kleines Puppenhaus für dich ... Wenn du da erst drin bist, geht's uns allen besser ... echt ...«

Bozo stand da und sah in die Öffnung. Er rührte sich nicht ...

Harry fasste ihm an den hässlichen roten Arsch und gab ihm einen kleinen Schubs.

Der Affe war so gut wie drin ...

»NEIN, BOZO, NICHT! NICHT DA REINGEHN! LAUF, BOZO! VORSICHT! LAUF WEG!«

Das war Ann, die hinter ihnen stand.

Der Affe erschrak. Er wand sich, als wollte er abhauen ...

Harry packte ihn, er ließ ihn nicht los. Bozo zappelte, trat um sich, kreischte, aber Harry hielt ihn gut fest.

Zentimeterweise bugsierte ihn Harry auf die Korbtür zu. Der Affe war kräftig und wehrte sich wacker, aber Harry holte zum entscheidenden Stoß aus ...

Doch da nahm Ann Harry in den Würgegriff und zog ihn von Bozo weg ...

»NEIN!«, rief sie, »NEIN, NEIN, NEIN! DER WILL NICHT DA REIN!«

Jetzt hatte es Harry mit dem Affen und mit Ann zu tun.

Er umfasste Bozo mit dem linken Arm und wehrte Ann mit dem rechten ab.

Der Affe drohte seinem Griff zu entschlüpfen, und Harry musste sich auf Bozo konzentrieren, um mit ihm fertig zu werden. Er nahm den anderen Arm hinzu und drückte mit der rechten Hand Bozos Kopf nach unten, um ihn mit links wieder fest um die Hüfte gepackt zu kriegen, bevor er sich ganz rausgeaalt hatte.

Im Eifer des Gefechts rutschte Harrys Rechte von Bozos Schädeldecke runter auf sein Gesicht, seine Nase, sein Maul ...

Der Affe biss Harry in den Zeigefinger ... zertrennte Fleisch und Knochen. Er biss den Finger über der Mitte glatt ab.

Harry wälzte sich am Boden und BRÜLLTE VOR UNENDLICHEM SCHMERZ UND ENTSETZEN ... während sich der Affe durch die angelehnte Hintertür verdrückte ...

Mit dem Finger im Maul lief Bozo hinaus in die Welt ...

Harry saß auf dem Fußboden und presste die Hand gegen seinen Bauch.

»EIN HANDTUCH! SCHNELL, EIN HANDTUCH! ICH BRAUCH WASSERSTOFFPEROXID!«

Er atmete schwer ein und aus.

»RUF EINEN KRANKENWAGEN, VERDAMMT!«

Dann hörte der Schmerz seltsamerweise plötzlich auf. Es fühlte sich lediglich an, als knabbere immer noch etwas an dem Fingerstummel. Und merkwürdig kalt, wie gefroren, nur dass es in dem Stumpf pochte.

Ann kam mit einem Erste-Hilfe-Kästchen, einem Merkblatt und allem möglichen anderen aus dem Bad gelaufen.

»O GOTT, HARRY, DAS IST MEINE SCHULD! ICH LIEB DICH, ICH LIEB DICH DOCH! WIE KONNT' ICH NUR SO BLÖD SEIN? WAS HAB ICH GETAN?«

»Schon gut, Kleines, mach dir keine Vorwürfe, das ist einfach dumm gelaufen. Komm, gib mir das Peroxid!«

Harry nahm die Hand vom Hemd, warf einen Blick darauf ... *komisch* sah die Pfote aus ... und tränkte den Fingerstumpf in Peroxid.

»Bisschen Watte, Kleines, und eine Mullbinde ...«

Harry blieb bei der ganzen Sache ziemlich ruhig, und sein Kopf fragte ihn: Wieso bist du bei der ganzen Sache so ruhig?

Und sein Kopf antwortete: Keine Ahnung.

»Pflaster bitte ...«

Harry verklebte den plumpen Verband ...

»Schere bitte ...«

»ACH, HARRY ...«

»Ruf den Krankenwagen, Ann ... Ich muss in die Notaufnahme ...«

Ann ging zum Schlafzimmer, wo das Telefon war. Harry lief an ihr vorbei zur Haustür.

»HARRY, WO WILLST DU HIN?«

»ICH BRAUCH DEN AFFEN, DER AFFE HAT MEINEN FINGER!«

»WOVON REDEST DU, HARRY?«

Er blieb an der Tür stehen.

»WENN MAN SO WAS RECHTZEITIG FINDET, KÖNNEN SIE'S ANGEBLICH WIEDER ANNÄHEN!«

Harry lief raus in den Garten.

»Bozo-Baby, wo steckst du, Bozo? Ich bin dir nicht böse, Bozo! Komm, Bozolein, du kriegst Bananen und darfst das Hundi reiten und überall hinscheißen, kein Problem ... Komm, Bozo, hierher, Bozo!«

Suchend lief Harry im Garten umher ... das Blut sickerte schon durch den Behelfsverband. Ein weißer Handschuh, der sich langsam rot färbte. Das Pochen in der Hand hatte aufgehört. Stattdessen pochten jetzt seine Schläfen ...

Mist, dachte er, vielleicht hat der Saukerl die Tollwut ...

»Bozolein, komm, Bozo, wir ham dich doch lieb!«

Im Garten schien das Tier nicht zu sein.

Harry eilte die Einfahrt hoch, blieb kurz an der Straße stehen, entschied sich für rechts und ging zu den Johnsons rüber. Mrs Johnson, eine ergraute Dame mit blassem Mondgesicht, dicken Beinen und Augen wie alten Perlmuttknöpfen, Mrs Johnson also stand da und wässerte ihren Rasen. Das Wasser schoss im hohen Bogen aus dem Schlauch und klatschte immer wieder auf dieselbe Stelle im Gras. Mrs Johnson war ganz in Geräusch und Wirkung des Wassers vertieft.

»MRS JOHNSON!«

»Ach, guten Morgen, Mr Evans ... Schön heute, was?«

»Mrs Johnson, haben Sie einen Affen gesehen?«

»Bitte?«

»Ob Sie einen Affen gesehen haben.«

»Natürlich habe ich schon Affen gesehen.«

»Jetzt gerade, meine ich. Hier bei uns.«

»Wieso denn?«

»Wieso? MRS JOHNSON, DAS VERDAMMTE AFFENVIEH HAT MEINEN FINGER!«

»Werden Sie in meinem Beisein bitte nicht vulgär, Mr Evans!«

»ACH, DU LIEBER GOTT!«

Harry rannte an ihr vorbei in die Einfahrt.

»Wo wollen Sie hin?«

Sie ließ ihren Gartenschlauch fallen und lief hinter ihm her.

»VERSCHWINDEN SIE AUS MEINEM GARTEN!«

Harry schaute sich überall um ...

Fehlanzeige.

Er machte kehrt und lief wieder an Mrs Johnson vorbei zur Einfahrt.

»DAS SAG ICH MEINEM MANN, WIE SIE SICH HIER BENOMMEN HABEN! DANN KRIEGEN SIE DIE HUCKE VOLL!«

Mein Gott, dachte Harry, als er auf die Straße lief, dass meine Hand blutet, hat sie gar nicht gesehen ... Es ist zwecklos, das Vieh find ich nicht mehr ... Wahrscheinlich hat er meinen Finger längst weggeschmissen ... aber suchen muss ich trotzdem ... die Zeit drängt ...

Er sah Ann vor dem Haus stehen.

»DEN KRANKENWAGEN HAB ICH GERUFEN, HARRY! ER IST UNTERWEGS!«

»DANKE, KLEINES, SIE SOLLEN WARTEN! ICH BIN GLEICH WIEDER DA!«

»ICH LIEB DICH, HARRY ... MEIN GOTT, ES TUT MIR JA SO LEID!«

»SCHON GUT, KLEINES, ICH KOMM GLEICH WIEDER!«

Harry lief weiter nach links. Er lief die Einfahrt der Hendersons hoch. Der ziemlich behäbige dünne Kerl, der sich um ihren Garten kümmerte, räumte mit dem Laubsauger diversen Müll ab. Als Harry ankam, sah der Gärtner nur ein undefinierbares Etwas mit blutig weißem Armfortsatz auf sich zurennen. Er schrie auf, hob den Laubsauger und blies Harry einen Schwall Luft ins Gesicht.

»Scheiße«, sagte Harry.

Er drehte sich um und lief von der Einfahrt zurück auf die Straße.

An der Ecke schaute er sich um und dachte: Langsam dürfte es zu spät sein für den Finger.

Da sah er links, etwa einen halben Block entfernt, einen Menschenauflauf an einem Eiswagen. Es waren mehr Kinder als Erwachsene.

Und oben auf dem Eiswagen hockte eine kleine Gestalt.

Harry lief die Straße runter. Als er zu dem Gedränge kam, sah er, dass niemand anders als Bozo auf dem Dach des Eiswagens saß.

Und die Spitze von Harrys Zeigefinger hing ihm aus dem Mundwinkel.

Bozo saß wie traumverloren da.

»Okay«, sagte Harry, »der Affe gehört mir. Alles zurücktreten bitte ... Dass ihn mir keiner erschreckt ...«

»Wenn er runterkommt, kriegt er ein Eis von mir«, sagte ein kleiner Junge, dem ein bisschen Rotz aus dem linken Nasenloch lief.

»Danke, Kleiner, aber lass mich das mal machen ...«

»He, Mister, was hängt ihm denn da aus dem Maul?«, fragte ein kleines Mädchen.

»Das brauchst du nicht zu wissen ... Jedenfalls will ich es haben, und ihn auch ... okay?«

»Klar, Mister ... Wovon ist denn Ihre Hand so blutig?«

»Nur so ... Jetzt mal alle zurücktreten bitte ... Ihr macht ihm Angst ...«

Die Leute waren ganz nett. Kinder wie Erwachsene traten zurück. Nicht gerade weit, aber immerhin.

Harry sah auf das Dach des Eiswagens.

»Bozo, ich bin's ... Kennst du mich noch? Komm runter ... und bring das mit, was du im Maul hast. Dann sind wir

Freunde fürs Leben, das versprech ich dir! Hörst du mich, Bozo?«

»Was hat er denn im Maul?«, fragte das kleine Mädchen noch einmal.

»MEINEN FINGER, VERDAMMT NOCHMAL! BIST DU JETZT ZUFRIEDEN?«

»Und was will er mit Ihrem Finger, Mister?«

Harry blickte zu Bozo, der immer noch wie im Traum, wie in Trance da oben saß.

Er wandte sich an den Fahrer des Eiswagens.

»Geben Sie mir was, irgendwas Leckeres! Etwas, dem Sie ... wenn Sie ein Affe wären ... nicht widerstehen könnten!«

»Hm?«

»Vergessen Sie's ... ein Eis am Stiel bitte!«

»Welche Sorte?«

»Banane.«

Der Fahrer ging nach hinten.

Harry sah wieder zu dem Affen hoch.

»BOZO! DU HAST DOCH BESTIMMT HUNGER! DU MUSST WAS FRESSEN, VERSTEHST DU? WIR GEBEN DIR WAS, JA? HAPPE-HAPPE!«

Bozo stieß einen kleinen Laut aus.

Harry lächelte.

Dann nahm Bozo den Finger aus dem Maul, sah ihn sich an, steckte ihn wieder rein und fing an zu kauen.

»ACH DU SCHEISSE! DAS DOCH NICHT! NEIN NEIN NEIN!«

Bozo kaute weiter. Der Fahrer kam zurück und drückte Harry ein Eis in die Hand. »Banane ist ausverkauft ...«

Harry klatschte das Eis auf die Straße. Er wollte an dem Eiswagen hochklettern, aber das Blech war zu glatt, er fand keinen Halt.

Harry hielt inne.

Seine blutige Hand hatte unansehnliche, komische Streifen auf dem Transporter hinterlassen.

Harry lehnte den Kopf gegen den Wagen.

»Scheiße nochmal ... du lieber Gott ...«

Dann hob er den Kopf und sah wieder zum Dach hoch.

Bozo kaute gerade zu Ende ...

Dann spitzte er das Maul und spuckte aus ...

Ein Knöchelchen flog durch die Luft und landete auf dem Asphalt. Harry sah kurz hin, dann wandte er sich ab.

Er wollte nur noch nach Hause und ging los.

Jemand rief hinter ihm her.

»HE MISTER, WAS WIRD JETZT MIT IHREM AFFEN?«

Harry drehte sich um.

Es war der kleine Junge mit dem Rotzfaden am linken Nasenloch.

»Den schenk ich dir ...«

»AU MANN! AU MANN–O–MANN–O–MANN!«

Henry ging wieder weiter. Er konnte den Krankenwagen in seiner Einfahrt sehen. Zwei, drei Leute standen da ... vielleicht auch vier ... oder mehr. Er sah alles verschwommen. Zumindest seine Frau erkannte er.

»HARRY, DER KRANKENWAGEN WARTET! SOLLEN WIR DICH HOLEN?«

Er schwenkte den Arm überm Kopf, den Arm mit der blutigen Hand ...

»ACH WAS! ICH BIN GLEICH DA!«

Seltsamerweise hatte er nicht das Gefühl, es sei groß was passiert.

Aber er wusste, *dass* etwas passiert war.

Im Weitergehen hielt er die bewusste Hand am Körper. Er sah nicht hin.

Mrs Johnson wässerte immer noch dasselbe Rasenstück, als er vorbeikam.

»WENN MEIN MANN KOMMT«, schrie sie ihn an, »KRIEGEN SIE DIE HUCKE VOLL.«

Harry blieb nichts übrig, als zu dem wartenden Krankenwagen zu gehen.

Dichter spielen und Dichter sein

4.12.92 23:42

Wo fange ich an? Bei Nietzsche, der, nach seiner Meinung zu den Dichtern befragt, antwortete: »Die Dichter? Die Dichter lügen zu viel.«

Wenn man die Gedichte von einst und heute liest, scheint die Kritik mehr als angebracht. Da wird posiert, gezeigt, was man kann ... man spielt den Dichter, den auserwählten Boten der Götter. Ich glaube, wenn das Gros unserer Dichter von den Göttern auserwählt sein sollte, dann haben sie wirklich schlecht gewählt. Mache und Hochstapelei gibt es zwar in allen Künsten, aber mir scheint, die Dichter beherrschen die Kunst, ihrem Fach Unehre zu machen, am besten.

Wobei ich zugebe, dass es leichter ist, Gedichte zu kritisieren, als welche zu schreiben. In jungen Jahren habe ich gern die poetik-kritischen Beiträge in der *Sewanee Review* und der *Kenyon Review* gelesen. Diese Kritiker waren so goldig, so versnobt, so behütet, so verinzuchtet, und manchmal waren sie herrlich gemein gegenüber ihren Kritikerkollegen. In der vornehmsten Sprache schnitten sie sich gegenseitig in hauchdünne Scheiben, und das bewunderte ich, weil meine eigene Sprache eher grob und direkt war, und so hatte ich es eigentlich auch lieber, aber staunen konnte ich über ihre Methode immer. Ach, wie elegant sie da einander zu Arschlöchern und Dummköpfen erklärten. Und sie erkannten durchaus auch, was mit der Lyrik nicht stimmte und wie das vielleicht zu ändern wäre. Aber wenn ich in diesen Zeitschriften dann zu den Gedichtseiten kam, fand ich ganz schlechte Gedichte – gewollt, fad, halbherzig, verworren, langweilig … sie beleidigten das Papier. Kein Schwung, keine Risikofreude. Es war saure Milch. Das Elend der Übervorsichtigkeit. Und wenn sich die Kritiker selbst am Gedicht versuchten, war von der geistsprühenden Wortgewalt ihrer kritischen Beiträge nichts zu sehen. Als hätten sie beim Wechsel zur Gedichtform ihre Seele woanders gelassen. Das Gedicht ist die entscheidende Bewährungsprobe, und nur wenige Schreiber unserer Zeit oder vergangener Zeiten haben die Probe bestanden.

Gedichte entstehen aus dem Leben – wo man lebt und wie man lebt und was uns veranlasst, sie zu schreiben. Bei den meisten Menschen setzt bereits mit 5 Jahren der Sterbeprozess ein, und mit jedem weiteren Jahr bleibt weniger von ihnen übrig, in dem Sinn, dass sie eigenständige Wesen wären, die eine Chance hätten, aus den vorgegebenen lähmenden Umständen auszubrechen und davon wegzukommen. Diejenigen, denen das gelingt, haben meistens Erfahrungen gesammelt und sammeln weiterhin Erfahrungen, die sie zu etwas Besonderem werden lassen, zu schönen Außenseitern, Sehern mit einer ganz eigenen Weltsicht. Vielleicht ist ein wenig Glück dabei, aber eigentlich nicht, denn wir haben Tag für Tag Wahlmöglichkeiten, und wenn man sich zu oft falsch entscheidet, gegen das Leben, ist man lange vor der Beerdigung tot.

Von Gedichten verstehen diejenigen am meisten, die sie schreiben und immer weiter schreiben, egal was dabei rauskommt. Wenn sie es nämlich sein lassen, passiert etwas anderes: Mord, Selbstmord, Wahnsinn, Gott weiß was. Das Wort zu Papier zu bringen ist Zauberei, die Erlösung, das Glück, die Musik, und weiter geht's. Es reinigt die Luft, begrenzt den

Schaden, es rettet deinen Arsch und die Ärsche einiger anderer Leute gleich mit. Falls man dann berühmt wird, muss man darauf pfeifen, man muss weiterhin so schreiben, als wäre die nächste Zeile die erste.

Außerdem *gibt* es andere Schreiber, wenn auch nur wenige. Bei mir waren es 6 oder 7, die mich bei der Stange gehalten haben, als nichts mehr zu gehen schien.

Und obwohl man auf Lob nichts geben soll, darf man sich manchmal doch ein bisschen gut fühlen. Ein Häftling hat mir aus einem Gefängnis in Australien geschrieben: »Ihre Bücher sind die einzigen, die von Zelle zu Zelle wandern.«

Jetzt habe ich lange genug vom Gedichteschreiben geredet; heute Abend ist noch Zeit, welche zu schreiben. Ein paar Bier, eine Zigarre, klassische Musik aus dem Radio. Bis dann.

– Charles Bukowski

ANHANG

Nachwort

Charles Bukowski verfasste zwischen 1944 und 1948 eine Folge von sechs Erzählungen, nämlich »Nach dem langen Ablehnungsbescheid« (1944 in *Story*), »20 Tanks aus Kasseldown« (1946 in *Portfolio* III) und die vier, die in *Matrix* erschienen: »Hinter der Vernunft«, »Liebe, Liebe, Liebe« (1946–47), »Cacoethes scribendi« (1947) und »Schwer ohne Musik« (1948).[1] »Hinter der Vernunft« ist trotz der witzigen Illustration – Bukowskis erster veröffentlichter Zeichnung, in der ein Baseballspieler sich nach einem Flugball streckt – von einem unheimlichen Gefühl der Beklemmung durchdrungen. Die Hauptfigur Chelaski ist verwirrt, still, rätselhaft, distanziert; er sieht keinen Grund, die vorgesehene Rolle im Spiel auszufüllen, weil das Spiel so absurd ist wie das Leben. Bukowski achtet genau auf kleinste, willkürlich und unzusammenhängend wahrgenommene Details und demonstriert darin bereits seine schriftstellerische Meisterschaft: »Glut an etwas, das in Mündern steckte«, »die geschwollenen Adern am roten Hals« von Jamison, das Aufblitzen geheimnisvoller Erotik beim Anblick des Mädchens auf der Tribüne – er »sah einen grünen Rock und eine Falte in einem grünen Rock, die wie ein Schatten tanzte«.

Wie Roquentin in Jean-Paul Sartres *Der Ekel* (1938), der die Welt als »da draußen« erfährt und krank wird am schauerlichen Wesen des Kastanienbaums, so fühlt sich auch Chelaski »anders«, haltlos in einem gleichgültigen Universum, in dem es »nicht rund« läuft, wo selbst die Sonne »ein wenig krank« aussieht, »das Grün der Umzäunung zu grün, der

Himmel viel zu hoch« ist und ein zweimal erscheinender, gespenstischer Vogel durch die Luft saust, »auf und ab, wollte schnell irgendwohin«. Der Titel »Hinter der Vernunft« lässt anklingen, dass hinter den Gründen, die wir uns zur Deutung unseres Erlebens zurechtlegen, ein unergründliches Rätsel verborgen liegt. Was auch immer der Sinn dahinter sein könnte, er ist so vernunftwidrig, dass man das Ganze am besten mit Schweigen übergeht. Der Einzelne, der zweifelnde Dichter ist verloren, während die Masse »seltsam einvernehmlich« zusammengluckt. Es handelt sich hier um die einsame mystische Zone, wo nichts und niemand zusammengehört; denken wir daran, dass Carson McCullers' *Das Herz ist ein einsamer Jäger* zu Bukowskis Lieblingsbüchern zählte.[2]

In »Cacoethes scribendi« geht es um einen Redakteur und Schriftsteller, der einen Mitherausgeber für sein Literaturmagazin sucht. Wieder ist die Stimmung unheimlich, seltsame atmosphärische Störungen liegen in der Luft, abstruse Wörter werden mit Bedacht eingesetzt – »Suzerän«, »quasirituell«, »Zebu«, »Experimentator«. Der Titel geht auf Juvenals Siebte Satire zurück und lässt sich als »unheilbare Schreibwut« übersetzen, ein Drang, von dem auch Bukowski selbst als schwer arbeitender, unermüdlicher Schriftsteller besessen ist, der pausenlos Gedichte, Storys und Essays an nahezu sämtliche Literaturmagazine der Vereinigten Staaten (und etliche in Europa)[3] schickt. Entgegen der von ihm selbst genährten Legende ist der Autor nämlich 1948 nicht verstummt, um sich die nächsten zehn Jahre nur noch seiner Trunksucht zu ergeben. Zwischen 1953 und 1956 schickte er Gedichte an *Poetry (Chicago)*, 1951 erschien sein Gedicht »The Look« in *Matrix*, 1956 »Lay Over« in *Naked Ear*, ebenfalls 1956 »These Things« und »You Smoke a Cigarette« in *Quixote*, 1957 »Poem for Personal Managers« und »As the Sparrow« in *Quixote* sowie »Mine« in Wallace Bermans *Semina* 2.[4]

»Auch 80 Flieger reißen dich nicht raus.« (1957) ist die erste Story Bukowskis, in der der Erzähler Hank heißt; in »Liebe, Liebe, Liebe« dagegen heißt die Hauptfigur Chuck und in »Hinter der Vernunft« Chelaski. In Anlehnung an seinen Taufnamen (Henry Charles Bukowski, Jr.) nannte Bukowski sein literarisches Alter ego dann schließlich Henry (»Hank«) Chinaski. »80 Flieger« nimmt den launischen Ton von »Ablehnungsbescheid« wieder auf und kreist um das Leben von D. H. Lawrence: dessen gescheiterten Versuch, mit seinen Freunden die Kolonie *Rananim* ins Leben zu rufen, seine Frau Frieda von Richthofen und ihre Verwandtschaft mit dem »roten Baron« Manfred von Richthofen. Die Anspielung auf den roten Baron führt uns zu Bukowskis literarischen Anfängen zurück – eine der ersten Geschichten, die er sich als Kind ausdachte, handelte von diesem berühmten deutschen Kampfflieger des Ersten Weltkriegs.[5] In »80 Flieger« spricht man bei einem fröhlich-frivolen Umtrunk nacheinander über Richard Aldington, Homer, Shakespeare, Mark Twain, R. L. Stevenson, Aldons Huxley, Konfuzius und Beethoven. Wein, Weib und Gesang bzw. Alkohol, Sex und Dichtung/Musik sollte das Thementrio werden, das Bukowski nicht mehr losließ – wo eins dieser Themen bei ihm auftaucht, sind die anderen nicht weit.

Übergriffig zum Thema Sex schreibt Bukowski erstmals in »Die Geschichte des Vergewaltigers«. Sie wurde zwar erst 1957 in *Harlequin* abgedruckt, aber schon 1952 an *Story* geschickt, drei Jahre vor Erscheinen von Vladimir Nabokovs *Lolita* (1955).[6] Aus psychoanalytischer Sicht spielt Bukowski in seinen Vergewaltigungsgeschichten (»Der Lustmolch« von 1970 ist ein späteres Beispiel) wiederholt die eigene, vom gewalttätigen Vater bedrohte Kindheit durch. In dem bisher unveröffentlichten Essay »Ah, Befreiung, Freiheit, Lilien auf dem Mond!« zeigt sich sein Mitgefühl für die Opfer von Kindesmissbrauch und seine sensible Einstellung in Sachen Tierquälerei. Auch in seiner Kolumne »Aufzeichnungen eines Dirty Old Man« greift er explizit erotische Themen auf, und als er 1970 seine Stelle bei der Post von Los Angeles aufgibt und berufsmäßig zu schreiben anfängt, verlegt er sich zunehmend auf sex- und gewalthaltige Storys, um seine Arbeit auch in Herrenmagazinen unterzubringen.

Bukowski schrieb abwechselnd Storys und Gedichte und seltener Essays, doch in den Essays übte er oft literarische Polemik. Dabei legte er besonderen Wert darauf, sich als einzeln Schaffender von den diversen amerikanischen Dichter-»Schulen« abzugrenzen: Imagisten, Bekenntnislyriker, Objektivisten, Black Mountain, Deep Image, New York School, Beat. In »Manifest« nimmt er die »akademischen Dichter« aufs Korn, die sein Angriffsziel blieben, solange er schrieb. Der Essay, in dem er mit Wörtern wie »Krankheitsbeschreibung« und »Transsubstantiation« um sich wirft, ist vielleicht eine Parodie auf die gehobene Literaturkritik seiner Zeit, die er in der *Kenyon Review* und der *Sewanee Review* immer wieder gern las. Bukowski legt Wert darauf, uns vor Augen zu halten, dass er im Gegensatz zu den verhätschelten Bewohnern des Elfenbeinturms nach dem Aischylos'schen Motto *pathei mathos* lebte: Durch Leiden lernen – Leiden bringt Einsicht, Eingebung und Kreativität. In »Er schlägt seine Frauen« stellt er fest: »Die Götter meinten es gut mit mir. Sie hielten mich am Boden. Im Keller. Ich musste alles durchmachen. Wenn ich von der Fabrik oder dem Schlachthaus nach Hause kam, fiel es mir sehr schwer, ein Gedicht zu schreiben, hinter dem ich nicht stand. Und viele Leute schreiben Gedichte, hinter denen sie nicht stehen. Das harte Leben schuf den harten Vers, und damit meine ich den wahren Vers, ohne schmückendes Beiwerk.« Ein treffenderes Statement zu Bukowskis Poetik wird man kaum finden.

In einem anderen Essay über das Schriftstellerleben, »Das Horrorhaus«, macht er sarkastische Bemerkungen über Dichter, die es gut haben, »Fernseher, voller Kühlschrank, Wohnung oder Haus am Meer, meist in Venice oder Santa Monica, und tagsüber sonnen sie sich und fühlen sich als tragische Gestalten, diese meine Freunde, um dann abends, vielleicht nach einer Flasche Wein und einem Kressebrötchen, irgendwem irgendwo einen Klagebrief über ihre Armut und ihre Größe zukommen zu lassen«. Es ist romantischer Dünkel, aber für Bukowski waren viele Dichter freundliche Berichterstatter, die auf Nietzsches starke Worte aus dem *Zarathustra* nichts gaben: »Von allem Geschriebenen liebe ich nur das, was einer mit seinem Blute schreibt.«[7] Und er hätte Charles Péguy beigestimmt, der anmerkte: »Ein Wort bedeutet nicht bei jedem Schriftsteller dasselbe. Der eine reißt es sich aus dem Fleisch. Der andere zieht es aus der Manteltasche.«

Häufig geht es in Bukowskis Texten um das Schreiben selbst, sei es, dass er den Akt des Schreibens immer wieder neu in Beziehung zu einem wirklich gelebten Leben setzt, Theorien zur Kreativität und zum Gedichteschreiben entwickelt, seiner Bewunderung für andere Schriftsteller Ausdruck verleiht oder seine Beziehung zu Verlegern und Herausgebern beleuchtet. Sein Essay »The Outsider«, der 1972 in der *Wormwood Review* erschien, ist eine Huldigung an Jon Edgar und Gypsy Lou Webb. Marvin Malones *Wormwood Review*, Douglas Blazeks *Ole* und in Deutschland Carl Weissners *Klactovedsedsteen* – sie alle trugen entscheidend dazu bei, das Lesepublikum zu gewinnen, das Bukowski zu Weltruhm verhalf.⁸ Am wichtigsten dafür war jedoch die *Black Sparrow Press* von John Martin; ihn porträtiert Bukowski wie schon bei anderen Gelegenheiten in der Story »East Hollywood: Das neue Paris« von 1981. Bukowski hatte auch selbst zwei kleine Zeitschriften herausgegeben: *Harlequin* mit Barbara Frye, seiner ersten Frau, und später kurz *Laugh Literary and Man the Humping Guns*, zusammen mit Neeli Cherkovski.

Man kann sagen, dass Bukowski als Herausgeber und Autor von den 50ern bis in die 70er Jahre am zähen Kampf der Underground-Presse um die Redefreiheit direkt beteiligt war. Schon 1957 bekam Wallace Bermans Galerie in Los Angeles Besuch von der Sittenpolizei.⁹ 1966 wurden im Buchladen von Steve Richmond in Santa Monica, der Bukowski in seinen Zeitschriften *Earth* und *Earth Rose* präsentiert hatte, Schriften beschlagnahmt.¹⁰ d.a. levy, der Dynamo der »Mimeo-Revolution«, veröffentlichte Bukowskis Gedicht *Das Genie der Menge*, das die Polizei konfiszierte. »levy und Jim Lowell (Inhaber des großartigen Asphodel Bookshop, der neuer Lyrik seit über dreißig Jahren ein Zuhause bietet) wurden wegen Verbreitung obszönen Schrifttums in Cleveland festgenommen und hinter Gitter gebracht.«¹¹ Als John Bryan Bukowski im September 1968 die Redaktion von *Renaissance* 2 übertrug, nahm er eine Story von Jack Micheline mit dem Titel »Skinny Dynamite« auf, über »eine rothaarige junge New Yorkerin, die gern fickte«, woraufhin Bryan festgenommen wurde.¹²

Als Geschöpf des Undergrounds und Befürworter der Redefreiheit hatte Bukowski den Idealen der Gegenkultur immer wohlwollend gegenübergestanden. Und wie sein Antikriegs-Essay »Frieden verkauft sich schlecht, Baby« von 1962 zeigt, trat Bukowski zu Beginn der 60er Jahre für Frieden und Liebe ein, auch wenn er sein weiches Herz unter der Maske des harten Kerls und Menschenfeinds verbarg. Kein Wunder zu zeichnen. Er hat in seiner Prosa oft mit Zeichensetzung, Schriftgröße, Ellipsen, eigenwilliger Orthographie und Wiederholungen experimentiert – einige seiner Erzählungen sind durchgehend klein geschrieben, was der Prosa einen Zug von e. e. cummings' lyrischer Verspieltheit verleiht.

Die Textgestalt ist Bukowski so wichtig – oft illustriert er seine Storys, Gedichte und Briefe mit Cartoons und Zeichnungen, und seine frühen Storys kombinierten effektiv Wort und Bild –, dass man sagen kann, er sei vielfach bestrebt gewesen, den Text zum Bild zu machen. Tatsächlich war er seiner Zeit voraus und hat die aktuelle »Graphic Fiction«-Mode vorweggenommen, indem er schon in seinen handgeschriebenen Storys aus den 40er Jahren liebend gern Bild und Text zusammenfügte.[18] So zeigt sich auch in »Held außer Betrieb«, dass Bukowski eine Art Action-Schreiber war: Er lässt die Wörter auftreten, ihren Sinn quasi zur Aufführung bringen, so wie Jackson Pollock den Akt spontanen Schaffens aufführte, indem er »wahllos« und doch gezielt Farbe auf die Leinwand warf.

Bukowski entwickelte einen harten, ebenso witzigen wie lyrischen Realismus – hart, ohne seine Sensibilität zu verlieren –, und gab den alltäglichen Horror mit dokumentarfotografischer Genauigkeit wieder. In seiner »Dirty Old Man«-Kolumne berichtet er über das Einerlei des Großstadtlebens: Autofahrer in Los Angeles, ein Aufeinandertreffen von Nazis und Marxisten, fröhliche Abendstunden mit dem versoffenen Vermieter-Ehepaar. Oft schreibt er Prosa-Entsprechungen zu William Carlos Williams' Gedicht »Nur damit du Bescheid weißt« und schildert kommentarlos, was gerade vorgeht. Er spricht die Leser direkt an; Schranken zwischen Autor und Publikum gibt es nicht. Und er stärkt sein verletzliches, verletztes Selbst mit Ironie, mit subversiver, spöttischer und respektloser Beobachtungsschärfe. Bukowskis Prosa gewinnt mit der Zeit, und seine Erzählungen werden versierter: Er beginnt *in medias res* mit einer schrillen Eröffnungsszene, um die Leser zu ködern und sie in das Geschehen hineinzuziehen, wie in »Die Katze im Schrank«. Diese Geschichte ist auch ein herrliches Beispiel dafür, wie er in die Rolle des hilflosen, sich klein machenden komischen Erzählers schlüpft, den es in eine Welt verschlagen hat, wo alles einfach so passiert.

Die überraschenden Verweise auf Strawinski, Mahler, Hemingway, Camus' *Der Fremde*, Maxwell Bodenheim und Berlioz vor dem Hintergrund plastischer Sexualität und komischversoffener Selbsterniedrigung sind typische Beispiele für einen literarischen Kunstgriff, den Bukowski oft anwendet. Diese unverhofften Anspielungen auf Gestalten aus der Kultur versöhnen auf witzige Weise »hohes« und »niedriges« Niveau; sie sind ein Wink des Erzählers an den Leser, dass der glücklose Antiheld ein Clown sein mag, aber klüger ist, als er vorgibt. Genauso spielt Bukowski zu unserer Belustigung den Clown – mit einem hintergründigen Lächeln lässt er uns fürs Leben lernen. Seine Gestalten reifen nicht, erleben keine Offenbarung, gelangen zu keiner Erleuchtung. Eher ergeht es ihnen, wie Buddha im Diamant-Sutra sagt: »Durch das vollkommene, unübertroffene Erwachen habe ich rein gar nichts gewonnen; eben deshalb nennt man es das vollkommene, unübertroffene Erwachen.«

Mit zunehmender Berühmtheit gab Bukowski dann auch Lesungen überall in den Vereinigten Staaten: Kalifornien (Los Angeles, Santa Cruz, San Francisco), New Mexico, Washington, Utah, Illinois, New York und Wisconsin sowie im kanadischen Vancouver und in Hamburg. Zudem hatte er einen wüsten Auftritt in der berühmten Fernseh-Talkshow *Apostrophes* von Bernard Pivot in Paris. Und wie immer speiste das

Leben seine Kunst, als er anfing, das Leben auf Tour in seinen Gedichten, Storys, Essays und Romanen aufzuzeichnen. Er wurde zur »Literaturnutte«, und er verspottet sich selbst, er entpoetisiert und entromantisiert die Lyrik; die abgehobene Dichterlesung wird bei ihm ein Ritual zu Ehren des Gottes Dionysos, samt strömendem Wein und Scharen entrückter Mänaden.[19]

Die sexuelle Revolution der 60er Jahre fiel zeitlich mit Bukowskis direkter und unverblümter Entdeckung der eigenen Sexualität zusammen. Wegen seiner Akne und seiner bedrückten Kindheit hatte Bukowski keine »normale« Zeit des Erwachsenwerdens erlebt, und so holte er in den Jahren 1970–1977 alles nach, was er als südkalifornischer Teenager verpasst hatte. In »Die große Dope-Lesung« etwa erleben wir Bukowski auf der Höhe seines Schaffens, ironisch und sich selbst parodierend auf mehreren Ebenen. Schon der Titel birgt im Original einen Doppelsinn: »Dope« steht für Marihuana, »Big Dope« aber auch für den Dichter als Clown. Mit den beiden berühmten Bukowski-Sprüchen, die jeder Fan kennt und die er Chinaski in den Mund legt – »Genie ... könnte die Fähigkeit sein, Tiefschürfendes einfach zu sagen« und »Ausdauer ist wichtiger als Wahrheit« –, treibt Bukowski die Selbstparodie auf die Spitze. Und vielschichtig wird es hier, wenn er zugleich das erotisch stimulierende Schreiben, sich selbst und die Wirrnisse sexueller/romantischer »Beziehungen« (ein Psychowort, das ihm übel aufgestoßen wäre) persifliert. Bukowski spielt oft neckend wie ein Zenmeister mit dem »Sinn« von »Beziehungen«, so dass man an Jacques Lacans koboldhaften Ausspruch »Es gibt keine sexuelle Beziehung« erinnert wird. Er entblößt sich, um seine Verletzlichkeit, seine Wunden zu zeigen in dem Versuch, durch Liebe noch zu erlangen, was seine Kindheit ihm vorenthielt, und zugleich macht er sich darüber lustig, dass man sein Heil in Liebe und Sex sucht.[20] Und doch ist Bukowski auch ein echter Romantiker, der vom Verliebtsein in seiner »Dirty Old Man«-Kolumne vom 24. Juni 1974 schreiben kann: »Ich lief mit dem Gefühl herum, die Sonne in mir zu haben.« Und wie einer seiner Lieblingsdichter, e. e. cummings, schreibt: »unliebe ist die himmellose hölle und das heimlose heim ... nur liebende kleiden sich in sonnenlicht.«[21]

Bukowskis »Abwehrmechanismus« gegen psychischen Schmerz ist natürlich das Lachen. Witz, ein untrüglicher Sinn für Situationskomik und eine unermüdliche Energie prägen seine Texte; François Rabelais und Giovanni Boccaccio waren seine geliebten Renaissancebrüder im irrsinnigen Überschwang.[22] Er konnte auch sarkastisch sein, was voll und ganz dem Zeitgeist entsprach: Schwarzer Humor war typisch für die Gegenkultur der 60er und 70er Jahre. *Wer hat Angst vor Virginia Woolf?* (1966), *Einer flog über das Kuckucksnest* (1975) und *Eraserhead* (1978) gehörten zu seinen Lieblingsfilmen – Humor und Wahnsinn in trautem Zusammenspiel.[23] So bewegt sich auch Bukowskis Schreiben zwischen Verzweiflung und Schwärmerei und stürmt mit einer Kraft voran, die seine Texte praktisch immer vor dem Nihilismus bewahrt. Seine Bewunderung für den genialen Robert Crumb (der mehrere Arbeiten Bukowskis illustriert hat) zeigt, dass für Bukowski ein Zusammenhang besteht zwischen Schmerz, Lachen und extremen, quasi deutsch-expressionistischen Gemütszuständen.

Nachdem er mit 50 seine Stelle bei der Post gekündigt hatte, bewies er, dass er berufsmäßig zu schreiben verstand, und steigerte seine Produktivität, indem er Szenarien in unterschiedlichen Kontexten neu zusammenstellte. Gern Erzähltes verwendete er nicht nur mehrfach in Storys und Romanen; manches legte er sogar als Story wie auch als Gedicht vor: »Fooling Mary« existiert in beiden Formen. Außerdem sind Teile von *Der Mann mit der Ledertasche*, *Faktotum* und *Das Liebesleben der Hyäne* jeweils ursprünglich als Einzelbeiträge in seiner »Dirty Old Man«-Kolumne in der *LA Free Press* erschienen. Kapitel 30 von *Das Liebesleben* erschien in zwei Folgen, und wenn man die mit der Romanfassung vergleicht, sieht man, wie viel er geändert und umgeschrieben hat; in diesem Fall sind viele glänzende Passagen der Schere zum Opfer gefallen, als er den Text in Romanform brachte. Die Methode an sich war sinnvoll, da Bukowski immer schon episodisch erzählt hatte, in kurzen, aneinandergefügten Passagen. Seine Romane bestehen gewissermaßen aus zusammenhängenden kurzen Erzählungen, so dass er jederzeit Teile herauslösen und sie Zeitschriften als eigenständige Shortstorys anbieten konnte. Und noch etwas half, ihn unter die Leute zu bringen: Bukowskis Arbeiten machten die Runde in vielen Undergroundblättern, die als Mitglieder des UPS (United Press Syndicate) berechtigt waren, anderweitig erschienene Artikel kostenlos nachzudrucken.[24]

Wie oben angedeutet, ließ sich Bukowski vielleicht dank der Lockerung der Zensur in den 60er und 70er Jahren, aber auch aus dem Wunsch, die dunkleren Bereiche seiner Phantasie auszuloten, allmählich mehr auf die direkte Darstellung von Gewalt ein.[25] Filme wie *The Wild Bunch* (1969), *Easy Rider* (1969) und *Uhrwerk Orange* (1971) bereiteten den Boden für eine Story wie »Jesus mit Grillsoße«, für die Bukowski ein Zeitungsbericht als Quelle diente.[26] In späteren Storys wie »Der Eindringling« von 1986 zeichnet Bukowski den jähen Einbruch des Grauens in den ganz normalen Alltag nach: Geschichten vom alltäglichen Wahnsinn. Diese Erzählung ruft auch frühere wie etwa »Hundekuchen in der Suppe« in Erinnerung, wo die Unfähigkeit des Menschen, mit dem urtümlich Wilden klarzukommen, apokalyptisch dargestellt wird.

Bukowskis liebenswerter später Gedichtzyklus über seine Katzen porträtiert sie als Wesen, die sich den Stil, die Haltung und die Unverstelltheit bewahren, die man beim Menschen so schmerzlich vermisst. Und noch in einem seiner letzten Essays behauptet Bukowski, dass den meisten Menschen schon in ganz jungen Jahren ihr Zauber abhandenkommt. In »Dichter spielen und Dichter sein« sinniert er noch einmal über das Dichterleben: »Gedichte entstehen aus dem Leben – wo man lebt und wie man lebt und was uns veranlasst, sie zu schreiben. Bei den meisten Menschen setzt bereits mit 5 Jahren der Sterbeprozess ein, und mit jedem weiteren Jahr bleibt weniger von ihnen übrig in dem Sinn, dass sie eigenständige Wesen wären, die eine Chance hätten, aus den vorgegebenen lähmenden Umständen auszubrechen und davon wegzukommen.« Für Bukowski ist nur das poetisch gelebte Leben wirklich gelebt.

Anmerkungen

1 »Nach dem langen Ablehnungsbescheid«, »Zwanzig Tanks aus Kasseldown« und »Schwer ohne Musik« finden sich in Charles Bukowski, *Das weingetränkte Notizbuch: Storys und Essays 1944–1990*, herausgegeben und mit einem Vorwort von David Stephen Calonne, Frankfurt: S. Fischer 2012. Die frühen Storys sind nicht nur wegen ihrer Machart und ihres Stils bemerkenswert, sondern auch, weil praktisch alle großen Themen Bukowskis – seine romantischen und erotischen Abenteuer, die Entfremdung, die schwierige Familiengeschichte, die Entdeckung des Alkohols, die Mühen des Schriftstellerlebens und die Liebe zur klassischen Musik – hier schon vertreten sind.

2   Vgl. »Carson McCullers« in *The Night Torn Mad With Footsteps*, Santa Rosa: Black Sparrow Press, 2001, S. 35; dt. von Carl Weissner in: Charles Bukowski, *439 Gedichte*, Frankfurt am Main: Zweitausendeins 2003, S. 319.

3   Juvenal, *Satiren* VII, II. 50–52: »Nam si discedas, laqueo tenet ambitiosi/consuetudo mali, tenet insanabile multos/scribendi cacoethes et aegro in corde sensecit.« »Denn wolltest frei du dich machen, so hat dich wie immer der leidige Ehrgeiz fest in der Schlinge, gar manchen hält die krankhafte Sucht zu schreiben gefangen, und durch diese Krankheit wird grau er und alt.« Deutsch von Wilhelm Plankl, München: Wilhelm Goldmann Verlag 1958, S. 80. Zu literarischer Kreativität und Schreibzwang siehe Alice W. Flaherty, *Die Mitternachtskrankheit – Warum Schriftsteller schreiben müssen. Schreibzwang – Schreibrausch – Schreibblockade und das kreative Gehirn*, übers. v. Käthe H. Fleckenstein, Berlin: Autorenhaus-Verlag 2004.

4   Zu Bukowski und den kleinen Zeitschriften vgl. Abel Debritto, *Who's Big in the Littles: A Critical Study of the Impact of the Little Magazines and Small Press Publications on the Career of Charles Bukowski from 1940 to 1969*, Doktorarbeit, Universitat Autònoma de Barcelona 2009.

5   Charles Bukowski, *Das Schlimmste kommt noch*, übers. v. Carl Weissner, München: Carl Hanser Verlag 1983, 34. Kapitel.

6   Debritto, *Who's Big in the Littles*, S. 118. Debritto zeigt auch, dass Bukowski von 1945 bis 1955 mit Burnett korrespondiert hat, wieder entgegen der Legende vom Ausstieg aus der Welt der Literatur in den »zehn Jahren Suff«.

7   Friedrich Nietzsche, *Also sprach Zarathustra*, München: Wilhelm Goldmann Verlag o. J., S. 33.

8 Carl Weissners Übersetzungen waren ausschlaggebend für den Erfolg Bukowskis in Deutschland und Europa. Bukowskis Verhältnis zu Deutschland und Carl Weissner wird beleuchtet in Jay Doughertys Interview mit Bukowski, »Charles Bukowski and the Outlaw Spirit« in Charles Bukowski, *Sunlight Here I Am: Interviews & Encounters 1963–1993*, hrsg. und eingeführt von David Stephen Calonne, Northville: Sun Dog Press 2003, S. 231–235. Zur Aufnahme Bukowskis in Deutschland siehe Horst Schmidt, *The Germans Love Me For Some Reason: Charles Bukowski und Deutschland*, Augsburg: Maro Verlag 2006.

9 Maurice Berger, »Libraries Full of Tears: The Beats and the Law«, in: Lisa Phillips, *Beat Culture and the New America 1950–1965*, Paris/New York: Whitney Museum of American Art/Flammarion 1995, S. 122–137.

10 Siehe Barry Miles, *Charles Bukowski*, London: Virgin 2005, S. 152–153, und Howard Sounes, *Charles Bukowski: Locked in the Arms of a Crazy Life*, New York: Grove Press 1998, S. 83–84.

11 Steven Clay, Rodney Phillips und Jerome Rothenberg, *A Secret Location on the Lower East Side: Adventures in Writing 1969–1980*, New York: Granary Books 1998, S. 48. Zu d.a. levy vgl. *d.a. levy & the mimeograph revolution*, hrsg. v. Larry Smith und Ingrid Swanberg, Huron, Ohio: Bottom Dog Press 2007. Bukowskis Essay zur Unterstützung von Lowell findet sich in *Das weingetränkte Notizbuch*, S. 109 f. Zum Underground vgl. Jean-François Bizot, *20 Trips from the Counter Culture: Graphics and Stories from the Underground Press Syndicate*, London: Thames and Hudson 2006; Diane Kruchkow und Curt Johnson, eds., *Green Isle in the Sea: An Informal History of the Alternative Press, 1960–85*, Highland Park: December Press 1986; Roger Lewis, *Outlaws of America: The Underground Press and its Context: Notes on a Cultural Revolution*, Harmondsworth: Penguin 1972.

12 Jack Micheline, *Sixty Seven Poems for Downtrodden Saints*, San Francisco: FMSBW 1999. Vgl. Miles S. 160, Sounes S. 93. Micheline über Bukowski in *San Francisco Beat: Talking with the Poets*, hrsg. v. David Meltzer, San Francisco: City Lights 2001, S. 226–227.

13 Kenneth Rexroth, »There's Poetry in a Ragged Hitchhiker«, *The New York Times*, 5. Juli 1964. Bukowski über Rexroth in *Screams from the Balcony: Selected Letters 1960–1970*, hrsg. v. Seamus Cooney, Santa Rosa: Black Sparrow Press 1993, S. 165, S. 330. (In der anders zusammengestellten deutschen Briefauswahl *Schreie vom Balkon*, Hamburg: Gingko Press 2005, sind diese beiden Briefe nicht enthalten.) Zu Bukowski und den Beats vgl. Jean-François Duval, *Buk et les Beats: Essai Sur La Beat Generation*, Paris: Editions Michalon 1998. Englische Ausgabe übers. v. Alison Aldron, *Bukowski and the Beats*. Northville: Sun Dog Press 2002.

14 Harold Norse über Bukowski, vgl. *Bastard. Memoiren eines gefallenen Engels*. Hamburg: Rogner & Bernhard 1992, übers. v. Walter Hartmann u. Carl Weissner, S. 458–462, S. 464–466, sowie »Laughter in Hell« in *Drinking with Bukowski: Recollections of the Poet Laureate of Skid Row*, hrsg. v. Daniel Weizman, New York: Thunder's Mouth Press 2000, S. 91–96.

15 Bukowskis Reminiszenz aus *Open City* an seine Begegnung mit Neal Cassady und Cassadys Tod in Mexiko ist nachgedruckt in Ann Charters, *The Portable Beat Reader*, New York: Penguin 1992, S. 438–444, in David Kherdian, *Beat Voices: An Anthology of Beat Poetry*, New York: Henry Holt 1995, S. 120–123, und in Jeffrey H. Weinberg (Hrsg.), *Writers Outside the Margin*, Sudbury: Water Row Press 1986, S. 94–96. Charters nahm auch eine »Dirty Old Man«-Kolumne auf in *The Portable Sixties Reader*, New York: Penguin 2003, S. 436–439.

16 Zu Bukowski und Ferlinghetti vgl. Lawrence Ferlinghetti und Nancy J. Peters, *Literary San Francisco: A Pictorial History from its*

Beginnings to the Present Day, San Francisco: City Lights Books und Harper and Row 1980, S. 210, S. 221; vgl. auch Barry Sileski, *Ferlinghetti: The Artist in His Time*, New York: Warner Books 1990, S. 177f.; Bukowskis Gedicht »The Bard of San Francisco« ist eine Hommage an Ferlinghetti, siehe *onthebus* Issue 14, Vol. VI, No. 2, 1997, S. 30–32, enthalten in *Betting on the Muse: Poems & Stories*, Santa Rosa: Black Sparrow Press 1996, S. 233–235.

17 Vgl. Sounes S. 140f.

18 Vg. Debritto, S. 214, S. 330.

19 Bukowski dazu: »Ich halte Lesungen – des Geldes wegen. Nur, um zu überleben. Es macht mir keinen Spaß, aber ich habe am 9. Januar meinen Job gekündigt, und jetzt bin ich quasi zur Literaturnutte geworden. Ich mache Sachen, die ich vorher nicht gemacht hätte. Ich mache sie sehr ungern.« Vgl. *Sunlight Here I Am*, S. 47.

20 Dass Bukowski zwanghaft an den Ort seiner traumatischen Verwundungen zurückkehrt, erinnert auch an Lacans Verständnis des Unbewussten. Slavoj Žižek erklärt: »Das Unbewusste ist nicht das Reservat wilder Triebe, die vom Ich gezähmt werden müssen, sondern der Ort, an dem sich eine traumatische Wahrheit äußert. Darin besteht Lacans Version von Freuds Motto ›Wo Es war, soll Ich werden‹: nicht ›das Ich soll das Es besiegen‹, den Ort der unbewussten Triebe einnehmen, sondern ›Ich muss es wagen, mich dem Ort meiner Wahrheit zu nähern‹. Was mich ›dort‹ erwartet, ist keine tiefe Wahrheit, mit der ich mich identifizieren muss, sondern eine unerträgliche Wahrheit, mit der zu leben ich lernen muss.« Slavoj Žižek, *Lacan. Eine Einführung*, aus dem Englischen von Karen Genschow und Alexander Roesler, Frankfurt a.M.: Fischer 2008, S. 11f. Bukowski hilft oft der Humor, mit dieser unerträglichen Wahrheit zu leben.

21 e.e. cummings, *A Selection of Poems*, New York: Harcourt, Brace and World: 1965, S. 155.

22 Zu Rabelais vgl. Bukowskis »he died April 9, 1553« in *The Night Torn Mad with Footsteps: New Poems*, Santa Rosa: Black Sparrow Press 2001, S. 218f. Und 1981 erklärte er in einem Interview: »… Boccaccios *Decamerone*. Davon ist *Das Liebesleben der Hyäne* stark beeinflusst. Mir gefiel der Gedanke, dass Sex so lächerlich ist, dass keiner damit klarkommt. Es ging bei ihm weniger um Liebe als um Sex. Liebe ist noch komischer, noch lächerlicher. Was für ein Typ. Er konnte wirklich darüber lachen. So was schreibt nur einer, der ungefähr fünftausendmal aufs Kreuz gelegt worden ist. Oder er war einfach schwul; ich weiß es nicht. Liebe ist also lächerlich, weil sie nicht von Dauer sein kann, und Sex ist lächerlich, weil er nicht lange genug dauert.« *Sunlight Here I Am*, S. 179.

23 Zu Bukowskis Lieblingsfilmen vgl. *Sunlight* S. 230. Zum schwarzen Humor vgl. Morris Dickstein, *Gates of Eden: American Culture in the Sixties*, New York: Basic Books 1977, »Black Humor and History: The Early Sixties.«

24 Zum UPS vgl. Bizot, S. 6, 226f.

25 Eine ausgezeichnete Studie zum Thema Bukowski und Gewalt liegt vor mit Alexandre Thiltges, *Bukowski ou Les Contes de la Violence Ordinaire*, Paris: L'Harmattan 2006. Thiltges' leider noch nicht übersetzte Monographie ist die bislang beste literaturkritische Einzelarbeit zu Bukowski.

26 Bukowski hatte die Geschichte Curt Johnson vorgelegt, dem Herausgeber der Candid Press, dem er am 3. Dezember 1970 schrieb: »Freut mich, dass ich eine bei euch unterbringen konnte. Der 45-Dollar-Scheck ist jedenfalls nicht geplatzt und hat für ein paar Reparaturen an meinem alten 62er Comet gereicht, mit dem ich dann wieder zu meinen popeligen Lesungen fahren konnte, um halb betrunken was vorzutragen und noch ein paar Dollars zu scheffeln. Jetzt hör ich Haydn. Muss meschugge sein. Die Story zu schreiben hat mir aber Spaß gemacht. Las in der Zeitung, dass sie irgendwo – in Texas, glaub ich – ein paar Kannibalen geschnappt haben, und als sie die anhielten, nagte so ein Mädchen gerade noch das Fleisch von den Fingerknochen einer Hand ... das habe ich dann weitergesponnen.« Unveröffentlichter Brief, Brown University Library.

Dank

Held außer Betrieb ergänzt meinen früheren Band mit ungesammelten Bukowski-Texten, *Das weingetränkte Notizbuch*, und wieder bin ich denselben coolen Menschen zu Dank verpflichtet wie damals. Ich danke Ed Fields von den Special Collections der University of California in Santa Barbara für die Erlaubnis, das unveröffentlichte Manuskript »Ah, Befreiung, Freiheit, Lilien auf dem Mond!« hier aufzunehmen. Claude Zachary von der Doheny Memorial Library, Specialized Libraries und Archival Collections der USC half mir in letzter Minute noch auftauchende bibliographische Rätsel zu lösen. Dank an Roger Myers und Erica Castano von den Special Collections der University of Arizona Library, wo ich den unveröffentlichten Essay »Das Horrorhaus« entdeckte. Ich danke Julie Herrada, Leiterin der Labadie Collection innerhalb der Special Collections der University of Michigan in Ann Arbor, sowie dem Fernleiheteam der Eastern Michigan University. Bukowskis Brief an Curt Johnson stammt aus der Brown University Library. Jamie Boran war ein hilfsbereiter Briefpartner, als ich vor zehn Jahren mit meiner Arbeit begann. Ich danke meinem Freund Abel Debritto, den ich zu meiner Freude letzten Sommer in Spanien persönlich kennenlernen konnte. Abel war so großzügig, mir mehrere gute Storys und Essays zukommen zu lassen, und auch aus seiner bahnbrechenden Doktorarbeit habe ich vieles gelernt. Roni, der Vorsitzende der deutschen Bukowski-Gesellschaft, besorgte mir die gewünschten Jahrbücher und war während meiner Zeit in Andernach ein wundervoller Gastgeber. Zutiefst dankbar bin ich Henry Corbin, der mich von den Engeln nicht weglässt. Dank auch meinem inspirierenden, mutigen, vitalen und leselustigen Vater Pierre Calonne, der mir mit neunundachtzig Jahren Montaigne, Plutarch, La Rochefoucauld, E. M. Cioran und Thomas Wolfe vorliest und mir seine neuesten chinesischen Rezepte verrät. Gedankt sei meinem Bruder Ariel Calonne, seiner Frau Pat und meinen Neffen Alexander, Nicholas und Michael. Wie immer danke für alles an Maria Beye. Bei City Lights bekam ich Hilfe und Zuspruch von Elaine Katzenberger, Stacey Lewis, Robert Sharrard und insbesondere von meinem hippen, sensiblen, brillanten Lektor Garrett Caples. Dank an John Martin dafür, dass er an meine Arbeit glaubt, und an Linda Lee Bukowski für ihr Entgegenkommen und viele Freundlichkeiten.

David Stephen Calonne

Quellen

Hinter der Vernunft (S. 9)
»The Reason Behind Reason«, *Matrix*, 9. Jg., Nr. 2, Sommer 1946
Liebe, Liebe, Liebe (S. 14)
»Love, Love, Love«, *Matrix*, 9. Jg., Doppelnummer 3–4, Winter 1946–47
Cacoethes scribendi (S. 18)
»Cacoethes Scribendi«, *Matrix*, 10. Jg., Doppelnummer 3–4, Herbst-Winter 1947
Die Geschichte des Vergewaltigers (S. 24)
»The Rapist's Story«, *Harlequin*, 2. Jg., Nr. 1, 1957
Auch 80 Flieger reißen dich nicht raus (S. 37)
»80 Airplanes Don't Put You in the Clear«, *Harlequin*, 2. Jg., Nr. 1, 1957
Manifest: Ruf nach eigenen Kritikern (S. 45)
»Manifesto: A Call for Our Own Critics«, *Nomad*, Nr. 5/6, 1960
Frieden verkauft sich schlecht, Baby (S. 47)
»Peace, Baby, Is Hard Sell«, *Renaissance* 4, 1962
Blick auf die Kollegen (S. 53)
»Examining My Peers«, *Literary Times (Chicago)*, 3. Jg., Nr. 4, Mai 1964
Wenn ich nur schlafen könnte (S. 56)
»If I Could Only Be Asleep«, *Open City Press*, 1. Jg., Nr. 6, 6.–13. Januar 1965
Der alte Profi (S. 58)
»The Old Pro«, *Ole* Nr. 5, 1966
Buchbesprechungen Allen Ginsberg/Louis Zukofsky (S. 64)
»Allen Ginsberg/Louis Zukovsky«, *Ole*, Nr. 7, Mai 1967
Bukowski über Bukowski (S. 72)
»Bukowski on Bukowski«, *Open City Press*, Nr. 92, 23. Februar – 1. März 1969

Aufzeichnungen eines Dirty Old Man (S. 75)
»Notes of a Dirty Old Man«, *Open City Press*, Nr. 32, 8.–14. Dezember 1967
Held außer Betrieb (S. 80)
»The Absence of the Hero«, *Klacto 23/International*, Frankfurt 1969
Jesus mit Grillsoße (S. 85)
»Christ with Barbeque Sauce«, *Candid Press*, 27. Dezember 1970
Ah, Befreiung, Freiheit, Lilien auf dem Mond! (S. 93)
»Ah, Liberation, Liberty, Lilies on the Moon!«, unveröffentlichtes Manuskript, UCSB 1971
Die Katze im Schrank (S. 97)
»The Cat in the Closet«, *Nola Express*, Nr. 51, 20. März – 2. April 1970
Aufzeichnungen eines Dirty Old Man (S. 108)
»Notes of a Dirty Old Man«, *Candid Press*, 6. Dezember 1970
Lärm und Leidenschaft (S. 114)
»Sound and Passion«, *Adam*, 15. Jg., Nr. 3, März 1971
Ich schreibe nur Gedichte, um Frauen ins Bett zu kriegen (S. 122)
»I Just Write Poetry So I Can Go to Bed With Girls«, *Rogue* Nr. 29, April 1971
Das Horrorhaus (S. 136)
»The House of Horrors«, unveröffentlichtes Manuskript, 1971, University of Arizona Library
Essay ohne Titel über d. a. levy (S. 139)
»Untitled essay on d. a. levy«, *The Serif*, 8. Jg., Nr. 4, Dezember 1971
Henry Miller lebt in Pacific Palisades, ich lebe an der Skid Row und schreibe immer noch über Sex (S. 141)
»Henry Miller Lives in Pacific Palisades and I Live on Skid Row, Still Writing About Sex«, *Knight*, 9. Jg., Nr. 7, 1972
Ein Vorwort zu diesen Gedichten (S. 152)
»A Foreword to These Poems«, *Anthology of L. A. Poets*, hg. v. Charles Bukowski, Neeli Cherry & Paul Vangelisti, Laugh Literary/Red Hill Press 1972

The Outsider (S. 155)
»*The Outsider:* Tribute to Jon Edgar Webb«, *Wormwood Review*, 12. Jg., Nr. 1, Heft 45, 1972

Verns Frau (S. 168)
»Vern's Wife«, *Fling*, 15. Jg., Nr. 2, Mai 1972

Aufzeichnungen eines Dirty Old Man (S. 173)
»Notes of a Dirty Old Man«, *Nola Express*, Nr. 104, 14.–27. April 1972

Aufzeichnungen eines Dirty Old Man (S. 179)
»Notes of a Dirty Old Man«, *L. A. Free Press*, 1. Juni 1973

Er schlägt seine Frauen (S. 185)
»He Beats His Women«, *Second Coming: Special Charles Bukowski Issue*, 2. Jg., Nr. 3, 1973

Aufzeichnungen eines Dirty Old Man (S. 189)
»Notes of a Dirty Old Man«, *L. A. Free Press*, 28. Juni 1974

Aufzeichnungen eines Dirty Old Man (S. 195)
»Notes of a Dirty Old Man«, *L. A. Free Press*, 22. August 1975

Aufzeichnungen eines Dirty Old Man (S. 199)
»Notes of a Dirty Old Man: Notes of a dirty old driver of a light blue 1967 Volkswagen TRV 491«, *L. A. Free Press*, 7. November 1975

Die große Dope-Lesung (S. 205)
»The Big Dope Reading«, *Hustler*, März 1977

East Hollywood, das neue Paris (S. 225)
»East Hollywood: The New Paris«, *Second Coming*, 10. Jg., Doppelnummer 1/2 1981

Der Zocker (S. 251)
»The Gambler«, *High Times*, November 1983

Der Frauenheld von East Hollywood (S. 262)
»The Ladies Man of East Hollywood«, *Oui*, Februar/März 1985

Der Schläger (S. 290)
»The Bully«, 1985, im Original unveröffentlicht

Der Eindringling (S. 301)
»The Invader«, 1986, im Original unveröffentlicht

Dichter spielen und Dichter sein (S. 319)
»Playing and Being the Poet«, *Explorations '92*, 1992

Charles Bukowski
Die erfolgreichsten Bücher jetzt bei Fischer Klassik

Aufzeichnungen eines Dirty Old Man
Aus dem Amerikanischen
von Carl Weissner
Band 90515

Fuck Machine
Stories
Aus dem Amerikanischen
von Wulf Teichmann
Band 90511

Kaputt in Hollywood
Stories
Aus dem Amerikanischen
von Carl Weissner
Band 90512

Das Leben und Sterben im Uncle Sam Hotel
Stories
Aus dem Amerikanischen
von Carl Weissner
Band 90513

Das Weingetränkte Notizbuch
Stories und Essays 1944–1990
Aus dem Amerikanischen
von Malte Krutzsch
Band 95000

Die Ochentour
Mit Fotos von Michael Montfort
Aus dem Amerikanischen
von Rainer Wehlen
Band 90514

Noch mehr Aufzeichnungen eines Dirty Old Man
Aus dem Amerikanischen
von Malte Krutzsch
Band 95002

Held außer Betrieb
Stories und Essays 1946–1992
Aus dem Amerikanischen
von Malte Krutzsch
Band 95003

Das gesamte Programm gibt es unter
www.fischerverlage.de